黄飞鸿传

少年英雄，侠肝义胆滋养一身浩然正气。

一代宗师，暮年坎坷不移报效家国之志。

佛山市祖庙博物馆◎编

邓光民◎著

SPM
南方传媒

广东人民出版社
·广州·

图书在版编目（CIP）数据

黄飞鸿传 / 佛山市祖庙博物馆编；邓光民著.

广州：广东人民出版社，2025. 5. -- ISBN 978-7-218-18213-1

Ⅰ. K825.47

中国国家版本馆 CIP 数据核字第 2024WY2600 号

HUANG FEIHONG ZHUAN

黄 飞 鸿 传

佛山市祖庙博物馆 编 邓光民 著

出 版 人：肖风华

策划编辑：梁　茵
责任编辑：胡　萍
责任技编：吴彦斌

出版发行：广东人民出版社
地　　址：广州市越秀区大沙头四马路 10 号（邮政编码：510199）
电　　话：（020）85716809（总编室）
传　　真：（020）83289585
网　　址：https://www.gdpph.com
印　　刷：珠海市豪迈实业有限公司
开　　本：787 毫米 ×1092 毫米　1/16
印　　张：22　　字　　数：320 千
版　　次：2025 年 5 月第 1 版
印　　次：2025 年 5 月第 1 次印刷
定　　价：108.00 元

如发现印装质量问题，影响阅读，请与出版社（020-85716849）联系调换。
售书热线：（020）87716172

《黄飞鸿传》编委会

主　编：凌　建

副主编：刘奇俊　莫　彦

编　辑：黄韵诗　黄　帆　李旭滨

　　　　李婉霞　王阿玲　林　楠

　　　　张　泷

作者简介

　　邓光民，男，佛山市人，1981年毕业于佛山师范专科学校（现佛山大学）中文系，现为广东省城乡规划行业专家库专家、佛山市城乡宜居和村镇建设专家库专家、佛山市非物质文化遗产保护专家委员会专家委员、佛山老城片区保护与活化利用咨询委员会成员、佛山市鸿胜蔡李佛拳协会名誉会长。长期以来致力收集和研究佛山地方文史，对武术文史、文物古建有较深入研究，曾任佛山市文物管理委员会办公室主任、佛山市文化广电新闻出版局文物科科长，先后主持佛山黄飞鸿纪念馆、佛山鸿胜纪念馆文物资料征集和筹建工作。研究专长为武术史、地方史，多年来已有《佛山武术文化专辑》（任编委，主要编写者，1999年）、《佛山武术文化》（任副主编，主要编写者，2001年）、《佛山鸿胜馆一百五十年》（主编，编写者，2001年）、《鸿胜馆史略》（作者，广东人民出版社2019年版）等研究成果。

2019年9月14日，我开始计划编写《黄飞鸿传》。我当时的想法是，虽然刚完成的《鸿胜馆史略》已付印，算是完成了一件事，但手中海量的武术文史资料还未得到充分利用。我从1999年筹建黄飞鸿纪念馆时起，至今已收集到黄飞鸿的夫人莫桂兰、儿子黄汉熙及徒弟林世荣、邝祺添、简民英等忆述黄飞鸿事迹的大量文章，以及林世荣的徒弟朱愚斋等人的作品，大概有70万字。20多年来，我对黄飞鸿后人、传人进行过大量的采访，又经过多年的考证和研究，特别是近几年对所收集的资料进行了整理，2019年3月还到香港收集了大量的资料。

为一位武术家写传，难度非常大。以黄飞鸿为例，虽然黄飞鸿是一位杰出的武术家，其大名现在无人不知，但他无任何功名，社会地位不高，大半生以授武行医谋生，晚年甚至过着极为贫困的生活，在他在世乃至去世后的一段时间里，自然也就名不见经传。虽然我已拥有大量的资料，但要写好《黄飞鸿传》，必须认真对材料进行考证。如果连我自己都怀疑材料的真实性，又哪有信心和勇气写下去呢？

黄飞鸿本人没有留下任何著作，也没有手稿或日记之类。他的生平事迹，主要来自其夫人莫桂兰、儿子黄汉熙及徒弟林世荣、邝祺添、简民英等的回忆，以及徒孙朱愚斋、许凯如（念佛山人）等人的著作。

莫桂兰、黄汉熙、林世荣、邝祺添、简民英等与黄飞鸿的关系就不用多说了，但这些人中除黄汉熙外，由他们撰写，或别人根据他们的回忆所撰

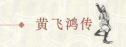
写的文章篇幅都不太长。由记者根据黄汉熙口述所撰写的《黄飞鸿师傅传》《黄飞鸿之子黄汉熙口述黄飞鸿传奇》共计约20万字，据黄汉熙说黄飞鸿童年的生活有很多是黄飞鸿生前话家常时常常提到的，黄汉熙所提及的黄飞鸿为刘永福治伤、参与保台抗日、在香港大笪地打败洋人的大狼狗等事迹，莫桂兰、林世荣、朱愚斋等也有提及。为了更准确地判断材料的真实性，我在2020年3月还专门将黄汉熙口述资料发给莫桂兰的谊子①及徒弟李灿窝先生。李灿窝先生细看后认为是比较真实的，和莫桂兰闲来所说的内容相似，其中黄飞鸿在香港大笪地利用毛巾打败洋人的大狼狗的情节，也听莫桂兰说过。

在现在能够找到的有关黄飞鸿的资料中，篇幅最长、介绍最为详细的无疑是林世荣的徒弟朱愚斋的《粤派大师黄飞鸿别传》《黄飞鸿江湖别纪》等著作，这些作品在20世纪30年代以来先后发表，共计50多万字。

据1950年出版的《岭南奇侠传》附录的《朱愚斋先生二三事》介绍：朱愚斋，别号斋公，广东省南海县人。朱愚斋世居广州，父亲是读书人，以教书为生，因积劳成疾，不幸辞世。朱愚斋3岁丧父，由母亲抚养成人。朱愚斋自幼身高力大，12岁进入广州永福寺当杂役并习武。1911年，武昌起义后，局势动荡，朱愚斋前往香港谋生。后来，林世荣在香港设馆授徒，朱愚斋拜林世荣为师。林世荣看见朱愚斋身体魁梧，有武技功底，知书识礼，便对身边的人说："此子身手不凡，而年方弱冠，以相法言，应属'南人北相'之类。若使习兵戎，学万人敌，其成就当不只一拳师耳。"②

林世荣十分赏识朱愚斋，与他形影不离，悉心教授虎鹤双形、双软鞭、史家枪、春秋大刀、指挥剑、瑶家大扒③等绝技。朱愚斋勤学苦练，终于成为林世荣的得力弟子。

---

① 谊子，即义子。
② 企图：《朱愚斋先生二三事》，《岭南奇侠传》，香港通俗出版社1950年版，第121页。
③ 扒，兵器，也被称为耙、钯，即三股叉。本书除附录的文章外，统一称为扒。

有一年，黄飞鸿到香港游览，他的徒子徒孙设宴款待并表演武艺。朱愚斋在师祖黄飞鸿面前表演铁线拳，请求指正。黄飞鸿观看后说："铁线拳中有要点四：一曰左右分级；二曰分流手脚；三曰退马穿桥；四曰地脚龙。四者皆拳中经纬，如缺其一，则精彩已无，何况尔并四者而忘之，是乌呼可？"朱愚斋听了大吃一惊，请师祖教导。黄飞鸿于是上场表演铁线拳，每表演到朱愚斋忽略的地方，则大声呼叫，令他注意。以后，朱愚斋多次向黄飞鸿请教，武技大有进步。

从《朱愚斋先生二三事》的记载中可以看到，朱愚斋曾经接触过黄飞鸿一段时间，并学习过武技。那么，朱愚斋写了数十万字介绍黄飞鸿的作品，材料从何而来？

一是来自黄飞鸿本人。

为了解朱愚斋和黄飞鸿接触的那段历史，我曾多次到香港拜访朱愚斋的徒弟李世辉①，详细咨询。2021年3月间，又多次和李世辉先生通电话，对《粤派大师黄飞鸿别传》等著作的材料来源有了进一步的了解。

李世辉先生说，朱愚斋是林世荣手下的得力战将，身材健硕、武艺高强，曾在香港与林世荣、刘湛几个人一起对抗鱼栏百多人的围攻，全身而退，是名副其实的武林高手。黄飞鸿在去世前曾经在香港生活过一段时间，居住在林世荣那里。那时候林世荣白天要工作，晚上要教拳，只能让徒弟朱愚斋每晚陪黄飞鸿去饮夜茶。黄飞鸿最喜欢边饮茶，边聊天。朱愚斋利用这个机会，除在武艺和医术上当面请教黄飞鸿外，还直接了解了许多黄飞鸿的往事。朱愚斋曾告诉李世辉，他所写的《粤派大师黄飞鸿别传》《黄飞鸿江湖别纪》等介绍黄飞鸿的著作，内容都是真实的，并都署上朱愚斋的真名，以示对先祖师的尊重。

---

① 李世辉，笔名马云，香港著名作家，代表作有《大地恩情》《铁拐侠盗》《黄飞鸿传奇》，20世纪60年代曾以朱愚斋弟子身份，协助朱愚斋出版《铁线拳》等拳谱并作序。

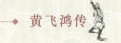
二是来自林世荣和邓芳。

朱愚斋是林世荣的得意门生、为数不多的文武双全的弟子，他一直协助林世荣整理出版拳谱，所写的有关黄飞鸿、林世荣的传记，也经过林世荣审阅。

在朱愚斋出版《粤派大师黄飞鸿别传》以后，邓芳将自己的见闻告知朱愚斋，促成朱愚斋在后来再出版了一部《黄飞鸿江湖别纪》。朱愚斋在《黄飞鸿江湖别纪》序言中说：

廿余年前余撰述师祖黄飞鸿先生轶事，颜其文曰：《黄飞鸿别传》，刊诸《工商晚报·晚香》栏，事皆纪实，亦不敢率尔操觚，幸邀阅者之爱读，该文刊载而后，文坛名手，撰述飞鸿先生事略者亦时在报章发表，基此之故，飞鸿先生，少时挟技卖解，其后技术日进，举世知名，今虽逝世已久，而其名不替，且为人所乐道，备致钦仰，影坛屡选其事迹，供诸银幕，多至三十余部，其数量远非《火烧红莲寺》等所可及，其所编演，均按切事实，非附会穿凿可比，然按之余所撰飞鸿先生轶事，尚多有未及者，先师兄邓芳，旅居岛隅，举其所见闻者以告，故续篇兹文以飨读者云尔。

对朱愚斋有关黄飞鸿的几部著作，黄飞鸿的夫人莫桂兰曾这样评价："许多小说家和制片家，都以黄飞鸿的事迹作题材……这差不多是向壁虚构的事，单是他的再传弟子朱愚斋所写的，较有实际，其余都是穿凿附会的。"①

因为《粤派大师黄飞鸿别传》以所写的是真人真事作为卖点，而且书中提及的不少人物如林世荣等当时还健在，较之一些旧武侠小说（包括同时期的反映洪熙官、方世玉等人物事迹的武侠小说），令人耳目一新，出版后产

---

① 念佛山人：《莫桂兰发扬黄飞鸿洪拳》，载香港《新武侠》杂志《数风流人物》专栏。

生了很大的影响。此后，多位与朱愚斋同时代的佛山籍知名作家如邓羽公、我是山人、念佛山人、忠义乡人、我是忠义乡人等在香港、广州、佛山等地也发表了多部介绍黄飞鸿的纪实小说，以虚构为主的作品更是不计其数。近几十年来，中国内地（大陆）和香港、台湾也有多部介绍黄飞鸿的作品问世。可以说，不仅介绍黄飞鸿的电影作品数量创了世界之最，而且介绍黄飞鸿的纪实性文学作品及小说作品数量也创了世界之最。

虽然世上已经有那么多颂扬黄飞鸿的作品，亦有如佛山黄飞鸿纪念馆这样的旅游景点，但当我打开电脑，浏览网上介绍黄飞鸿的文章时，我仍感到公众对黄飞鸿的了解还是十分模糊。有些文章为博眼球而毫无底线，把黄飞鸿说得一无是处，说黄飞鸿的武功其实一点也不高，只不过是走江湖的卖武佬，是个豆腐教头等，什么都有。曾经的中国武术标志性人物，被一再丑化。为此，我觉得有责任认认真真做好考证和研究，竭尽全力写好《黄飞鸿传》这本书。

其实不仅是黄飞鸿，中国其他的武术名家也极少有人为之写传，写古人的话往往欠缺资料，写今人的话一般又不够分量。黄飞鸿除了有很高知名度外，有关他的资料也很多，更重要的是这些资料我基本上都搜集到了。我不敢说这本《黄飞鸿传》会写得多好，但我可以保证所选材料都经过反复考虑、挑选，一般情况下都尽量选用莫桂兰、黄汉熙、朱愚斋等都有所提及的资料。当然，像黄飞鸿少年时期的生活，是黄飞鸿直接告诉黄汉熙的，这类内容就只采用黄汉熙的忆述文章作为素材。

本书除介绍黄飞鸿的生平事迹外，对黄飞鸿的武术、狮艺、医术以及传人的情况也进行详细介绍，以全面反映黄飞鸿在中国武术历史上的地位。此外，还刊登了一些有关黄飞鸿的考证和研究文章，以及黄飞鸿亲人和弟子的回忆录，以便于读者更好地了解黄飞鸿，了解南派武术。

邓光民

2024年11月

目 录
contents

第一编

黄飞鸿的生平事迹

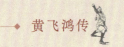
　　黄飞鸿原名黄锡祥，字达云，是广东省佛山市南海区西樵岭西禄舟村人，生于清咸丰六年七月初十（1856年8月10日），逝世于民国十四年三月二十六日（1925年4月18日）[①]。

　　黄飞鸿诞生在武术之乡佛山，自幼受尚武风气影响，从六岁起习武，十六岁起开办武馆，最终成为振兴洪拳的一代宗师，是岭南武林最有影响力的武术家之一，在南派武术的发展中有着重要的影响。黄飞鸿也是一位武术教育大家，培养出众多杰出的人才，所传下的工字伏虎拳、虎鹤双形拳、铁线拳、子母刀、五郎八卦棍、瑶家大扒等拳械套路，至今在世界各地流传。中华人民共和国成立后，虎鹤双形拳还被列为全国高等体育学院武术教材内容之一。黄飞鸿在骨伤科、醒狮方面也有很高的造诣，传人众多，影响深远。

　　黄飞鸿生活在内忧外患、兵荒马乱的年代，又是清政府开禁传习武术、各武术流派群雄并举、武林大家辈出的年代。他的成长艰难曲折，但始终奋发图强；他的武艺超凡脱俗，但向来低调谦逊。堪称德艺双馨，武林典范。他曾追随著名爱国将领刘永福多年，先后在吴全美、刘永福军中任技击总教习、军医官等职，并跟随刘永福参加了抗日保台战争。

　　黄飞鸿一生充满传奇色彩，几起几落，有过卖武、开武馆、从军、行医等经历，虽有天纵之才，却屡遭困厄，晚年更颠沛流离，郁郁而终，令人唏嘘不已。

　　20世纪30年代以来，黄飞鸿的事迹就开始广为传播。以黄飞鸿事迹为题材的文艺作品在海内外艺坛上层出不穷，其中电影更是逾百部，为世界之最，亦使黄飞鸿成为家喻户晓、深受人们喜爱的中华武术代表性人物。

---

　　① 黄飞鸿生卒年月据黄飞鸿的儿子黄汉熙讲述、华乔记录的《黄飞鸿师傅传》。此外，黄飞鸿太太莫桂兰的谊子李灿窝向笔者介绍，从与莫桂兰闲谈中，得知黄飞鸿享寿75岁。2024年8月11日，李灿窝先生在香港主持举办宗师黄飞鸿宝诞173年纪念活动。黄飞鸿逝世于1925年，如按此推算，黄飞鸿生于1851年。

第一章　少年英雄　一鸣惊人

咸丰六年（1856）七月初十，黄飞鸿生于广东省南海县西樵山下的岭西禄舟村[①]，原名叫黄锡祥，字达云，乳名阿祥。因为小时候染上过天花，脸上留下少许淡淡的麻子——广东人俗称"痘皮"[②]，所以，便得了个诨名"痘皮祥"。黄飞鸿在家中排行第四，故人们也称他为"四哥"。

其父黄麒英精通武艺。据黄飞鸿徒弟林世荣在《工字伏虎拳略历》介绍："唯至善禅师逃落粤东广州河南海幢寺栖身，遂于寺内教授国技，有陆亚彩者，至善之首徒也，得传其秘，而传与黄泰（南海西樵陆洲[③]乡人），黄泰传其子麒英再传其子黄飞鸿，是三代之祖传。"[④]

图1-1-1　黄飞鸿的故乡佛山市南海区西樵镇禄舟村（佛山黄飞鸿纪念馆提供）

---

①　据黄飞鸿的儿子黄汉熙讲述、华乔记录的《黄飞鸿师傅传》。另笔者在1999年进行调查时，黄飞鸿夫人莫桂兰的徒弟称黄飞鸿出生在佛山镇。

②　痘皮，即出天花愈后的疤痕。

③　陆洲，应为禄舟。

④　参见林世荣：《工字伏虎拳略历》，《林世荣工字伏虎拳书》，香港大南兴凹凸印刷有限公司，1936年。引文中提及的陆亚彩，即陆阿采。因陆阿采又有称陆亚彩、陆亚采者，故本书除引用文献资料保留原名称外，其余均称陆亚彩。

图1-1-2　香港《新晚报》1957年3月15日刊登采访黄飞鸿的儿子黄汉熙的文章

第一节　失学儿童

　　黄飞鸿家乡南海禄舟村就在西樵山下，有几十户人家，村民姓氏主要是陈姓和黄姓。禄舟村附近有简村、凰岗等乡村，村民也多是陈姓、黄姓、张姓。这里土地肥沃、山清水秀，风景优美，但在清咸丰年间到处兵荒马乱，民不聊生，村民终日辛劳也食不果腹、衣不蔽体。

　　黄麒英因为无法在乡下靠耕田维持生活，便到西樵官山墟①开了一家小鞋店，一家人就靠做点小生意维持生计。黄飞鸿和哥哥黄福田因为家贫，都未能上学。后来，黄麒英看到黄飞鸿聪明伶俐，甚是怜爱，就节衣缩食将黄

────────

① 官山墟，今属西樵镇城区。

飞鸿送到私塾读书，但仅读了一年，六岁多的黄飞鸿便因家庭经济困难交不起学费而失学了。幼小的黄飞鸿只好在店里帮父亲做鞋，并到外面卖柠檬蜜、糖姜等赚钱，以减轻父亲的压力。①

图1-1-3　西樵山云瀑亭（原载日本《岭南纪胜》，1922年）

小孩是好动的，黄飞鸿也不例外，每当一天的工作做完后，黄飞鸿就会偷偷溜出小鞋店，跑到店外和同村的小兄弟们去西樵山和官山墟玩，白云洞、飞流千尺、云泉仙馆这些名胜古迹让这些小孩流连忘返。这些孩子都是因家贫失学或未上过学，一起玩得很开心，相互称兄道弟。身体壮实、身材高大的黄飞鸿俨然成为这帮兄弟的大哥，有什么事就为大家出头。

官山墟附近住着一个绰号"万人憎"的恶霸，此人恃着有财有势，四处横行霸道。他的儿子倚仗父亲的权势，常常欺负乡亲，与黄飞鸿的一帮小兄弟自然就合不来，经常有些摩擦。有一次，黄飞鸿带着他的小兄弟们经过"万人憎"家的大门，想上西樵山玩。"万人憎"的儿子看见后，上前寻衅。争斗之中，"万人憎"的儿子要向黄飞鸿下毒手，被黄飞鸿避过后一脚踢倒在地。"万人憎"见状，即叫管家率打手去捉拿黄飞鸿。黄飞鸿等不过是小孩子，自然不敌这些穷凶极恶的打手，幸好黄飞鸿等机智逃脱。黄麒英知道事情的始末后，将黄飞鸿暴打一顿。

①　这部分内容参照黄飞鸿的儿子黄汉熙讲述、华乔记录的《黄飞鸿师傅传》，《香港商报》连载，1957年3月30日第4版。黄汉熙还特别说明关于黄飞鸿幼年时期的生活，都是他父亲生前话家常时常常提及的。

图1-1-4　西樵官山墟全景（原载程孔硕编撰：《西樵山名胜古迹考（附游览指南）》，中英印务局1935年版）

　　经过这件事，黄飞鸿萌生了学武的念头。黄飞鸿知道父亲武功了得，远近闻名，但不明白父亲为什么一直不让他练武。黄麒英责怪黄飞鸿未学武艺，已差点踢死人，如果学了功夫，就更加容易四处闯祸。黄飞鸿则认为如果不学功夫，手无缚鸡之力，遇到危险就不能保护自己。黄麒英见黄飞鸿虽小小年纪，但句句在理，就答应教黄飞鸿学功夫，并叮嘱他要谨记学会功夫之后，千万不可惹是生非，要懂得"猎狗终须山上丧，将军难免阵中亡""强中自有强中手，一山还有一山高"的道理。因为一个人的功夫再好，也一定有人比他强，如果学武是为了强身健体、保家卫国，那当然好；如果只是为了争勇斗狠，那就很容易伤人性命，自己也不知什么时候会死于非命。黄麒英的一番话，成为黄飞鸿一生遵循的座右铭，特别是那句"猎狗终须山上丧，将军难免阵中亡"的谚语，更成为黄飞鸿教育后辈的口头禅。[1]

────────────

[1]　参见黄汉熙讲述，华乔记录：《黄飞鸿师傅传》，《香港商报》连载，1957年3月至11月20日。

第二节　幼年习武

黄麒英自幼随父亲黄泰学的洪拳，据说传自陆亚彩。陆亚彩自称是福建少林寺至善禅师的首徒①。历史上有没有至善禅师其人，至今还未找到确凿的史料可以佐证。洪拳约出现在清初，与刘家拳、蔡家拳、李家拳、莫家拳并称为广东五大名拳，并居首位，民间学武，多以洪拳为主。

康熙、雍正、乾隆时期，统治者对汉族各阶层采取严厉的禁锢措施，颁布十大禁，其中就有"禁武"一项。清雍正五年（1727），清政府颁发的"禁武令"内容如下：

上谕：向来外间常有演习拳棒武艺之人，自号教师，召诱徒众。甚有害于民生风俗，此等多系游手好闲、不务本业之流，诱惑愚民，而强悍少年，从之学习，废弛营生之道，群居终日，尚气角胜，以致赌博、酗酒、斗狠、打降之类，往往由此而起，甚且有以行教为名，窥探村庄人家之虚实，因而勾引劫盗窃贼，扰累地方者。况拳棒之技艺，国家无用。若言民间学习，可以防身御侮，不知学习拳棒者能有几人？天下人民未有尽习拳棒之理。果使人人谨遵国法，为善良、尚廉耻，则盗贼之风尽息，而斗讼之累自消，又何须拳棒以防身乎？若使实有膂力勇健过人者，何不学习弓马，或就武科考试，或投营伍食粮，为国家效力，以图荣身上进，讵不美乎？岂可私行教习，作为无用，诱惑小民，以为人心风俗之害，甚属无益。着各省督抚转饬地方官，将拳棒一事，严行禁止，如有仍前敢于自号教师，以演弄拳棒、教人及投师学习者，即行拿究。庶游手浮荡之徒，知所儆惧，好勇斗狠之习，不致渐染，而民俗可归于谨厚矣。②

---

① 参见林世荣：《工字伏虎拳略历》，《林世荣工字伏虎拳书》，1936年。
② 《世宗宪皇帝上谕内阁》卷六十三，四库全书版。

在清政府的打击下，民间只能根据武科考试项目学习弓马等武艺。鸦片战争以后，朝廷为了强民防夷，才容许武馆的出现。因此，洪拳等南派功夫在清代很长一段时间里都只能秘密传授，而学习这些功夫的人，大都与洪门[①]有一定的关系。

到黄麒英教黄飞鸿学武的时候，武馆已如雨后春笋般大量出现，学武的人也剧增，一些原来和洪拳同源，又吸收了其他门派所长的新拳种陆续出现，有些风行一时，有些昙花一现。黄麒英知道，万变不离其宗，要培养黄飞鸿学武，就要让他夯实基础，将来博取各家之长，再寻求变革，才有意义。为此，他要求黄飞鸿学功夫不能投机取巧，要先学好扎马[②]。他指出，学功夫走好这第一步非常重要，就好像泥水匠建屋一样，如果地基打不好，房屋建得再高、再阔也很容易倒下来。学武艺也是一样，如果马步不好，就算出手很快，被对方的"扫把脚"一扫，也会像树被砍一样，很快倒下来。

黄飞鸿谨记父亲的教导，认认真真学扎马，学了一段时间觉得太枯燥又太辛苦了，就恳求黄麒英快些教他手法。黄麒英告诫黄飞鸿：不苦练是不会成功的，要想学到真功夫，就一定要学好扎马。正因为黄麒英从一开始就对黄飞鸿严格要求，让黄飞鸿打下了坚实的基础，才使他最终成为一代武林宗师。

经过很长一段时间的训练，黄飞鸿的马步已十分稳固。有一晚在黄飞鸿练扎马时，黄麒英出其不意地一脚向黄飞鸿踢去。黄飞鸿居然没有倒地。黄麒英觉得黄飞鸿进步很快，确是学武的料，也倍感欣慰。随后，黄麒英开始教黄飞鸿各种拳术，有单工伏虎拳、八卦拳、猴子拳等。黄飞鸿聪明绝顶，勤奋过人，别人要学一年才熟练的套路，他几个月就非常熟悉，而且会举一反三，融会贯通，加上他长得健硕，力大无穷，因此，三年左右时间已练得一身好武

---

① 洪门，又称为天地会。

② 扎马，即站桩。

艺，连黄麒英也赞不绝口。黄麒英时时因为家贫不能让黄飞鸿去读书而内疚，在当时若不能读书考取功名，就很难改变贫穷的命运。黄飞鸿却非常懂事，提出要去卖武挣钱。但黄麒英认为黄飞鸿还年幼，就一口拒绝了。

黄飞鸿学会一身武艺之后，官山墟中的少年，甚至一些年纪大些又懂得功夫的人，都认为黄飞鸿身材壮实、身手敏捷、勤学苦练，将来一定可以成为一个出色的教头。黄飞鸿听到乡亲们对他赞誉有加，就暗下决心：一定要学好本领，将来成为一名出色的武师。自此，他一有空就向他父亲和官山墟中的一些武师请教，潜心苦学。

黄飞鸿非常好学，看到官山墟当时有不少耍杂技的师傅，就拜师学了一些杂技和魔术，空中飞人、空箱变人等都学得似模似样。黄麒英看到黄飞鸿这么聪明，禁不住长吁短叹地说："可惜我家境贫穷，不然的话送你去读书，将来说不定可以做一个武官。"黄飞鸿知道家境不好，更希望凭着自己这些年学到的本领谋生，那样就可以不拖累老父独立生活了。

黄麒英知道黄飞鸿又有走江湖卖艺的想法后，就问黄飞鸿："你才十来岁，凭什么去走江湖？"黄飞鸿却信心满满，说自己敢去走江湖，是有把握的。自己不是卖药，而是卖糖姜的，在卖糖姜前会先耍功夫和杂技，耍完后才把糖姜拿出来卖，就一定能卖出去。黄麒英觉得他言之有理，才答应让他试一试。

得到父亲的同意，黄飞鸿准备好糖姜、铜锣、兵器等物品后，就开始走出家门去江湖行走了。他每到一个地方，就先选好空地，然后敲起锣鼓引人注意。四周乡村的人，虽然看过不少卖武的，但都是大汉，所以觉得这个小孩子很有趣，禁不住上前围观。

黄飞鸿虽然年纪小，但很懂得营销。他边敲起锣鼓边介绍，自己因为家里穷，才出来行走江湖。随后拿出他那把长剑，表演起来。围观的乡亲们看到黄飞鸿舞起剑来翩若惊鸿，宛若游龙，而且劲力十足，都不禁看呆了。黄飞鸿表演完一套剑术之后，再向四周行礼，脸不红气不喘。然后，他拿出箱子再把糖姜拿出来，大声讲这些糖姜是选用上等原材料秘制的，可以生津止渴、化痰止咳。大家看到他年纪轻轻，居然有本事出来四乡卖武、做买卖，就不论那些糖姜功效如何，都帮衬他，多多少少买一些。自此，黄飞鸿一直在四乡各处流浪，边卖武边卖糖姜，一边谋生一边向各地的名师学习。那些名师见黄飞鸿天真、诚恳，根基不错，品行又好，都乐意把武艺悉心传授给他。后来，他就索性离开了自己的家庭，开始闯荡江湖，足迹遍及省、佛、陈、龙①等热闹繁华的地区。②

第三节　初遇对手

在清代，卖武的人在社会上地位不高，练武的人如果生活过得去，一般也不会去街头卖武，因为人们普遍认为，卖武者如演戏者，地位低下。但黄飞鸿却不介意去卖武，他认为通过卖武，可以广泛接触社会，学到很多同龄人学不到的东西。

黄飞鸿卖武也很有特点：一来他跟一些走江湖的艺人学了几套杂技，在卖武时穿插进行表演，表演内容十分丰富；二来他读过书，说起话来头头是道，绘声绘色，颇有表演的天赋，总能够吸引观众。

经过行走江湖的历练，黄飞鸿的功夫已大有长进，尽得父亲功夫的精粹，虽然还仅仅是一个十二三岁的孩子，因长得壮实，面对普通的成年武师，也有一战之力。黄麒英见黄飞鸿该学的已学得差不多了，就带着他来到广州登场表演。

广州是省城，武林底蕴深厚，高手林立，当地街坊见多识广。有一天，

---

① 省、佛、陈、龙，即广州、佛山镇、顺德陈村、东莞石龙。

② 本节内容参考黄汉熙讲述，华乔记录：《黄飞鸿师傅传》，《香港商报》连载，1957年3月至11月20日。

黄飞鸿又在广州街头表演。黄飞鸿很有表演的天赋，表演之前，会先抱拳向观众致意，将"家有千金积玉楼，不如学艺在心头；日间不怕人来借，夜来不虑盗来偷；风吹雨打无伤损，两手揸拳踏九州。功夫家家有好，派派有妙。小子六岁从父习艺，粗知拳棒，只因家贫，街前乞食。万望列位叔伯长者，慈心怜悯。如有出错拳头，踏错马步，不要当堂见笑，多谢列位"的开场白念得滚瓜烂熟。说完开场白，便手提单头棍①，表演一路"五郎八卦棍"。表演前先详细讲一下棍的用法。然后，提棍在手，展开马步，将棍运力一弹，棍锋震成有一碗口大的棍圈，观众看到一个小孩子有这样的劲力，不禁喝彩连连。表演几次之后，就收棍对观众介绍"五郎八卦棍"的来历，称此棍源自五郎八卦枪，创自五台山寺僧人，这僧人俗名叫杨五郎，就是北宋杨令公的公子。后来此法辗转传到陆亚彩，陆亚彩传给黄泰，黄泰传给黄麒英，黄麒英又传给黄飞鸿。这棍法根据八卦而编制，最初是枪法，后来不用枪了，改为棍，所以改名为"五郎八卦棍"。

黄飞鸿在表演前对"八卦棍"进行详细的介绍，他说，之所以称之为八卦，是因为棍法内有太极、两仪、阴阳、四象等名号。通常讲，太极生两仪，两仪生四象，四象生八卦。至于太极，太极就是无极，就是道。至于两仪，两仪就是阴阳之道，阳奇而阴偶。至于四象，指少阳、老阳、少阴、老阴四种爻象，一切事物都包含在象数里面。八卦，卦分阴阳，所以阳卦奇，阴卦偶，之所以分为八，是因为一分为二，二分为四，四分为八。所以乾一、兑二、离三、震四、巽五、坎六、艮七、坤八，八分为十六，十六则化三十二，三十二则生六十四，所以这套棍法之内，有六十四点②。这六十四点棍法，先击四正，后击四隅，四隅即四方之角。也就是击八方，每方八点，八八六十四点。因为此法比象八卦而生，有揭法、大小运星、麒麟步等

---

① 单头棍，长七尺二寸，约240厘米。

② 点，即招式。

招式，用作躲身进退、闭弹挑剔，并迷惑对手。这套棍法以八卦为要旨，由八卦而生六十四点煞手棍法，此六十四点煞手棍法，是全法中之最主要的，法内有阴阳、平山、提拦、运星、标龙、揭法、两仪、四象、大太极、小太极、左右太极、量天尺、侧身提拦、覆手、下马金钱、下马枪、大小运星、平枪、阳枪、背枪、反枪、横阴枪、直枪、扣枪、左偏、右偏、捷打、弯弓、搭箭、撑舟、插地、脱取、麒麟步、天柱脚、十字身、尖身、卧身、金龙转尾、饿虎擒羊、羊冲饿虎、进身大取、退步撩阴、芙蓉滴露、青柳垂丝、金鸡独立、半月冲霄、避风、扑雨、青蛇扑面、毒蟒潜踪、垂柳提脚、举案齐眉、蟠龙、伏虎、连环枪、龙虎会、挑纵手、横冲、直取、应变偷弹、死里逢生、下马提拦等，共六十四点。

黄飞鸿介绍完，就迈开马步，倾尽全力表演。一套棍舞起来似游龙夭矫，又似草蛇舒卷。观众觉得黄飞鸿年纪轻轻，就有这样的本领，都纷纷报以喝彩声。以后，黄飞鸿就在广州落地生根，并逐步为人所知。

当时的岭南武术界有一种风气，就是排斥异己。很多习武的人士，看到其他门派的人开武馆或在街头卖武，博得好评，就会心生不满，总喜欢去挑衅，这种行为名为"踢馆"，也就是通常所说的砸场子。黄麒英父子在广州卖武，不出几个月，就经常有人混杂在人群中冷嘲热讽。黄麒英知道迟早会有人来闹事，表面上若无其事，但暗中做好了准备。有一天，黄麒英收到观众里递来的一封信，拆开一看，原来是拳师郑大雄约黄飞鸿到西瓜园城基上比武的战书。

黄麒英看完信后，知道对方来者不善，躲是躲不过的，除非不在广州卖武了，不然肯定会经常遇到挑战，与其忍让，不如积极面对。黄飞鸿毕竟才十二岁，虽然精通武艺，但气力始终不及成年人。如果不前往应战，对方就会更加猖獗，黄家不能做出有辱师门的事，虽然明知这一战黄飞鸿处于劣势，也不能示人以弱。于是，黄麒英决定第二天就带黄飞鸿赴约应战。

确定应战后，黄麒英就请人着手查探郑大雄的情况，很快就得到回复。

原来郑大雄是晏公街永元堂的制药师，是上西关将军里名教头高大金的入室弟子。高大金擅长左手钓鱼棍法，数十年来，未逢对手。十多年前，高大金收郑大雄为徒弟。郑大雄经过多年的苦练，亦掌握了左手钓鱼棍法的精粹。平时与人切磋，都轻松取胜，已经被所在的药行会馆聘为拳棒教练。黄麒英听了之后，更增添了忧虑。左手钓鱼棍法也是一种上乘棍法，明日赴约，应以什么方法应敌？黄麒英回忆起先师祖陆亚彩曾说过，凡使用钓鱼棍法的人，采取守势时，必将棍下垂，使敌手无桥可乘。无桥则人莫敢冒险以抢进，遇此法者，必先诱其棍上起，使自己有进击踏入之桥，然后攻以四象棍法，则对手的守势必被破解。因为两人手握棍棒相持，他们之间的距离如隔着一条深溪，如无桥，是不能到达彼岸的。所谓桥，就是对手将棍出击时的称谓，假如对手的棍不出击，则我方的棍就没有着落处，无着落处就是无桥，所以一定要引诱对手将棍往上提起，成为我方进攻之桥。敌方假如不了解其中奥妙，被我方引诱而提起棍的话，极少会不被挫败的。黄麒英豁然开朗，立刻叫黄飞鸿加紧练四象阴阳棍法，并叮嘱他第二天比武时，必须谨记用四象阴阳棍法应敌，不可随便用其他招式。因为郑大雄以左手钓鱼棍法闻名，必擅长取阴、锁喉、溜进、偷打等狠毒的招式，千万要提防。如对方采取守势时，必将棍下垂，这时进攻一方无桥可乘，切勿进攻。一有机会，就要引诱对手把棍向上提起，借此机会，以四象阴阳棍法进攻，切不可鲁莽而先发棍，先发棍则很可能会提供对手打败自己的机会。

　　黄飞鸿听后，也有些担忧，他还是一个十二岁的少年，即使武艺高于对手，但对手气力大得多，平时都说一胆、二力、三功夫，相持之下，气力小的最终一定受挫。黄飞鸿刚说出自己的忧虑，黄麒英就鼓励黄飞鸿不必担心自己力气不如对手，但要担心不会创造机会和把握机会。因为到了十二岁这样的年龄，数十斤的力气肯定是有的，如果将数十斤力气全部运用到手上的棍之中，一旦击中，就没有谁能受得了。如一条竹竿，从楼上任意让它下坠，击中人的身体，那人必定会遭受重创，更何况用棍决斗，每一招只需全力以赴，技法运用得当，就会缩小力量上的差距。考虑自己气力不及对方，可以趁对手旧的一招击出后，新的一招未来之时，猛力出击，就会使对手中招而受到重创。黄飞鸿受到启发，加紧练习四象阴阳棍法。黄麒英又模仿郑大雄的棍法与黄飞鸿反复对练，直到黄飞鸿将破敌手法练习纯熟，运用自如。

第二天中午，黄麒英、黄飞鸿父子二人如约前往西瓜园城基上，看见有几个人已经在那里等候。双方互通姓名后，郑大雄自称醉心于棒拳之中十多年了，但性情愚鲁，到现在还没什么长进，想不到前段时间看到黄飞鸿设场演技，观众都称赞他神乎其技，就想领教一下。

黄麒英见郑大雄说话婉转有礼，也拱手答礼，让黄飞鸿上场。于是，黄飞鸿与郑大雄各自拿起棍，摆开阵势。郑大雄将棍垂在地上，黄飞鸿见状，知道这是钓鱼棍法的诱敌深入的绝技，他自然不会冒进，只是以中栏棍法先作守势，偏身单膊，挺棍自守，以观其变。郑大雄看到黄飞鸿只是挺棍相向，却迟迟没有动静，以为这个孩子是害怕自己，所以才不敢动，认为黄飞鸿功夫再好，毕竟年少力弱，不足为虑，于是纵步抢进，挺棍直点黄飞鸿的面门。黄飞鸿看到郑大雄来势凶猛，连忙斜步侧走，想以棍从旁边进击对手的肋部。然而郑大雄师从名师多年，本身也技艺不凡，看到黄飞鸿斜步侧走，就知道他要攻击自己的肋部，急忙以棍相迎。

两人一来一往，黄飞鸿多处于守势，郑大雄知道贸然进攻容易露出破绽，也处处提防，一时之间分不出胜负。郑大雄着急了，担心如果一个小孩都对付不了，以后还当什么教头！于是，他便使出自己师父秘授的金鸡拾米法绝技，这法毒辣而且巧妙，能一发三击。郑大雄全力将棍沿着黄飞鸿的棍边缘削下，想先创伤黄飞鸿的先锋手①，如不能一击即中，则顺势转刺黄飞鸿的足部，再落空，则起棍挑其阴部，一发三击，非常阴毒。却没

---

① 先锋手：在前方的手，也叫前锋手。

料到黄飞鸿所练习的武技，身形手法与一般的武技大不相同。黄飞鸿看到对方的棍沿着自己的棍削下来，知道机会来了，立即以独马单枪法相迎，将先锋手缩于胸前，再将前脚提起，所以郑大雄的棍虽然削下，但未能削中黄飞鸿的先锋手，当对方顺势向下想刺黄飞鸿的足部时，黄飞鸿的脚已提起。郑大雄的攻势接连落空，上身的防守就露出破绽。黄飞鸿把握着转瞬即逝的机会，以四象阴阳棍法进攻，去势快如弓矢，直取郑大雄胸部。郑大雄避让不及，肩膊间已被棍重击，手臂受创不能举动，只能将棍扔在地上，急忙逃走。

入夜，父子二人回到寓所准备就寝，郑大雄上门求见，原来郑大雄受伤的肩膊肿得像小山丘，想请黄麒英治疗。黄麒英也不想多结怨，为他上药包扎，郑大雄连连称谢后离去。

挫败郑大雄之后，黄飞鸿在广州出名了。毕竟一个少年打败一个成年武师是极为罕有的事。自此，黄飞鸿在街上卖武，围观者也越来越多。

第四节 得遇名师

同治八年（1869），黄麒英带着十三岁的黄飞鸿来到佛山镇。

黄飞鸿小时候也经常随父亲到佛山玩，那时佛山商铺林立、百货充盈，大街小巷处处人头涌动，有数不清的美食，尤其是祖庙旁边的祖庙大街、文明里、花衫街一带，除了有众多香烛神符店、问卜解签小摊外，还有本地生产的油扇、兜肚、竹烟袋、手巾、雅扇、木料、花衫、花轿、鼓乐、玉器、成药、家具、门画、木屐、打银、典当等店铺，数以百计，而盲公饼、鸡仔饼、南乳花生、鸡公榄、桂花蝉、牛杂、凉粉、水豆腐、双皮奶等小食，更是小孩子的最爱。不过，更令黄飞鸿向往已久的，则是佛山功夫。特别是大名鼎鼎的琼花会馆，虽已破败不堪，人去馆空，但他常常听父亲说起，上几代的祖师爷至善禅师①避难时曾在琼花会馆充当煲头②一职，传下的众多弟子当中，就包括了俗家弟子陆亚彩，而陆亚彩正是黄飞鸿爷爷黄泰的师父。佛山工商业极为发达，富人多是经商的。潜心习武的人大多是社会贫苦民众，一来他们大多是武痴，习武成癖；二来他们大多加入天地会组织，以反清复明为己任，大都心无旁骛，誓要学到真功夫，有朝一日与清军决战沙场。咸丰四年（1854），广东天地会起义，琼花会馆扯起义旗，随即一呼百应，虽然众多武林高手最终不敌洋枪洋炮，败退广西，但亦有不少人留下来，流落各处。因此，真正的武林高手，未必是名声在外的武馆教头，也有可能是那些毫不起眼的贩夫走卒，即所谓大隐于市者。

佛山坊间流传这样一个故事，乾隆三十二年（1767），佛山颜料行会馆内演戏酬神，在演出过程中发生大火，有一个叫叶兆资的人进会馆内寻找在看戏的寡嫂独子，后来大门被火焰封锁，叶兆资用手把许多观众提起来，让他们踏着自己的肩膀越墙逃生。另有一名商人膂力奇大，用拳头打出一个大洞，使三十多名观众得以逃生。最终，叶兆资以及那位商人救出几十人后，都丧生于火海。

又有一则故事，说的是一个外地的道士来到佛山化缘，他自恃膂力过人、武艺高强，手持一个大铜钟，到各家商铺，将大铜钟放到柜台上，强行索要钱财。如果不满足他的要求，他就赖着不走，一言不合甚至动起手来。不少店家为了不影响经营，只好就范。谁料，有次那道士来到一家店铺，刚好有个伙计③正在打扫卫生，那伙计随手将扫帚一挥，就把大铜钟扫出街外。道士一见，二话没说就匆匆忙忙逃走。

所以，没有人知道佛山武林的底蕴有多深厚，只知道佛山卧虎藏龙，身

---

① 岭南武林及民间传说中的人物。

② 煲头，即伙夫。

③ 伙计，普通店员。

怀绝技的武林高手数不胜数，即使是一个街市上的普通小贩，或者是一个不起眼的剃头匠，都有可能是深藏不露的世外高人。

黄麒英带着黄飞鸿来到佛山，就是让他来见世面，寻找机缘的。父子二人在佛山留居了几个月，寻师访友，钱也花得差不多了，无奈之下只好再做起老本行，上街卖武。有一日，黄麒英带着黄飞鸿来到当时佛山最繁华的商业大街豆豉巷设场。

豆豉巷，实际上是一条宽敞的大街，因古代此地有多家专门产销豆豉、酱料的商铺而得名，后来因为濒临汾江，街口处有佛山最繁忙的码头——豆豉巷码头，四乡及外地客商从汾江登岸到佛山经商，豆豉巷是必经之处，因而逐渐成为佛山的商埠通衢的旺地。到清道光年间，短短不足半里路的豆豉巷内设有棉花行、西货行、沉香行、浮货行、江西会馆等多家本地及外省的会馆，还遍布酒楼、旅馆、戏院、赌馆、当铺和中成药店铺，其繁华程度，可与京城媲美。

图1-1-5　1929年佛山举办中山桥落成典礼，图片左侧，桥的尽头原为豆豉巷码头，后面就是豆豉巷（原载《南海县政季报》1929年第1期）

豆豉巷也是众多武林高手蛰伏之地，离豆豉巷不远的快子大街荣生堂医馆，由咏春拳一代宗师梁赞（1826—1901）在堂坐诊，是佛山有名的医馆。梁赞每天早上必会到豆豉巷与升平街交会处的冠男茶楼饮茶。其他

茶楼，也云集了众多武林名家，他们每天都会在饮茶时谈天说地，切磋技艺。处于这样的环境，没有一些过人之处的江湖艺人，是不敢到豆豉巷卖武的。

图1-1-6　1930年的冠男茶楼，茶楼后方的街道原来属豆豉巷，1929年与原来的升平街、快子大街同时拓宽，合称为升平路（原载《南海县政季报》1930年第6—7期合刊）

黄麒英和黄飞鸿正要设场卖武，只见不远处有一老人家，以绳索系住一个小铁锤，沿着各家店铺飞舞，以博取路人和商户的赞赏，赚取几个铜钱。黄麒英看见后眼前一亮。他停步细看，只见这老人家运锤如风，上下盘旋，飘忽不定，敏捷异常，令人眼花缭乱。黄麒英见多识广，知道这老人使用的就是在武林中被称为飞砣①的兵器，一般人是很难掌握得好的，但这个老人收发自如，几乎做到人砣合一，很显然不是泛泛之辈。

忽然有一个路人匆匆忙忙从岔路跑过来，而老人手中的飞砣已发出，控制不住，正好打中此人的额头，马上血流满面。围观的人见状哗然，一齐涌

---

①　飞砣，也有写作飞铊的，软兵器，即绳镖，用铁镖系上红布和长绳，舞动起来进行攻击。

上前要捉拿老人，送里长①处置。在人群之中的黄麒英和黄飞鸿目睹整个意外的经过，十分同情老人的遭遇，急忙挤进去排解，并立即用跌打刀伤药为受伤者治疗。幸好伤者本来伤势不重，而他本人又有一些责任，经调解后伤者和众街坊各自散去。老人表达谢意之后，就和黄麒英互通姓名。

原来这老人家叫林福成，是洪拳大家铁桥三的高徒，在武林中享有盛名。黄麒英很早就听说过林福成的大名，但一直都未能认识，想不到这天不期而遇，大有相见恨晚的感觉。黄麒英立刻

图1-1-7　黄飞鸿夫人莫桂兰表演飞砣（原载香港《真功夫》1976年第1辑第6期）

恳求林福成到自己的寓所做客，杀鸡煮酒款待。这让已经是穷途末路的林福成更加感动，感叹一番后说：追随师父铁桥三学功夫十多年，最初以为自己已经学得师父真传，以后必定会有益于自己，起码衣食无忧。想不到事与愿违，与师父分别后，一直毫无建树，以致半生潦倒，时常连一餐饱饭都吃不上，有些后悔这一生从事钻研武学。

黄麒英则极力安慰林福成，称赞他的大名早就在武术界中为人所知，深受人们的景仰和羡慕，对比起那些虽有锦衣玉食又无所作为的人，活得更有意义。林福成听后受到触动，为答谢黄麒英，他愿意将一身本领全部传授给黄飞鸿。

黄麒英听到后非常高兴，立即叫黄飞鸿跪在地上拜林福成为师。林福

---

① 里长，又称里正、里君、里尹、里宰、里有司等，在春秋战国时期是一里之长，唐代称里正，明代改名里长，民国时期相当于甲长，中华人民共和国成立后相当于生产队队长、村民组组长。

成满面笑容，扶起黄飞鸿，要黄飞鸿先演示一下以前学过的功夫。黄飞鸿随即挥拳运掌，倾尽所能，演示了好几套拳棒。待黄飞鸿表演完毕，林福成称赞他若以技艺而论，的确可以作为自己的徒弟了，但是觉得黄飞鸿的马步还是有飘摇不定的样子，进退之间，还不够成熟老到。因为学习技击入门时，马步不可以不讲究，马步为全身基础，不是很牢固的话，哪怕一个拳师拳技手法再如何神妙，最终都难以克敌制胜。马步不稳，就像漂摇在水面的浮萍，不用等对手勾拨，自己已经有站立不稳的弊病，更何况与别人交手？许多学武的人，不注重马步，只讲求手法，一旦遇到强敌，很少有不败的。这些道理看似平平无奇，实际上是习武最关键之处。他告诫黄飞鸿："你确曾下过苦功，可惜马步还不够牢固，为了让你将来能成大器。必须要求你再练习马步，但又不能简简单单地练站桩法，最好是学习铁线拳。因为学习铁线拳不仅可以练习马步，手法也得到练习，而且对提升精、力、气、骨、神等方面，同样大有裨益。这套拳是铁桥三传下的最精妙的功夫，绝不会轻易传授别人。如果认真学好这套拳，你的武艺必然会大为长进。"

图1-1-8　林世荣表演铁线拳第十六式"定金桥"（原载朱愚斋著《铁线拳》，由协助出版者李世辉先生提供）

图1-1-9　林世荣表演铁线拳第十七式"虎啸龙吟"（原载朱愚斋著《铁线拳》，由协助出版者李世辉先生提供）

林福成告诉黄飞鸿学拳的要领：学拳要先明晰拳法的运用，否则徒劳无功。铁线拳以刚、柔、迫、直、分、定、寸、提、留、运、制、订"十二字诀"为本。所谓"十二字诀"，就是十二支桥手，是武术中的上乘手法。铁线拳的马步采用二字钳阳式，每次练习，都是手法、桩步同时练，而且以气透内劲，达到四肢。每次出手，如狮子搏兔般出尽全力，所以练习者的指尖都含有内劲。力是一般人常有的，唯有劲则是拳术家所独有。

林福成还将运气的方法以及其他要领作了详细解释。黄飞鸿自此留居佛山，随林福成学习武艺，不知不觉一年多过去，其武艺果然大为精进，再过了几个月，才与林福成告别，返回广州后，重操卖武旧业。当时黄飞鸿已经十四岁，与一年多前离开广州时相比，他已脱胎换骨，不可同日而语。

第五节 挫败狂徒

黄飞鸿每天在广州街头卖武，非常用心。他毕竟还是个少年，涉世未深，认为自己卖武只是维持生计，并不会妨碍别人，不与人争斗，就不会惹来麻烦。但即便他这样低调，还是会引起一些人的嫉妒，麻烦和纠纷总是难以避免。

第十甫的美华印染布店，店主不小心伤了脚，于是请黄麒英来治疗。黄麒英的医术非常高明，用药一次就见效了。店主的脚伤好了之后，非常高兴，于是举办了一场盛大的宴会来表示感谢，并且邀请了亲朋好友和同行来参加。黄麒英带着黄飞鸿一起去参加宴会。店主恭恭敬敬地迎接他们入座，并在宴会上向大家介绍了这对父子。在场的许多人早就听说过黄飞鸿的大名，见到他虽然年轻，但已经非常出色，都愿意和他交谈。黄飞鸿一向很会说话，既能严肃讨论，也能幽默风趣，他的每一句话都能让大家笑出声来，宴会的气氛非常愉快。

在宾客中，有一个人对黄飞鸿父子并不认同，乜斜着双眼来看他们，神态轻蔑，虽然没有说一句话，然而鄙夷之色，布满了眉宇。黄麒英看见此人，觉得非常奇怪，就对他多看了一眼，想看看他还有什么特别的动静。酒过数巡，那人站起来，嘲讽黄麒英和黄飞鸿是在大街上卖武的，并声称有一事请教。原来这个人是染布行的拳棒教师范朋，外号"缸瓦猪脚"。范朋性格专横，行为粗暴，经常找借口挑起事端，制造纷争。这次他说出这样的话，许多人都预料到不会有好事。

范朋说，自从他学武以来，就听师父说过，武术中的花拳绣腿，莫过江湖中人；而江湖中人，又莫过像街头献艺卖武求财的。他听到师父这样说，直到现在还没有找到答案。现在黄麒英和黄飞鸿以武技闻名，也是在街头卖武求财的，所以他想让在场的宾客来判断一下，看他师父说的话是否正确。他言下之意是，黄麒英和黄飞鸿虽然名气很大，但实际上只不过是那些花拳绣腿的卖艺人。

这番话一出来，在场的人脸色都变了。黄麒英经历了江湖的风风雨雨，懂得如何忍耐，但黄飞鸿年轻气盛，看到范朋当众侮辱，怎么能忍得住？黄飞鸿气愤地站起来，指着范朋质问："我们父子在街头卖艺和你有什么关系？如果你想看看卖艺的人是不是花拳绣腿，那就和我较量一下，这样你就可以自己判断了。"范朋看到激怒了黄飞鸿，正合他的心意，道："就是要和你较量一番，让你们这些只会说大话的人，见识一下什么才是真正的功夫。"

黄飞鸿技艺高超，胆子也大，他站起来走到堂下和范朋对峙，两人都脱去了外衣。范朋提出先比试手臂的力量，再进行比武。黄飞鸿同意了。两人立刻伸出右臂，手臂相接，范朋就抢先用力压下，想让黄飞鸿的手臂抬不起来。但他没想到，黄飞鸿跟林福成学过铁线拳，每天通过练习铁线拳来锻炼手臂，手臂坚硬得像铁一样。范朋虽然用尽全力，但黄飞鸿的手臂一点也没有松动。范朋这时才意识到遇到了强大的对手，但他已经没有退路，如果退缩就会被人嘲笑，于是他心生一计，想用其他手法来打败黄飞鸿。黄飞鸿经常在江湖上行走，对江湖比武中的诡计和偷袭手段非常了解，他看到范朋的眼神闪烁不定，就知道范朋肯定会找机会偷袭，所以做好了防备，随时应对。

果然，范朋突然使出"阴漏"手法，脱开手"漏"到黄飞鸿臂下，并借势合并二指，直插入黄飞鸿的腋下。黄飞鸿早已经戒备于心，他急忙缩回右手保护腋下，再偏身侧马，先让开范朋进攻的势头，再从侧面进掌直攻对方的肋下。范朋措手不及，被黄飞鸿一掌打中，倒在地上。黄飞鸿也用嘲笑回敬范朋，笑他自诩为武术中的高手，一经接触便轻易摔倒在地上，看来是因为地滑，并要他立即站起来再较量，以决高下。

范朋受到奚落，立刻跳起来，向黄飞鸿扑去，拳如雨点般落下。黄飞鸿看到对方攻势猛烈，知道对方已经动了杀机，如果要战胜他，需要花费一些力气。不如按《拳经》所说的，先避其锋芒，待到范朋旧力已过，新力没有恢复的时候才开展进攻，这样就容易取胜。于是，黄飞鸿左右躲闪，没有反击。

范朋以为黄飞鸿只是一味躲避，是胆小的表现，攻击得更加猛烈。但黄飞鸿的马步和手法非常迅捷，范朋几次进攻都没有击中。长时间的连续攻击让范朋力量减弱，气喘吁吁，疲惫不堪。黄飞鸿看到机会，立即由防守转为进攻，步步紧逼。范朋虽然拼命抵抗，但不久后，他的鼻子被黄飞鸿击中，血流满面，再次倒在地上。

黄飞鸿告诫范朋，以后不要再用恶言诋毁天下的武林人士，要知道在江湖中有很多身怀绝技的人，今天只是给他一个小小的教训，对他来说未必不是好事，希望他不要再犯同样的错误。范朋捂着受伤的脸离开了。

此后，黄飞鸿像往常一样继续在街上卖武，但是名声却比以前更响亮了。

第六节 力克恶棍

回到广州，黄麒英腿部旧患发作，不便行走，黄飞鸿便独自上街卖武。

有一个名叫陆正刚的流浪汉，十分欣赏黄飞鸿的武艺，每天都前来捧场。时间一长，两人熟悉了，陆正刚就提出要拜年纪轻轻的黄飞鸿为师，甚至愿意充当杂役，只求吃饱，不计薪酬。原来陆正刚一开始是个染布工人，因为好赌，引起雇主的不满，借故将他辞退，他不得已才成了流浪汉。黄飞鸿征得父亲同意后点头答应，陆正刚也就成为黄飞鸿的第一个徒弟。从此，陆正刚每日背负刀棒，跟随黄飞鸿出外卖武。

有一天，师徒俩刚刚表演完毕，正要收拾卖武用的器械离去，忽然，黄麒英的一个叫严叔平的朋友，从后赶来，急忙向黄飞鸿索要跌打药丸。黄飞鸿见状，就问严叔平要跌打药丸的原因。严叔平皱着眉不肯说出原因，只想拿些跌打药丸。黄飞鸿觉得有些怪异，便耐心向他解释跌打药丸只是医治他人跌倒、撞打、挫扭等各种较轻的疾病，如果患者骨折则不能用，如果患者内脏受伤，药丸就更没有功效。即使伤势较轻，如果骸骨①有移位脱落的，没有手术相辅也不易见效。

严叔平见黄飞鸿说得头头是道，就叫黄飞鸿跟随他到东主的家中，详细了解事情的始末原由。黄飞鸿随严叔平走到第七甫水脚②附近的冯氏宅第中，只见在内室中有一人躺卧榻上，用被蒙头。榻旁坐着一对年老的夫妇，二老显得十分忧愁。黄飞鸿上前揭被细看，见卧床者面色灰白，闭目张口，呼吸不畅，就问患者哪里感到痛楚。病人回答腹背痛得很厉害。黄飞鸿仔细观察患者面色，只见他两边颧骨间有明显的青黄色，知道他的内脏与骨头都已受到重伤。随即从药囊中取出一小瓶药，让患者加上童便③一齐服下。过了一段时间，患者竟能慢慢张开眼睛，表示痛楚已大大减轻。榻旁两位老人非常高兴，称赞黄飞鸿是神医，因为两老的儿子受伤已经一天一夜了，一直都是呼痛之声不断，现在只服了一小瓶药便能止痛，想来应该没什么大问题了。

---

① 骸骨，粤语中"骸"多指关节。

② 水脚，又叫水步，即小码头。

③ 童便，十岁以下儿童的小便。

黄飞鸿又慢慢解开患者的衣服，认真观察患者的伤势。见他的腰肋下肿起，呈现青黑色，知道伤在腰肾处，并且震动波及内脏，所以腹部和背部都会非常疼痛。如果不是与别人搏斗，是不会出现这样严重的伤势的，所以心里就觉得有些怪异。敷药后，黄飞鸿请各人退出房间，嘱咐要让患者先安静心神。大家离开后，患者就闭目沉睡，一直到晚上才醒来，精神渐渐恢复，还大叫饿了，要找东西吃。黄飞鸿见他神志清醒了，便询问他受伤的原因。

原来患者名叫冯炽南，自幼爱好习武，只要听到有人谈论武术，便心神俱往。冯炽南自幼得到父母的钟爱，家里又比较富有，于是聘请附近一个名叫廖翼虎的武师到家中，专门教授冯炽南武艺。想不到廖翼虎是一个阴险毒辣的小人，当他知道冯家有不少资财，便萌生贪念，想尽办法索取，如有时提出要买备名贵跌打药品，由冯炽南去采购；有时又说自己经济拮据，需要借钱周转应急。目的是在授武之余多方敛财，满足个人的私欲。冯炽南的父母慢慢看出他的意图，便拒绝再借出大笔金钱。廖翼虎怀恨在心，在一次向冯炽南授武时，竟突然出重手把冯炽南击倒在地。冯炽南倒地晕去，醒后感到腹背疼痛，他的父母知道后马上将廖翼虎辞退。幸好得到黄飞鸿及时医治，不然后果不堪设想。

黄飞鸿年少气盛，听到后一股怒火涌上心头，心想：武林中竟有这样的败类，若不清除这个恶棍，还不知还有多少善良的人受害。他便向冯炽南查问廖翼虎的住址，以便前往惩治。冯炽南害怕惹来更多麻烦，开始时还不断地隐瞒，后来推却不过，才告知廖翼虎的武馆就设在长寿寺旁边。

第二天中午，黄飞鸿来到廖翼虎的武馆。为免孤军对敌陷入苦战，他便想引廖翼虎出门与自己单打独斗。黄飞鸿在街市购买了一些瓜菜鱼肉，伪装成厨师，来到武馆时，廖翼虎正和门徒练习武艺，发出阵阵呼喝声，引来众多街坊围观。黄飞鸿混迹于人丛中，仔细观察这位教头的功夫。

廖翼虎与门徒对练得正兴起，忽然，门外的观众中有人纵声大笑。廖翼虎愕然：谁竟然不知天高地厚，敢到他的门前生事？！他立即奔跑出门外，门外的观众一哄而散，只剩下一个少年——手拿着瓜菜鱼肉，看上去像一个厨师。廖翼虎估计他是刚才大笑的人无疑了，便厉声质问他为什么发笑，如不说清楚定不饶恕。

黄飞鸿冷笑一声说，自己是突然想起过去的事觉得好笑，并不是笑廖师傅，廖师傅有什么好责怪的。

廖翼虎厉声说，所有武馆都有一个规例，如果武馆中有人表演武技，不论什么人都不能在观看时发笑，否则会被认为是对武馆的不敬和挑衅。

黄飞鸿说，如果就像廖师傅所说，笑是不敬，那哭呢？武馆的规例又将如何处置？所以就事论事，这武馆的规例也太不合时宜了。别人笑也好，哭也罢，都是他的自由，这怎么就是对武馆表演武技的人大不敬呢？廖师傅懂得功夫，为什么要仗着本身的技能去欺负不懂得功夫的普通人呢？

廖翼虎本来就是个粗鲁之人，被黄飞鸿说得无言以对。他本想反身入馆内，但门人有认识黄飞鸿的，大叫其就是在街上卖武的黄飞鸿。廖翼虎听到后勃然大怒，冲出门口，大骂："你就是当街卖武的黄飞鸿，哪会不知武馆的规例？到现在还有什么好说的！"

黄飞鸿知道他已中计，为了进一步激怒他，便厉声说："我就是卖武的黄飞鸿，今日就是笑你，看你能奈我何？"说完拿起手中的鱼肉瓜菜等物，向他劈面掷去。廖氏冷不防有此一着，面部已满是鱼肉血污了。黄飞鸿见他暴跳如雷，立刻迈开大步奔跑，引诱他追赶。

廖翼虎咬牙切齿，握拳呼叫，从后追逐。弟子门人亦争相跟跑观看。黄飞鸿奔跑约百步外，便慢下来。廖翼虎大喜，急忙冲上前挥拳直击黄飞鸿背部。拳头就要击中黄飞鸿时，黄飞鸿乘廖翼虎踉跄抢进，偏身向侧闪开，以跌荡步反从廖翼虎侧面攻入，用尽桥马，探身连续两拳，用佛家拳法中的"罗汉晒尸"招式，向廖翼虎的上、下部猛力进击。

廖翼虎突然受袭，差点受伤，幸好功夫老到，连忙以双手从上、下抵挡黄飞鸿的拳头。当黄飞鸿因探身抢打，腰马桥手已用尽，守势空虚时，廖翼虎便扭马以阴手攻击黄飞鸿的下身。黄飞鸿急忙以千斤坠法沉下手以自救。廖翼虎又顺势转身，以掌横劈黄飞鸿的头部，也被黄飞鸿避开。

两人一来一往，互有攻守，年轻的黄飞鸿均能应付自如，搏斗多时仍未分胜负。不久，黄飞鸿攻守两势忽然发生变化，给人以有些疲乏的感觉。廖翼虎的门人看到胜利在望，都在旁边大声呼叫以助威势。廖翼虎更奋力逼近，向黄飞鸿发动连番猛攻。黄飞鸿躲让闪避，边战边退，退至墙边已无路可走。廖翼虎更倾尽全力向前扑过来，希望借此机会一举置黄飞鸿于死地。忽然，听到黄飞鸿大声一呼，用两手向廖氏双眼一扬，随即使出黄麒英秘传的韦家神腿法，手扬脚起，势如疾雷奔电。廖翼虎因贪图进攻，疏于防守，何况两人已非常贴近，仓促之间受袭，根本无从化解，小腹被黄飞鸿的腿踢中。只听到廖翼虎狂叫一声，飞出约一丈开外，伤重倒在地上。他的门人只好把他抬走。

韦家腿法，又叫虎尾脚，传自香山县武举人韦东暄（？—1851），韦东暄是广东武术名家烂头何的徒弟，同门师兄弟还有金公济、唐家六等。黄麒英从韦东暄的后人中学得腿法，为纪念韦东暄，称之为韦家神腿法。当时黄飞鸿年纪尚小，体力不如廖翼虎，多次使出绝技，都因对手功夫老到，未能速战速决，已逐渐体力不支，在搏斗中处于下风，最后趁对手贪功抢攻，使出韦家神腿法，才反败为胜。

自此，廖翼虎元气大伤，威风扫地，也不敢再生事端。

黄飞鸿回到寓所后，居住不了几天又没有资金了，又要为日后的生活犯愁了，迫不得已带着陆正刚出去卖艺。过了一段时间，年关将至，当时陆正刚正穷得要命，身无分文，不知怎样才能熬到过年。于是，他就偷偷约黄飞鸿商量，能不能不卖武了，想办法做偏门勾当赚些快钱。在当时，可以做到意外生财的就是赌博或其他一些违法的事。小时候，黄飞鸿看到父亲一个人劳碌奔波，赚到的钱还不够养家糊口，就偷偷将父亲的棉被连同叫卖柠檬蜜、糖姜时用的铜锣拿去典当，把换回来的银两拿到官山墟的赌档下注，

结果被父亲发现了，暴打了一顿。自此，他再也不敢造次，安分守己，边卖凉果边随父亲卖武。黄飞鸿知道十赌九输，而且必然会被父亲责罚，就没有答应。

陆正刚见说服不了黄飞鸿，只好一个人赶往佛山，很快就通过"捞偏门"赚了一大笔钱，过年时大饮大食，非常开心。春节过后，陆正刚返回广州找到黄飞鸿，笑他太愚蠢了，明知道有容易赚钱的方法又不去做，食古不化，以后难免劳碌一生。黄飞鸿笑着说，人各有志，自己喜欢踏踏实实走自己的路。而陆正刚正是春风得意，当然不会收手，于是再和黄飞鸿告别。

一年多后，陆正刚突然又出现，原来他出事了。黄麒英赠送他四钱碎银，叮嘱他逃走去香港，另找个正当的职业，以后必须痛改前非了。

陆正刚离开后，又有一个名叫吴英的人登门自荐，要充当黄飞鸿的杂役。吴英是佛山东莞地①人，是一个清粪工，他知道黄飞鸿正缺人手，就自愿不拿薪酬辅助黄飞鸿。自此，吴英就为黄飞鸿背负刀棒出外卖武。

---

① 今属佛山市禅城区南浦村。

第二章　初生之犊　设馆传艺

第一节　初出茅庐

同治十一年（1872），黄飞鸿与吴英一起在广州卖武又一年了，黄飞鸿已经十六岁，经过一年的历练，武艺更加精妙，在广州的名气更大了。这时，铜铁行里面的工人仰慕黄飞鸿的武艺，就一齐集资，为黄飞鸿设立武馆并拜他为师。刚好黄飞鸿也不愿再过街头卖武的漂泊生活，就答应了。武馆设在第七甫水脚，叫作"务本山房"。这是按孔子说的"君子务本，本立而道生。孝弟也者，其为仁之本与"①来命名的，这也是黄飞鸿立身处世做人的准则。

从此，黄飞鸿结束卖武生涯。

务本山房附近第四甫水脚有个叫李澄波的教头，擅长排手法，能够以短手破长手。当听到黄飞鸿在第七甫水脚开设武馆，两家武馆相距很近，他怕追随自己学武的门徒会转投黄飞鸿门下，就经常在其他人面前诋毁黄飞鸿，说黄飞鸿是一个乳臭未干的小孩子，不懂得武术要领，只会误人子弟。过了几天，他就前往第七甫水脚的务本山房。李澄波一进门就大声说要找黄飞鸿，并声称听说黄飞鸿外功很厉害，所以专门来领教。

黄飞鸿听到之后，知道他是来踢馆的，就十分谦逊地说，自己就是黄飞鸿，领教不敢当。李澄波冷眼看了黄飞鸿一阵，就冷笑着说，自己混了数十

---

① （春秋）孔子著，杨伯峻、杨逢彬注释，杨柳岸导读：《论语》，岳麓书社2018年版，第5页。

年，还未见到这样的年龄就能够开设武馆收徒弟的，如果不是武技超凡，就是狂妄自大，因此必须用拳头见真章，不要假装客气了。

黄飞鸿还是一再推辞，称从来未说过自己武技很好，没有什么值得别人领教的。李澄波听后，还以为黄飞鸿怕了自己，就更嚣张了，说自己曾经听人讲过，凡设馆授徒的教头，一定身怀奇技，没有奇技的，一定不敢设馆。如果不敢较量的话，可以立即解散武馆，大家就相安无事。

黄飞鸿听后勃然大怒，斥责李澄波大言不惭，把自己的忍让看作懦弱，那就不再客气了，并说道："我要在三步之内将你打翻在地，否则黄飞鸿三个字，任你倒吊着写！"话刚说完，黄飞鸿便亮出一招"单虎爪势"。李澄波以为黄飞鸿展示的招式是伺机进攻，就以排手冲进，想压住黄飞鸿的手再进行攻击。谁知黄飞鸿的前锋手是诱敌的招数，并没有真正发力，如果敌手稍微接触自己的桥手，就立刻发生变化。现在李澄波用重力抢压，刚好为黄飞鸿提供机会。只见黄飞鸿的手已转化为"双虎爪"，按着李澄波的手肘进迫。李澄波顿时失去重心，颓然扑倒。李澄波毕竟也是久经战阵的高手，只见他刚倒地就随即跃起，用双拳向黄飞鸿胸口猛力击去。黄飞鸿便将前马步略一移动，偏身让去来势，乘对手攻势落空、腋肋空虚再无防守之时，就从斜侧的角度施以"袖里藏花"的手法，一拳打中李澄波肋骨。李澄波受到重创，蹲在地上痛苦地呻吟。打斗也就此中止。

事后，黄飞鸿的友人谈起这次比武的事，就问他为什么不用韦家神腿法克敌。黄飞鸿表示，大家无仇无怨，不忍心伤害对手。这腿法不出则已，一出必会伤人，凡被这腿法踢中的人，十之八九会落下残疾，所以不想以此法伤害对手。黄飞鸿知道，习武之人，必须讲武德，不到万不得已，就不使用致人死亡或伤残的绝招。

黄飞鸿打败李澄波后，黄飞鸿的门人兴高采烈，在街头巷尾广为宣扬。李澄波的弟子眼见师父躺在床上萎靡不振，身上敷满跌打膏药，知道传言不假，虽然不好说什么，但都鄙视自己的师父技不如人，即使再追随下去，也不会有长进，就纷纷离开李澄波的武馆。李澄波羞愤交集，发誓待身体康复，就一定要报仇雪恨。等到一个月后，李澄波伤势逐渐康复，便考虑报仇的事，不过他知道自己不是黄飞鸿的对手，只能请其他门派的高手为自己雪耻了。

当时有一个叫郭四的教头，是一个鲁莽的汉子。李澄波知道他容易冲动，就来到郭四的住宅，无中生有向他挑拨，称赞郭四武功誉满广州，但想不到有一个叫黄飞鸿的人，竟然批评郭四的武功等于儿戏，真正实战时就没什么作用，假如两人交手的话，轻易就会被打败。郭四本来就鲁莽，一听也不论李澄波的话是真是假，立即暴跳如雷，称自己与黄飞鸿素昧平生，他竟然敢贬低自己，必须找黄飞鸿决斗以雪耻。于是，他要李澄波带路，携带兵器去找黄飞鸿搏斗。

李澄波高兴地带郭四来到务本山房，他远远指着正在教徒弟练武的黄飞鸿，让郭四自己去找黄飞鸿讨回公道。郭四到了黄飞鸿跟前便破口大骂，质问："我们两人无仇无怨，你为什么要诽谤我？"并要求一决高下。黄飞鸿看到李澄波在附近探头探脑，知道郭四是受李澄波的蛊惑，于是说："我与你素未谋面，又怎会诽谤你呢？希望你好好想一下，不要被小人所利用。"

虽然黄飞鸿说得在情在理，但郭四还是坚持要决一胜负。黄飞鸿见到这样的情况，知道郭四不是可以通过讲道理就打发走的人，便急忙拿了一个大扒以作防备。郭四看到黄飞鸿已手执武器，他便连忙手拿木棍，退后几步，将棍颤动摆出阵势，大喝一声，以"蜻蜓点水"的招式，快速向黄飞鸿的胸口点进。黄飞鸿急忙侧身闪过，用大扒压棍。但是郭四的棍法十分诡异，他趁着黄飞鸿的大扒下压时，漏棍从侧面直取黄飞鸿胸前。黄飞鸿见对方来势凶狠，便急忙蹲下使出"倒插荷花"招式，以扒杆向上抵挡，并连招带打，顺势化作"乌龙摆尾"招式，向郭四的股胫之间横扫。郭四连忙把棍插向地上来保护脚部，可是扒重棍轻，砰然一声，木棍折断。郭四抛掉断棍，再无战意，急忙夺门逃跑，而李澄波亦慌忙逃窜。

第二节　梁宽入门

黄飞鸿自从打败李澄波和郭四两人后，名气就更大了。他深知树大招风，将来还会遇到更多的挑战，为此，每天深夜待各位门徒散去后，他就关门闭户独自苦练。因为他知道强者恒强，只有不断提高自己，才有立足之地，才可以应对那些突然而来的挑战。

当时，武馆附近的昌隆铜铁器店有一个叫梁宽的学徒，非常仰慕黄飞鸿的武艺，但他实在太穷了，无法缴纳学武的费用，只能每天晚上到武馆观看，希望能学得一招半式。有一晚，他离开武馆后忽然觉得有些肚子疼，想回武馆找厕所，刚到黄飞鸿的武馆，只见双门已关闭，只有门缝中还有点灯光。梁宽就俯伏在门缝上偷偷往里看，只见灯光掩映中，黄飞鸿在独自演习各种举动和姿势，和教授徒弟时有着一定的区别。梁宽觉得很奇怪，看着久久不愿离去。

以后每到夜深，梁宽都会偷偷观看黄飞鸿练武，回去后又模仿黄飞鸿的练习方法进行练习，经过几个月，进步神速，但梁宽也不知道自己学得怎样。因为毕竟是偷师得来的，他希望学到一定程度，能得到黄飞鸿亲自教导。

有一天晚上，黄飞鸿教拳后，有些门徒请黄飞鸿表演功夫让大家开开眼界。黄飞鸿推却不了，演示了一套虎鹤双形拳，各位门徒交口称赞。梁宽忽然挤了进来，说："黄师傅今日所表演的功夫，我也可以表演，如果不相信，可以当场表演。"黄飞鸿听到后有些惊讶，就答应了让梁宽表演。

梁宽于是解衣束带，兔起鹘落，将那么多个晚上观摩得来的各种手法全部表演出来。黄飞鸿看到后十分震惊，他认为这套虎鹤双形拳，除了自己的父亲外，不可能再有其他人通晓，不知为何梁宽所表演的动作和自己的这么相类似。于是，黄飞鸿急忙询问梁宽的功夫是怎样学来的。梁宽跪拜在地上，说：自己醉心于学武很多年了，因为家里贫穷，自己又只是一个学徒，交不起束脩①，不能拜入黄师傅门下，只能每天到夜深时偷偷来到武馆，从门缝中偷看黄师傅练武的招式及各种手法，回去再私下模仿练习。

黄飞鸿听后十分高兴，他扶起梁宽，说："你既然有这么强烈的学武愿望，我又怎会计较束脩呢？"他当场答应收梁宽为徒弟。梁宽十分高兴，立即磕头跪拜，迟迟不愿起身，以示感激。梁宽从此成为黄飞鸿的入室弟子，可以直接在黄飞鸿的身边习武，因而提高得很快。在当时的师兄弟中，唯有他尽得黄飞鸿真传。

后来，俗称为"三栏"的果栏、菜栏、咸鱼栏的众多员工因为仰慕黄飞鸿的功夫，以重金聘请黄飞鸿为行会中的教练。黄飞鸿因为无暇兼顾，就解散了第七甫水脚的武馆，梁宽也辞去昌隆铜铁器店学徒的工作，追随黄飞鸿前往"三栏"教拳，两人都居住在栏行的会馆中。

过了几个月，黄飞鸿忽然收到陆正刚的书信，信中讲：自己去香港后，已痛改前非，勤勤恳恳，一年来也有所收获，现在香港荷李活道开设武馆，在教拳的同时兼营跌打，希望师父得闲就去香港相聚。黄飞鸿看罢书信，心情十分激动。不久后，因要去香港见陆正刚，黄飞鸿就让梁宽暂时代理"三栏"的教职。

第三节　智取恶犬

黄飞鸿到香港后，看到陆正刚走上正道，而且凭自己的一技之长创业，武馆和医馆生意都红红火火，日子过得很不错。两人开怀痛饮，说起分别后的往事，十分开心。陆正刚又说起有一个欧洲人带着一只大狼狗来到香港，在大街小巷到处贴满广告，自称他的大狼狗能够和人搏斗，在水坑口大笪地

---

① 束脩，即学费。

用布围起一个场地，并摆下擂台，自称为"台主"，擂台挂着"狼狗招人打擂台"横额，进场观看要收取门券。

陆正刚还告诉黄飞鸿：连日来，有很多中国人和那条狼狗搏斗，非死则伤，现在刚好师父来到这里，如果师父出马，那只狼狗必死无疑。黄飞鸿则认为：话不能这么说，搏斗胜负之道，不能说有绝对把握。这种搏斗，并非与人搏斗，而是与狼狗搏斗，如果这只狼狗不是久经训练，那台主就一定不敢随便约人和它搏斗，更何况这大狼狗是从外国过来的，所经历的搏斗一定很多，估计它不但牙爪锋利，智力也一定高出一般的战斗犬很多。如果自己要参加搏斗，不能不先作观察，看它有什么瑕疵，又有什么漏洞可以利用，然后才可以与它搏斗。如果贸然上场，自己也一定被这只狼狗所伤害。

陆正刚对黄飞鸿的说法十分认同，就带着黄飞鸿到大笪地，先进行观察。只见大笪地的空地用木柱支撑起布幕，四周用绳索固定，幕外有几个欧洲人在售卖门券。黄飞鸿和陆正刚购券进场后，选了个靠前的座位。

很快，铃声响起，有一身材高大的欧洲人（也就是所谓台主）和翻译出场，那只大狼狗就依偎在他的脚下。台主通过翻译介绍说，自己带着这只大狼狗漫游世界，曾经和各国勇士比赛，至今没有人能够打败它，这次来到香港，想通过比赛广泛结交当地勇士，无论什么国家、什么民族的勇士，都可以下场比赛，但是在比赛之前，有几句话要告诉大家，就是擂台比武要按照以下规则：一是任何人能够和大狼狗大战一小时，由狗主赏银二十两；二是任何人能够战胜大狼狗，可以获得赏银三十两；三是任何人在比武中打死大狼狗，狗主永不追究和索取赔偿；四是任何人在比武中受伤或被咬死，狗主不负赔偿责任；五是参加比武的人不得携带任何武器，一定要脱去衣服空手进场。至于比赛输了的人，必须缴纳五两银，双方搏斗时是死是伤，就各安天命，不得借任何理由横生枝节。

宣布规则后，台主就牵着大狼狗环绕着场地走了一圈。黄飞鸿看到这只大狼狗牙齿巨大，双眼熠熠有光，而且健硕高大，像条小牛犊，形态威猛，凶狠非常，知道它非比寻常。

不久，观众座席中有一个大汉站起来，表示要和大狼狗搏斗。双方签订合约。参赛者先缴纳五两白银，然后脱去衣服、束好腰带，准备上场。三声铃声过后，大汉就与大狼狗开始决斗。只见大汉挥拳直取狼狗。狼狗也冲上前来，张口要咬大汉足部。大汉连忙跃起避开，奋力一拳向下击去，希望击中狼狗的头部。谁料这狼狗非常机灵，看见拳头劈下，就迅速跑开，又瞬间奔跑回来，向大汉臀部猛扑过去，大汉急忙弯下腰想用双手扼住狼狗的颈部，狼狗却懂得低头避开。大汉和狼狗相持十分钟后，渐渐疲惫，汗流如雨。狼狗乘势跃起咬住大汉下肢，大汉顿时血流如注，惨叫倒地。狼狗仍咬住不放，台主更是哈哈大笑。

后来，又陆续有好几个人上场和狼狗搏斗，都以失败告终。观众都非常郁闷。陆正刚觉得受了奇耻大辱，和黄飞鸿回到住处后，他问黄飞鸿："是否将今天的情况看得一清二楚了，找到那只狼狗的破绽没有？"黄飞鸿称："那只狼狗确实非常凶猛，但不是没有任何弱点，主要是各位和它搏斗的人士，都不知道自己的短处，更看不到狼狗的弱点，所以都遭受挫败。因为人的身体与狼狗的身躯比较，狼狗的身躯最高度也不及人的腹部，所以它的攻势，都是以下三路为主。而人的躯干，普遍高于狼狗，和狼狗搏斗，大都弯下身体用拳头向下进击，中间或者能够用低桩手法应付，但论灵敏机动，就肯定不如狼狗。何况这狼狗奔驰迅速，而和它搏斗的人，都是用站桩和它搏斗，站桩就步法迟滞，迟滞就给狼狗可乘之机，那岂有不败之理。"

见陆正刚大为失望，黄飞鸿又指出，狼狗虽然凶悍，但它的智力始终不如人，自己会以计谋算计它，它必定会被打败。

陆正刚听到黄飞鸿说有必胜把握，十分高兴，马上备好酒菜和黄飞鸿开怀痛饮，放松心情备战。第二天上午，黄飞鸿和陆正刚又到大笪地，台主又牵着狼狗出来，和往常一样宣布比赛规则，还未说完，黄飞鸿就突然站起

来，要上场和狼狗决斗。签好合约和缴纳费用后，黄飞鸿就空着上身，露出一身健硕的肌肉，腰间系着两条毛巾，迈步上前。台主要检查黄飞鸿身上有没有带武器，黄飞鸿两手一伸，让台主搜身。经再三检查确认没有利器后，台主才同意放行。铃声过后，黄飞鸿和狼狗的搏斗开始了。

黄飞鸿知道狼狗擅长下三路进攻，所以狼狗的每一次扑击，黄飞鸿都只是闪身躲避，不予回击。所有观众包括陆正刚看到后都十分担忧，眉头紧皱。其实，这是黄飞鸿早就想好了的计划，因为狼狗再厉害，它的战斗技能也是由主人训练，以及经常与人搏斗锻炼出来的，如果按它习惯的套路去与它打斗，那就正中它下怀。相反，只躲避不进攻，它就一下子适应不过来，时间一长就会乱了套，乱了心智。

果然，双方缠斗了一段时间后，狼狗已晕头转向，狂躁不已，黄飞鸿见时机来了，将早已系好一个结的毛巾，向迎面扑来的狼狗抛过去，狼狗一张口就把毛巾的结死死咬住。黄飞鸿马上跳到狗的后面，双手紧拉毛巾，毛巾结又刚好堵住狼狗的口部，那条狼狗无论怎样挣扎都无法逃脱，随即，黄飞鸿骑在狼狗背上一通拳头，把狼狗打到一动不动。

一时间，全场掌声雷动。台主虽然心有不甘，但不能说黄飞鸿违反了规则，总不能把毛巾说成是武器吧？他只能乖乖地交出赏银。其实，毛巾在中国也算是软兵器之一，运用得当，在攻防两端都有相当的威力。这一战，黄飞鸿先是摸清狼狗的特点，根据狼狗的特点制定克敌制胜的计划，又充分利用规则中的漏洞，用毛巾作为武器，最终一举取胜。[1]

---

[1] 黄飞鸿在大笪地与狼狗搏斗，利用毛巾战胜狼狗的情节，参见黄汉熙讲述、华乔记录的《黄飞鸿师傅传》。朱愚斋在《黄飞鸿别传》中则称黄飞鸿用猴形拐脚法制胜，内容为："斗方酣，飞鸿忽缩其躯若猴者，腾步向斜侧走，犬则反身露齿，猛向飞鸿踱下而噬，飞鸿俟其扑近，将手向犬顶上力自击其掌作响，犬闻声，仰首视，于是飞鸿之拐脚法，乃得乘间踏下矣，遂中其背，脊骨为之断，犬遂辗转哀鸣，僵卧于地下不能动。"因为黄飞鸿的太太莫桂兰也说过黄飞鸿是用毛巾取胜的，所以这里采用黄汉熙、莫桂兰的说法。

第四节　香江历险

光绪二年（1876），黄飞鸿二十岁了，是精力旺盛、最喜欢出外游玩的年龄。他经常接受陆正刚的邀请到香港游玩。有一次，黄飞鸿又去香港探望陆正刚，但陆正刚碰巧有事前往了澳门。黄飞鸿只好多住几天，等陆正刚返回香港后才回广州。

几天后，陆正刚还是未回来，黄飞鸿闲着无事，便一个人到水坑口附近的大笪地游览。当时的大笪地很热闹，既有演艺卖药、说书唱戏的，又有摆卖水果、杂物的。有一位卖水马蹄的名叫彭玉①的小贩，在大笪地摆档多年，那一晚摆档迟了点，档位被一卖药老人占了。彭玉觉得他是一个老年人，卖的是跌打药，和自己卖的水马蹄不一样，也不好计较，就到其他地方去摆卖。

第二晚，彭玉提前摆档，卖药老人随后才到，看到彭玉已经在摆档了，就斥责彭玉说，这个档位是自己的，其他人不能在这里摆档。彭玉解释说，自己在这个位置已经摆档十多年了，隔邻的档主都一清二楚，自己是因为看到老人年纪大了，卖的东西又不同，才不会计较，现在反而说自己占据老人的摊位，也太不讲理了。老人瞪大眼睛说，自己昨天刚在这里摆档，不论什么人在这里摆档摆了多久，都要立即搬迁，否则自己拳头就不认人。

两人争辩起来，老人用脚踢彭玉的水马蹄，还挥拳殴打。彭玉和他说理，要求在场群众主持公道。但老人充耳不闻，继续挥拳殴打。彭玉不是他的对手，周围的人看到老人来势汹汹，也不敢上前劝阻，只是议论纷纷。黄飞鸿刚好在人群中，看见一个老人挥拳追打一个小贩，问明情况后上前排解，出手阻止老人，并指出，彭玉在这里摆档多年了，老人何必要抢人家的饭碗，一定要强行占据呢？何况这里到处都是空地，都可以摆档，为什么一

---

① 彭玉，一说是陆正刚的徒弟，详见本书第三章，吕大吕之《武林名人黄飞鸿》。

定要在彭玉那里摆档呢?

老人听后,威胁黄飞鸿不要多管闲事,否则祸从口出。黄飞鸿则认为,凡事都要讲道理,对于无理的事情,不能袖手旁观。没有道理,就不能怪别人多嘴。老人闻听勃然大怒要动手。黄飞鸿见这个老人蛮不讲理,也发火了,表明态度:就是要过问这件事。

老人听后,像发疯一样挥拳向黄飞鸿打去。黄飞鸿运足气力在手臂上,乘着来势发力接招。黄飞鸿的手臂坚硬如铁。老人的手臂与之一接触,手腕便觉一阵剧痛,老人连连倒退几步,摇摇晃晃几乎跌倒在地。围观群众看见这个老人出丑了,无不拍手叫好。

这个老人也是老江湖了,一看黄飞鸿的招数,就知道自己绝非黄飞鸿的对手,再动手也是自取其辱,但仍然不愿服软,便装腔作势问黄飞鸿敢不敢报上名来?黄飞鸿说:"有什么不敢?我叫黄飞鸿。"老人再问:"明天敢不敢再来这地方?"黄飞鸿知道老人无非是想纠集同伙来报复而已,就说道:"有何不敢?"老人不再说话,掉头就走。这个老人在香港有很多同乡,有很大的势力,他见黄飞鸿武艺高强,自己单打独斗绝无胜算,就打算纠集同乡们来围攻黄飞鸿。黄飞鸿也知道这个老人来历绝不简单,一定会找众多帮手前来报复,但既然说会来,就决不食言。

第二天,老人纠集一百多人潜伏在水坑口大笪地一带,等待黄飞鸿到来。到了约定时间,黄飞鸿手拿"鼠尾棍",孤身出现。当时,大笪地的小贩已经知道将会发生激战,怕被牵累,不敢在那里摆档。黄飞鸿到达大笪地的时候,潜伏的人手持刀斧、鞭铜、铁尺等武器冲出来攻击。黄飞鸿急忙用棍抵挡,但前来参与打斗的凶徒越来越多。

黄飞鸿见情势危急,即改用五郎八卦棍法应战,他运棍如风,所相遇的对手无不受伤,一时间有几十人受伤倒地。黄飞鸿乘势突围,且战且走,沿着水坑口退到大马路。

有三个凶徒手持木棍早在大马路等候,他们看到黄飞鸿到来,就一齐上前进攻。而后面还有人追来。黄飞鸿看到前后受敌，为防范被围困，就尽全力施展出"大展黄旗"的招数，将棍横扫过去。前面三个凶徒武艺较弱，不能抵挡。黄飞鸿再用"四象漏弹棍法"攻击，三人头部均被击中倒地，其中两人已全无知觉。

黄飞鸿看见敌人的气势已经减弱，急忙奔跑，想撤离现场。巡逻的警察听到消息，大队人马也赶到现场，看到黄飞鸿在奔跑，就要上前逮捕。黄飞鸿急忙用棍招架，而那些凶徒又追上前来合击，混乱当中，黄飞鸿乘机冲入人丛中，找机会脱身。

当黄飞鸿跑到一条小横巷时，附近的商铺早就关门闭户，已无可藏身之地，正当他以为在劫难逃时，只见小巷的尽头处，一小楼的窗门打开，一个少女探身出外向他招手。黄飞鸿高兴万分，虽然这扇窗离地面有一丈多高，但这也难不住他。他后退数步，然后发力冲上前去，并用棍撑向地面，借着冲向前方的势头，一跃而上登上楼。黄飞鸿进入房间后，少女立即紧闭窗门。

过了很长时间，街里的喧闹声已渐渐散去，少女就叫黄飞鸿化装易容离开。黄飞鸿再三感谢少女救命之恩，并询问少女芳名，少女回答叫陆阿宽。黄飞鸿辞别少女，从后门出来，连夜乘船回广州。

黄麒英见儿子一脸疲惫归来，知道肯定发生了什么事。黄飞鸿也不敢隐瞒，详述事情经过。黄麒英责怪黄飞鸿为一件不平的事，便惹祸上身，接着循循善诱，对黄飞鸿说，世界上有许多不平事，是不能一一解决的。学习武技，最重要的是涵养，待人接物更要温厚和平，即使技艺精湛，也应当用于自卫，非到万不得已时，不要轻易使用。须知战祸一开，后患无穷。黄麒英后来又派人送信给陆阿宽父母，讲清事情经过，纳陆阿宽为谊女，并送礼物重谢，以报答她的恩德。后来，陆阿宽出嫁，黄飞鸿赠送五百元给她办嫁妆。

回到广州后，黄飞鸿在广州回澜桥（位于今越秀区长堤大马路潮音街）

附近又开设一家武馆，兼营跌打刀伤，武馆的招牌上刻上"黄飞鸿专医跌打刀伤"几个大字。

第五节　蟀场惩奸

光绪四年（1878），黄飞鸿已经二十二岁了，他收到佛山栅下平政桥斗蟋蟀场主卢九叔的信件，请他到佛山担任"护草"。当时，斗蟋蟀时用来挑逗和引导蟋蟀的、扎在小木棒上的老鼠须被称为"草"，手拿着"草"引导蟋蟀的人被称为"草手"，保护蟋蟀主及其蟋蟀的人被称为"护草"，也就是斗蟋蟀时保护雇主的保镖。

佛山镇作为明清时期四大名镇之一，虽然在清末工商业已有些走下坡路，但毕竟是岭南巨镇，市面仍十分繁华，商馆遍布全镇，其中的赌馆、赌场，不仅是富人乐于流连的场所，亦是工薪阶层的乐园。当时佛山的赌博花样百出，有闱姓、番摊、字花、山票、铺票、白鸽票、色宝、十二位①等大型赌馆，又有摊牌九、十五湖②、斗鸡等杂赌馆。此外，在私人场地里还有斗蟋蟀、斗画眉、掷升官图、打麻将、打天九骨牌、掷藤圈、掷铜仙、掷铜钱、择鸡、择鹅、象棋残局等赌档。赌法五花八门，群众不分性别、阶层、年龄、财富，或多或少都会参与这些赌博活动。

平政桥一带是水果、蔬菜、咸鱼、河鲜等批发零售市场，周围四乡的农产品集中在这里贩卖。由于这里人气旺盛，赌档生意也特别好，其中最兴旺的就是斗蟋蟀场了。

---

① 十二位，即骨牌。

② 十五湖，即纸牌。

图1-2-1　佛山平政桥（佛山市档案馆馆藏）

　　平政桥斗蟋蟀场有一个规例，凡参加斗蟋蟀的人，不论下的赌注多少，都要以十分之一作为场地费。蟋蟀主纷至沓来，斗蟋蟀场收费水涨船高，收入相当可观。参与斗蟋蟀的人品流复杂，有不少人会使用各种手段，帮助自己的蟋蟀获胜。有些"草手"在引导蟋蟀决斗的鼠须内暗中藏有小针，待对方的蟋蟀即将获胜的时候，用针刺伤对方的蟋蟀，从而赢得比赛。有些人用手拍对方"草手"的手臂，使对方的蟋蟀受惊。有些人恃强欺弱，不按照约定交付蟋蟀斗败的赌注，说什么"蟀输人未输"，干脆赖账。因此，凡赌注下得大的蟋蟀主，一定要聘请武艺高强的武师出任保镖，担任"护草"，以防意外。

　　佛山有个富家子弟养了只蟋蟀，身体呈黑漆色，体格健壮，号称"黑将军"。据说这只蟋蟀从蛇穴找到，又名"蛇头蟀"，它的牙和爪都很锋利，每次和其他蟋蟀打斗都赢得胜利。所以这个蟋蟀主口气很大，约人决斗，赌注为饼饵五百斤，金猪十只。当时斗蟋蟀场所说的饼和金猪，都是银币的代名词，一斤饼为一两银，一只金猪为十两银。由于赌注太大，一般人都不敢

参与决斗。

卢九叔也养了一只蟋蟀，这只蟋蟀名叫"赛吕布"，长着金色翅膀，白色的腿，头是朱红色的，体格健硕，身材和"黑将军"不相上下，也未逢敌手。这次听说有人下了这么大的赌注，就带着"赛吕布"前来应战。双方先是观察对方的蟋蟀，富家子弟看见"赛吕布"非常健壮凶悍，知道胜负难测，本来不想决斗了，但因为已夸下海口，不便再收回，便相约三天后在斗蟋蟀场决斗。

富家子弟召集一些朋友预测斗蟋蟀的结果，有人说："卢九叔的蟋蟀，勇猛不亚于'黑将军'，谁也不敢预测谁胜谁负，现在最主要的是聘请好的'草手'作引导，请孔武有力的'护草'作护卫，方无后顾之忧。"富家子弟也知道其中的暗示，于是聘请绰号为"胡须罗"的人为"草手"，聘请武馆的教头陈来为"护草"，以防万一。

胡须罗和陈来两人到来后，几个人就一起商量比赛的事。胡须罗声称有自己作"草手"，这场决斗就有胜无败，明天决斗，如果对方的蟋蟀真的很勇猛，自己就会用特制的草打击它，他已在鼠须内秘密藏有锋利的小针，在决斗时会乘机将对手刺伤。陈来也认为胡须罗有这样特制的草，确有必胜的把握。这次决赛，即使败也能获胜。东主的蟋蟀即使一交手就被打败的"牛屎蟀"[①]，有自己的拳头做后盾，也可获胜，这就是斗蟋蟀场中平常所说的"蟀输人未输"。几个人都认定这一场决赛稳操胜券。

很快，卢九叔就探听到富家子弟聘请胡须罗为"草手"，陈来为"护草"之事，而且知道胡须罗擅用诡计，决赛时一定会花样百出，为以防万一，最终决定聘请卢冠文为"草手"，黄飞鸿为"护草"。

"黑将军"和"赛吕布"决斗那天，许多人前来观看这场决斗。黄飞鸿等身藏软鞭，随卢九叔赴斗蟋蟀场。事务员先将两只蟋蟀过秤，高声报数，

---

① 牛屎蟀，指体型看似不小，但是战斗力却非常弱的蟋蟀。

"黑将军"重五分二厘，"赛吕布"重五分一厘半，几乎没有差别。胡须罗和卢冠文各自引导蟋蟀下场决斗，陈来站在胡须罗的一侧，黄飞鸿站在卢冠文的一侧，周围站满观众。

局中两只蟋蟀在激烈搏斗，振翼鸣响，交牙相咬，"黑将军"擅长用足进攻，"赛吕布"擅长用牙咬。激战一段时间后，"黑将军"已渐渐不敌"赛吕布"，多次被"赛吕布"咬着抛到盆侧。眼看就要输了，富家子弟向胡须罗打了个眼色，胡须罗立即施用诡计，装作引导蟋蟀再斗，准备将藏有小针的鼠须刺向"赛吕布"的头部。不料仓促之间，胡须罗用力过猛，小针刺入"赛吕布"的头不能松脱开，一时手忙脚乱，将鼠须提起时，连"赛吕布"也一并提起。围观者顿时一片哗然。

胡须罗当即被卢九叔、黄飞鸿等痛骂，他一言不发。陈来冲上前，要向卢九叔等动手发难，黄飞鸿随即还击。两人便在斗蟋蟀场中大打出手。陈来用足力量，以平生苦练的"冲槌法"向黄飞鸿发起猛攻，想一举将黄飞鸿打翻在地。黄飞鸿急忙以"退马穿桥法"应战，前马退后，运臂向陈来桥手的下方穿过去。陈来一拳不中，有些愕然，他认为自己擅长的技法，一出手则敌手必定会倒地告负，没想到对手的技法比自己更厉害。他转念一想，对方年纪轻轻，经历不多，这就不如自己。因而又重新抢攻。黄飞鸿仍然以退马穿他的桥手。陈来见黄飞鸿没有反攻，以为黄飞鸿擅长防守不擅长进攻，却不知道黄飞鸿这样做，是为了化解攻势，寻找进攻机会。因此，陈来步步进逼，拳拳猛冲，满以为这一路冲拳，可以打败对手。不料黄飞鸿突然改变手法，将右掌斜撬对方手臂，左手压推对手肩部，马步随手突然进逼，用"虎凭豹狼法"反攻。这时候陈来正全力攻击，没料到黄飞鸿有这样一招，他措手不及，仆倒在地上。黄飞鸿抢上前来，用脚踏着陈来的身体，陈来再也不敢妄动。

卢九叔一方在情在理都占上风，斗蟋蟀场的人员恐怕事态扩大，都来排解，最后由富家子弟赔偿卢九叔白银五百两。为卢九叔担任"护草"的工作也告结束，黄飞鸿返回广州。

第六节　巧服勇将

黄飞鸿设在回澜桥附近的武馆，名气越来越大，前来拜师学艺的人日益增多，他的家境也日益富裕。时间到了光绪五年（1879），黄飞鸿已经二十三岁了。黄麒英为黄飞鸿物色了一位姓罗的姑娘，为他们举办了婚礼。结婚后，黄飞鸿还是以教授武艺维持生活。谁料甜蜜的日子才刚开始，厄运又很快降临，婚后仅三个月，罗氏就因病去世了。

一年后的农历四月十七日，广州河南金花庙举办一年一度的神诞。金花庙供奉的金花娘娘，又被称为"金花普主惠福夫人"，可以在孕妇临产时保佑母子平安。广州的金花庙以河南金花庙规模最大，香火也最为兴旺，有民间歌谣唱道："一条河水曲弯弯，顺风顺水到河南，河南有个金花庙，有人求神保仔生……"

为吸引更多的信众，这一届神诞的主事人特别卖力，场面安排得极为隆重，除了张灯结彩、陈列像生①花木外，又请著名的八音锣鼓班"占丹桂"前来演唱，还发出请柬，广邀当地知名武师舞狮助兴。金花庙前搭起戏棚，各门派的武师纷纷登场表演，热闹非凡，全省各地的神诞就数这一个金花庙的神诞最为热闹。黄飞鸿也收到了请柬，他带着各弟子到场表演拳械和醒狮，精彩的表演令观众赞叹不已。

表演吸引了停泊在岸边的紫洞艇的乘客。这些紫洞艇一艘紧靠着一艘，有上百艘之多。艇上不乏富绅巨贾，他们站在艇头，边饮酒寻欢，边欣赏金花庙神诞各种表演。当中有一位身材魁梧的将军，名叫陈泰钧，正和朋友一齐观赏。陈泰钧注意到庙前的戏棚中，有一青年手舞狮头，形态动作远远高出于其他人。醒狮表演结束后，武术接着开锣表演，众多武林高手按顺序进行表演，这个青年也出场表演，他的手法步马，又明显高出一个档次。

---

① 像生，是用泥、纸、木屑等各种材料制作的仿生蔬果、花木工艺品。

图1-2-2　珠江上停泊的紫洞艇（原载日本《亚东印画辑》1929年第7册）

　　陈泰钧对这个青年十分赞赏，便问身边的人是否认识这个青年。有随从说这就是黄飞鸿。陈泰钧以前也听过黄飞鸿的事，他马上叫随从驾小船请黄飞鸿过来。黄飞鸿向来不想和达官贵人交往，但见陈泰钧的随从十分客气，就不好意思推辞，便穿好衣服来到陈泰钧的艇上。

　　两人客套几句后，陈泰钧觉得黄飞鸿的武艺很精妙，问他是从哪里学的。黄飞鸿答道，自幼学习家族传下来的武艺，长大后浪迹江湖，追随过几位师父，不过都是些雕虫小技。陈泰钧感叹一门技艺要小有成就，绝不是容易的事，而黄飞鸿的武技能达到这样高的境界，更为难得。陈泰钧称，自己也很早就习武，自幼得到名师指点，曾经获师父秘密教授一套手法，到现在几十年了，都没有人能够抗衡，现在不怕献丑，想和黄飞鸿比试一下武功。

　　黄飞鸿听后，知道双方地位悬殊，胜败都下不了台，就连忙说自己不是

陈泰钧对手，想婉言拒绝。但陈泰钧正兴致勃勃，表明非要和黄飞鸿进行一番较量不可，不能扫他的兴。黄飞鸿无可奈何，只能出手和他周旋。

黄飞鸿发拳向陈泰钧的胸口冲进，陈泰钧自然是挥臂招架。黄飞鸿只觉得双方的手一接触，就感到对方双臂坚实如铁，知道陈泰钧绝不是等闲之辈。陈泰钧曾得到几位名师指点，造诣甚深，最擅长辗手，以前和他交过手的人，都无不被挫败，所以有"神辗手"之称，而且他的手法变幻莫测，无论对手用什么手法和他较量，他都用辗手回应，对手都会被这一招克制，从未有人能破解。如今两人交手，陈泰钧知道黄飞鸿武艺高强，不易对付，一交手就将自己最独到的手法使出来。所以黄飞鸿的拳头刚击出，就被对方的辗手缠住，双手立即进退不得，像被铁索牢牢束缚一样。黄飞鸿见自己进退不能自主，已经陷入被动，怕对手再有新的变化，自己多年屡克强敌得来的英名就会毁于一旦，不得不振作起来，急忙化作"摇龙归洞"姿势，将手猛力抽回，以化解陈泰钧的辗缠之势，又暗中伸出腿，偷入陈泰钧的马步内，用腿向外一弹，两手再向陈泰钧怀内一扳，使出一招"内外勾弹三星脚法"。

陈泰钧看到黄飞鸿变换攻势，急忙想摆脱出手来招架，但已经来不及了，而且全部变化都已经被黄飞鸿所掌控，再也无从化解，立即摇摇晃晃要向后跌倒，幸好被黄飞鸿张臂托住，才不至于摔倒在地。黄飞鸿立即住手，拱手称赞佩服。

在旁边观看的人，多数不懂得武术，只是看到两人你来我往，不知道胜负已定。陈泰钧是行家里手，自然心中有数，知道黄飞鸿的武艺，确实高出自己不少，而且能够顾全自己的体面，不禁心悦诚服地称赞黄飞鸿的功夫确实是名不虚传，大叹相逢恨晚。他马上安排酒菜和黄飞鸿豪饮。到喝得差不多时，陈泰钧想请黄飞鸿解释一下这次比武取胜的窍门。黄飞鸿暗示陈泰钧送走各位客人，两人才秉烛共谈。

黄飞鸿解释道：大人的手臂，坚实如精炼的钢铁，必定是在少年时苦练过，而且功力深厚，是经过日积月累锻炼出来的。然而世上很多习武的人，不求变化，只是专注双手的坚硬和力量，希望通过锻炼，拥有一双坚实如铁的手。即使有一些人双手练得真的像铁一样坚硬，如果缺乏奇妙变化，也没有什么作用。而且，时间一长成为习惯，要改变就很难，所以他们出手时，常常出现只有"刚"的毛病，"刚"会被"柔"克制，这是放之四海而皆准的道理。

黄飞鸿还透露了取胜的原因，称这次交手自己刚刚进击，陈泰钧就立即尽全力辗手，这是属于以横救直，并无不妥，问题是完全不注意马步，所以自己的双手虽然被陈泰钧控制住不能脱身，但是知道陈泰钧的拳法，必定会发尽全力，两臂既然倾注了全力，就会忽略顾及桩步，于是就先抽回自己的手，以缓解被困之势，并乘势偷入陈泰钧的马步内。陈泰钧的马步既然被自己的腿偷进去，已是必败之势，自己再使出上扳下弹的招数，那么陈泰钧的守势，就再也不能抵挡余下的攻势了。

陈泰钧听后深深叹服，拿起黄飞鸿的手臂观看，觉得也坚实得像金石，不禁点头叹息，称黄飞鸿之所以能够有这么大的名气，不是没有原因的啊！

陈泰钧和黄飞鸿分别后，对他的才能十分欣赏。过了几天，就写了封书信向广东水师提督吴全美[①]推荐，盛赞黄飞鸿的能力。吴全美也知道黄飞鸿不是泛泛之辈，就聘请黄飞鸿担任军中技击教练。黄飞鸿随即解散设在回澜桥的武馆，到吴全美军中任职。

---

① 吴全美（1820—1884），字碧山，原籍广东顺德，从小好习武艺。道光二十九年（1849）入广东水师团练，在追缉海盗时屡立战功，不久升为海安营千总，咸丰元年（1851）晋升为龙门营都司。因屡立战功，被朝廷封赏"迅勇巴图鲁"称号，授升福建水师提督。光绪六年（1880），任广东水师提督，改建虎门各水路炮台，按泰西新式图纸建造，使广东海防大大加固。光绪九年（1883）调任琼州镇总兵，常到海口各地炮台视察，悉心筹划，昼夜严防。光绪十年（1884）十月染病医治无效逝世，终年六十四岁。

第七节　无影绝技

"无影脚法"是黄飞鸿的著名绝招之一，蜚声海内外武坛。黄飞鸿出脚十分敏捷，来去"无影"，不知内情的人以为"无影脚法"是黄飞鸿的家传绝技，或者是黄飞鸿所创。实际上，黄飞鸿的无影脚，是用自己的秘技交换得来的。说起来，这无影脚的传承，有一番颇为曲折的经历。

广州有一位名叫宋辉镗的拳师，年轻时出门远行，夜晚到旅店住宿。当时宋辉镗孤身出外旅行，感到有些寂寞，便走出天井，在天井中练拳。练到兴起，就往往会发声助威，因而惊动了住在离天井较近房间的一位少女。这少女起床一看，见宋辉镗正在月下练拳，看了一阵，就忍不住笑了起来，返回自己的房间。宋辉镗听见少女笑声，觉得十分惊奇：自己练拳练得好好的，有什么好笑的？便悄悄地跟着少女，在房外偷听，想弄个明白。只听见少女对她的母亲说："在天井那里练武的男人，自始至终都只是用拳，未见动脚，有拳无腿，算什么武技呢？"

宋辉镗觉得，自己的拳术确是重于用拳、轻于用腿，因为自己师父经常说，腿法最为难学，弄得不好，出腿时伤不了对手，自己反而会因站立不稳而招致失败。看来那个少女也是个懂得武艺的人，能够看出自己不善于用腿，说不定会有些来头。他便叩门向老妇人请教，说，自己刚才在天井练拳，惊动了店里的其他人，十分抱歉。又说，听到有女子发出笑声，一定是看到自己的武技有不足之处，所以特来请教。老妇人称，那个女子是自己的女儿，有什么话可以进来问她。宋辉镗走进房内，与女子打招呼，问她为什么看到自己练拳会发笑。少女回答说："你所练的武艺，有拳无腿，实战时很容易吃亏，而你还一味苦练，因此忍不住发笑。"看到宋辉镗还不太服气，少女又说："如果你还不相信，我们比试一下，就知道我所说的不是假话。"于是两人就到天井较量起来。刚刚交手，宋辉镗即连连被女子的腿击中，甚至不知道女子的脚是从哪里来，怎样踢中他的，可以说无踪无影。宋辉镗大为惊讶，想不到竟然会有这样精妙的腿法，对女子深表敬佩。以后，宋辉镗和这个女子结为夫妻。婚后，宋辉镗在妻子的督促下，勤学苦练，终于练成"无影脚法"。

后来，黄飞鸿与宋辉镗切磋武艺，见其脚法神奇，运腿如风，几乎看不到它的踪影，十分钦佩，提出以弟子之礼向宋辉镗学习"无影脚法"。宋辉镗本来将"无影脚法"视作传家宝，发誓不传授给别人，只将"无影脚法"传给自己的儿子宋猫。他的儿子宋猫后来也很不简单，被人们称为"丧猫"，与崔章、黄启、陈斗合称为"广州四丧"，也是名闻广州的武林人物。不过，宋辉镗又很想学习黄飞鸿的"铁线拳"和"伏虎拳"绝招，便提出以"无影脚"交换"铁线拳"和"伏虎拳"，互相传授绝技。黄飞鸿自然十分高兴，立即答应。从此，黄飞鸿便学到了"无影脚法"。

黄飞鸿后来将无影脚传给爱徒梁宽，梁宽又偷偷传给陈殿标。

黄飞鸿的妻子莫桂兰后来回忆起黄飞鸿的无影脚绝技时说："他的无影脚，变幻无穷，快如闪电，简直难以触摸。无影脚我是得他真传的，但只在危急时应用，因为脚法相当阴毒，出则必中下阴，为夺命奇招。"①

无影脚在岭南武林的不少拳种中都有，但能够让黄飞鸿以"铁线拳"和"伏虎拳"秘技交换得来的无影脚，肯定有其独到之处。

第八节　爱徒惹妒

光绪九年（1883），香港果菜行计划于二月初二在文武庙举办还财炮活动。广东沿海地区有在吉利日子烧"神炮"抢炮的习俗，一般在正月、二月间，抢得炮的要在第二年还。

---

① 林润强：《虎妻——黄飞鸿遗孀忆述黄飞鸿》，香港《真功夫》1976年第1辑第6期。

　　主事人打算在活动期间搞一个盛大的巡游，专门派人到广州邀请锦纶堂醒狮队到香港助庆，锦纶堂的人刚好安排不过来，就请黄飞鸿代替他们去香港演出。黄飞鸿因为在几年前曾经参加过香港水坑口的一场械斗，不宜这么快又去香港，就委派徒弟梁宽率队，不采用自己原来旗帜，改用"西樵务本山房"的旗号前往香港舞狮，这样就不会惹上麻烦。

　　梁宽接受任务后，为了弘扬师门威风，不负所托，想来想去，就想到在狮头上做些文章，以起到先声夺人的效果。梁宽特意订制了白眉、白须、金钱背的醒狮。因为武馆中狮头的色彩、花纹和图案，具有一定的寓意。如果表示狮队中有能人在坐镇，狮头则是青鼻、铁角、花须；如果是反映舞狮的人功夫了得，勇猛非常，有老前辈坐镇，狮头就以白须、白眉、青鼻、铁角装饰头部，背部绣上金钱图案。这是武馆的习俗。即使真的有老资格的师傅在压阵，一般都不敢贸然采用白眉、白须、金钱背，因为容易引起不必要的纠纷。

　　梁宽重新制作两面绉纱旗帜，绣上"西樵务本山房"几个大字，在其徒弟中挑选数十位好手，依照约定去香港演出。演出当日，巡游热闹非凡，鼓乐喧天，旗伞招展，所过之处，万人空巷，沿路爆竹声阵阵，震耳欲聋。梁宽带着各位徒弟舞狮在巡游队伍后面压轴表演，直到还财炮的礼仪结束，参加巡游的队伍各自散去，梁宽还觉得余兴未尽，就叫徒弟们舞着狮按照原来的巡游路线返回。

　　梁宽有一个徒弟用一个纸造的和尚面具戴在头上，穿上和尚衣服，手拿着烂葵扇，扮成"大头佛"①，做出各种动作，作为醒狮的先导。队伍所到之处，博得阵阵喝彩，有些人甚至从楼上点燃爆竹扔下来助庆。梁宽觉得为师父争光了，心里很高兴。当队伍行走到中环摆花街时，有一个富商在他的

---

　　① 大头佛，是醒狮表演时的角色之一。表演者用一个纸造的和尚面具戴在头上，穿上和尚衣服，手拿着烂葵扇，挑逗狮子或为狮子引路。

住宅四楼屋檐上挂了一个特别大的"青"①，这个"青"有银牌、纸币等，用红色绉纱带包扎，在狮队还未到达之前，就有人点燃爆竹引导。狮队到达后，爆竹更如雨般扔下来，醒狮随着爆竹的声响欢跃起舞，更为生动。此时梁宽抬起头观看悬挂着的青，离地面有几丈高。这么高的距离，正常情况下舞狮的人是不可能采摘得到的，如果用藤排叠上几重人的方式，舞狮的人可以在上面采青，但位于下层的人又可能会体力不支。如果知道难度太大而不采青，又怕会被武术界中的行家讥笑。

梁宽此行正是要为师父树威的，怎能知难而退？他想起黄飞鸿教过他的"飞砣"绝技，这可是黄飞鸿从林福成那里学来的绝技，后来又传给了梁宽等人。黄飞鸿运用飞砣可以百步穿杨，能在远距离把砣打入一个横放的酒埕里，把放在酒埕内的东西打中而又不接触埕的口。因为他的飞砣百发百中，所以在舞狮采青的时候，任何的高青都难不倒他，只要他从醒狮口中把手一扬，使出这一名为"朝天一炷香"的绝技，飞砣便笔直而上，飞达挂在高处的青。飞砣在青上转一圈，就可将青采下来。

想到这里，梁宽拿出系着红丝带的飞砣，手拿着绳索盘旋飞舞，为醒狮作先导，等到醒狮到达悬挂着青的楼下时，暗示舞狮的徒弟将狮头向上，张开口摆出采青的姿势，以等待青坠下。梁宽随即抬头一看，运力将飞砣旋转起来，并乘势腾空而上，四楼所悬挂的青被飞砣的绳索缠住，梁宽将绳索往下一拉，悬挂的青就随即被扯下来，而这时狮口早已张开，一跃而起将青接住，顺利将青采下。观众从未见过这么奇妙的技术，喝彩声如雷声一样爆发，梁宽他们一行人载誉而归。

果菜行的各位执事，在酒楼中大摆宴席款待梁宽等人，席间各地参加巡游的精英都竖起大拇指称赞，梁宽也很有礼貌地答谢。第二天，梁宽带着各位徒弟要坐船回广州。临行时，果菜行赠送了一面绣着"武艺超群"四字的

---

① 青，一般用生菜附上金钱等，吸引舞狮的表演者采摘。这种表演又叫采青。

锦旗，称之为锦标，表示梁宽的队伍在各参加巡游队伍中是最优秀的。

梁宽等夺取锦标后回到广州，都非常开心，觉得此行不负师父所托。回广州后的第二天，按照武馆的习俗，要将舞狮获得的所有奖品和锦旗，陈列在北帝庙戏台中，向大众展示，即所谓"晒标"，然后又舞狮助庆。晒标的行为，在武馆中被认为是很高的荣誉，平时很少见。附近的武师和街坊，无论远近，认识和不认识的，都前来观看。

梁宽和徒弟们兴高采烈，舞动起白眉、白须、金钱背的醒狮，将舞狮套路中所谓出洞、入洞、望天、惊日、擦目、洗面、伸懒、照水、饮水、探路、过桥、发威、搔痒、滚地、觅食、滚球、采青、醉青各种招数，尽情发挥。

当时观众中有一位老拳师名叫王隐林，为晚清"广东十虎"之一，在武林中很有名望。他看到梁宽的徒弟拿着白眉、白须、金钱背的醒狮表演，十分不满，觉得梁宽才二十多岁，竟然敢以老前辈自居，就算自己不计较，那老前辈还大有人在啊！

王隐林快快不乐回到住所，叫手下找了很多位武林至交好友过来，告诉大家梁宽竟然借舞狮藐视前辈的事，并称会找机会给他稍加惩戒，让他知道老一辈武师不是随便可以玩弄的。大家听到后，一片哗然，有人认为：王隐林要对付他没有什么不妥，但是王隐林年事已高，双眼模糊不清，而梁宽又年富力强，是黄飞鸿座下大弟子，武艺也十分高强，王隐林的武艺或者优于对方，但因为年龄的关系，气力不足，整体而言可能就稍弱于对方了。如果现在贸然找梁宽交手，胜还好说，如果不胜，那么从此以后老一辈的武师，还凭什么要让青年人重视？希望王隐林三思而后行。

王隐林有些不高兴，觉得不惩戒梁宽的话，会使梁宽更加目无尊长。大家经过商量，提出由王隐林的弟子黄满荣到梁宽的武馆，申明大义，责令梁宽的武馆"冚灯"①。

---

① 冚灯，即把灯关了，引申为闭馆不得授徒。

　　王隐林表示认同，就通知黄满荣到梁宽的武馆，要梁宽"冚灯"。黄满荣认为，这样的做法就是踢馆。梁宽的武馆位于"三栏"之中，附近许多商店的伙计都是梁宽的徒弟，自己独自前往要责令梁宽关闭武馆，如果一言不合，冲突起来，肯定应付不了。

　　到了夜晚，黄满荣一个人来到梁宽的武馆，当时武馆灯光通明，梁宽正在指点门徒们练武。黄满荣知道不可能用武力让梁宽屈服，关闭武馆。于是就心生一计，进馆内要求梁宽立即关了武馆的灯。梁宽面色一变，大声问："是什么人敢命令我把武馆的灯关了？"黄满荣说是黄飞鸿的意思。梁宽听说是师父有命，不敢违背，不得已熄了武馆内的灯，立即赶到黄飞鸿的居所询问原因。黄飞鸿听到后十分惊讶，说没有这样的事。梁宽十分气愤，认为这是奇耻大辱，势必要报复。

　　梁宽立即返回武馆，召集各位门徒说起这件事，叫大家秘密探察，查清真相。几天后，门徒们查出假冒黄飞鸿传话的人是王隐林的弟子黄满荣。梁宽听到后，摩拳擦掌，发誓一定要亲自报仇雪耻，为此再去拜见黄飞鸿，告知是王隐林的徒弟黄满荣搞的恶作剧，并说明一定要和他决斗，以雪前耻。

　　黄飞鸿听到后，觉得王隐林作为武术界的老前辈，一向以来做事谨慎，现在搞出这样的闹剧，一定别有内情，就叫梁宽不得恣意妄为，要查清楚他们为什么要这样做。两师徒正在闷闷不乐之际，忽然黄麒英带了一个六十多岁的人进来，并介绍说这位就是广东武术界中享有盛名的黎仁超老先生，也是"广东十虎"之一。黄飞鸿早就听过他的大名，只是无缘一见，现在看见他本人亲临住所，十分恭敬，马上摆上酒菜一起畅饮。

　　席间，黄飞鸿拱手恭敬地问黎仁超前辈的来意。黎仁超将王隐林和梁宽发生纠纷的事作了介绍，并称这次纠纷的原因是梁宽从香港归来后，居然在北帝庙戏台上晒标，舞狮庆祝，而所舞的醒狮，又是白须、白眉、金钱背。梁宽才二十多岁，竟然在别人面前舞这样的醒狮，也就是说自己有老前辈的资格，所以王隐林看见后十分不满，才发生这样的事。黎仁超认为，大家同

是武林中人，派别虽然有所不同，但说到底是同一源流的，应当互相尊重、互相爱护，不要因为一些琐碎的小事交恶，为后世耻笑。所以就专门过来调解，希望双方不要为这些小事反目成仇。

黄飞鸿也觉得梁宽的做法欠妥，马上对他予以斥责，又对黎仁超作揖答谢，表示愿意接受调解。黎仁超觉得黄飞鸿通情达理，也非常高兴，一齐开怀痛饮。后来，黄飞鸿还要求梁宽带着徒弟拜会王隐林，斟茶表达歉意，一场武林纠纷得到和解。

黄飞鸿自己使用的狮头是青鼻、铁角、黑色长须，他认为短须过于凶猛，长须较为温和，这也反映出黄飞鸿为人低调、谦逊。

一年多后，也就是光绪十年（1884），梁宽因病去世，年仅二十五岁。不久，黄麒英又得病去世。一个多月之后，对黄飞鸿有提携之恩的吴全美又去世，黄飞鸿失去军中技击教练职务。一时间，最心爱的徒弟英年早逝，父亲去世，和自己交情很好的上司去世，黄飞鸿生活陷于困境，心情无比失落。别无他法，他只能重新做起跌打医师，在广州仁安街找了一个不大的店铺开设了一家医馆，店号名为"宝芝林"。

第三章 医艺精通 奋武扬威

第一节 妙手回春

宝芝林开业后，黄飞鸿终日闷闷不乐，境况窘迫。一日，一位自称是刘永福先锋，名叫罗德谦的人求见。

罗德谦告诉他，自己的上司记名提督刘永福，从前因坠马伤腿，脚部疼痛致不能走路。刘永福曾多次请名师治疗均未见痊愈，而且肿痛日益加剧。罗德谦知道黄飞鸿医术精良，便推荐黄飞鸿前往为刘永福医治。

黄飞鸿确定患者就是大名鼎鼎的黑旗军将军刘永福后十分惊讶，又对刘永福军中有不少的跌打名医，都不能治好刘将军的腿伤表示很不理解。罗德谦向黄飞鸿介绍了刘永福的症状及相关情况。原来刘永福受伤的位置在麒麟髀[①]骨处，此关节及周围的组织已有些病变。因为此关节位于臀股之间，筋多肉厚，对治疗会构成障碍，很多医生都束手无策。刘永福虽然能征惯战，不惧生死，但极怕疼痛，在治疗过程中不准医生用手碰触伤处，如医治过程导致疼痛则治重罪，甚至叫手下手持大刀，在旁候命。这就使众多名医束手无策，很多名医因为害怕会被召去为刘永福治病，纷纷躲了起来，导致刘永福腿伤的治疗一再延误，病情已十分严重。[②]

经过沟通，黄飞鸿对刘永福的病情已知道了大概。如果是面对一般人，黄飞鸿对这种创伤的治疗可以说是胸有成竹，但面对像刘永福这样特殊的病

---

① 麒麟髀，即麒麟骹（髋部）。

② 此段综合了黄汉熙、朱愚斋等人的介绍。刘永福叫手下手持大刀的部分为黄飞鸿的儿子黄汉熙口述。

人，不仅要有高超的医术，还要有谋略和胆识。出于对刘永福的敬重，黄飞鸿甘愿冒着风险去为他治疗，但对刘永福因为治疗中产生疼痛就要惩罚医生的作为有些不满。

黄飞鸿看见刘永福后，心里还有些不满。刘永福告诉黄飞鸿，要想清楚能不能治疗。另外，如果在治疗过程中自己觉得痛，就不会手下留情。黄飞鸿表示，自己是抱着一片诚意来治病的，不会考虑其他事。刘永福这才哈哈一笑，请黄飞鸿为他治病。

黄飞鸿细心地摸着刘永福的患部，很快就将伤处摸得一清二楚，已想出治疗方案。黄飞鸿告诉刘永福，麒麟骹脱臼，自己有把握治好。他偷偷和罗德谦商量好，要为刘永福施行麒麟骹复位术，不然的话，刘永福会有性命之忧。然后，黄飞鸿轻描淡写地说："我先为刘将军擦些药酒，请刘将军放松一下。"在为刘永福擦药酒的过程中，突然发力向刘永福患部一拍，大声说："刘将军，我看没有问题了，现在脱臼的关节已接驳回原位，敷药后很快就会痊愈，你就可以行走了。"

刘永福痛得大叫了两声，但当黄飞鸿帮他敷好药后，痛楚很快减轻。刘永福呆了一阵才哈哈地笑起来说："厉害！你的胆子很大！临危不乱，难得！"

黄飞鸿看到刘永福情绪稳定，才说："麒麟髀骨的创伤，向有跌打外科中第一难治之称。若医治不当，不但不易治愈，还会使患处恶化，伤势加剧，再

图1-3-1 刘永福（原载李健儿：《黑旗军将军刘永福》，《广东文物》，1940年）

严重些更会致人死亡。所以先给刘将军擦些药酒，起到一些止痛作用，然后和刘将军交谈，使刘将军放松，再趁刘将军不备，为刘将军实施关节复位手术。"刘永福听后也十分高兴，一再道谢。

经过一段时间的治疗和休养，刘永福的腿慢慢痊愈。刘永福称赞黄飞鸿："你的跌打医术了不起，西人说自己医术如何高强，可对于跌打方面他们再过数十年都不及我国，遇到我的情况，如果给西人医，西人就可能把我的脚锯断了。"①

刘永福痊愈后，专门设盛宴答谢黄飞鸿，遍请故交好友作陪，并在席间频频向黄飞鸿敬酒。大家饮到酒酣耳热时，座中刘永福的谊子关云海，说起黄飞鸿当年在香港水坑口以一人之力，用"五郎八卦棍法"与数十人对敌的事。刘永福听后赞叹不已，借着酒意询问黄飞鸿，以今天之力，还可以战胜多少个敌人。黄飞鸿表示，自己年纪已经大了，气力渐渐差了，现在比不上年轻人了，但自己的武技，寻常二三十名壮汉也还可应付。刘永福竖起拇指称赞，要求黄飞鸿和自己部下的二十名卫士比武。

黄飞鸿虽然一再推却，但在刘永福的坚持下也不好再推辞。刘永福立即命令二十名卫士，和黄飞鸿到演武场上一较身手。

黄飞鸿卷起衣袖，严阵以待。他知道这次出战，关系着一生的荣辱，只能胜利，不能失败，深思之下，想起师父林福成曾秘密教授的一套"五行拳"，最适合应付多人的包围和攻击。这拳法以分金拳、夹木拳、水浪拳、火箭拳和土抛拳五种拳为主，手法虽然简单却十分精妙，密而不疏，循环相生，用之不竭。黄飞鸿决定施展"五行拳"来制敌。当众卫士一拥而上时，黄飞鸿从容拒敌，往来冲击，锐不可当。不一会儿，卫士中已有多人被击中，口面流血。

刘永福看见黄飞鸿这么神勇，知道他并非浪得虚名，是真正的武林高

---

① 黄飞鸿为刘永福治疗的内容，参见黄汉熙讲述、华乔记录的《黄飞鸿师傅传》，《香港商报》连载，1957年3月至11月20日。

手，再战下去只会造成更多无谓的损伤，便下令结束比武。刘永福重新请黄飞鸿上座，对他更加欣赏和敬重。

过了几天，刘永福礼聘黄飞鸿为军队中的技击教练。

刘永福后来又聘黄飞鸿为炮台指挥、军医官和福字军技击总教习。光绪十四年（1888）农历十二月，刘永福专门请好友——时任两广总督的张之洞为黄飞鸿题写"医艺精通"牌匾，文字内容如下：

光绪十四年季冬吉旦

医艺精通

军医官黄飞鸿先生雅鉴

记名提督、军门统领、福字全军调署、广东竭石水师总镇、闽粤南澳总镇府依博德恩巴图鲁刘永福拜赠

两广部堂张之洞题

图1-3-2　刘永福赠送给宝芝林的"医艺精通"木匾文字内容，刊于莫桂兰将宝芝林迁回广州开业宣传单上（李灿窝捐赠，原件由佛山黄飞鸿纪念馆收藏）

黄飞鸿把刘永福将军赠送的"医艺精通"木匾挂在宝芝林大堂，并挂上刘永福赠送的大幅照片，路人往来都可看见。这几年，是黄飞鸿最风光、最得意的日子，宝芝林的大名也在广州传扬开来。

第二节　爱徒远走

一年一度的元宵节，羊城处处火树银花、张灯结彩。刘永福也和同僚一起挂上彩灯，饮酒为乐。忽然听到鼓声喧天，原来是民众在舞狮贺元宵。刘永福喝了酒后正是雄心勃发，立即叫黄飞鸿前来，命令组织醒狮表演，与民众一起欢度元宵。黄飞鸿立即通知在仁安街的陈殿标、凌云阶两人赶过来。

两人都是黄飞鸿的得意弟子，收到消息后很快就赶到，并束好腰带待命。刘永福接报后非常高兴，叫大家集中在演武厅响鼓起舞。先是醒狮集体表演，随后是功夫表演。十多人表演后，轮到陈殿标出场表演。只听一声鼓响，陈殿标拔步而出，站立在众人面前，先向刘永福作长揖致敬。刘永福觉得他很有礼貌，又器宇不凡、英姿飒爽，十分赞赏，就凝神注视他的表演。

陈殿标行礼后，就运气作势，两肩膀的肌肉顿时呈凹凸形状，偶然作一些伸缩，筋骨都会发出阵阵声响。刘永福觉得他真有驯狮搏虎的功力，不禁暗暗叫好。随后陈殿标展开马步，运掌挥拳，兔起鹘落，有如疾雷迅电，敏捷非常。一套拳法表演结束后，又彬彬有礼地作长揖退下。

刘永福看到这里，拍手叫好，问黄飞鸿这个表演者是什么人。黄飞鸿说是自己的弟子，叫陈殿标。刘永福有点惊讶，称赞陈殿标是一员虎将，应该为他铺一条路，以发挥他的才华。

黄飞鸿马上代陈殿标答谢。刘永福即奖赏陈殿标金牌一面，白银五十两。陈殿标拜谢后，凌云阶最后出场表演其成名绝技五郎八卦棍，力雄势劲。刘永福也十分赞赏，亦给予同样的奖赏。主宾尽欢而散。

过了几天，刘永福写了一封信给陈殿标，推荐他到广西提督苏元春部任技击教练。谁料陈殿标到广西时，苏元春已不再任职。陈殿标只好暂时在当地开设武馆授徒，以解决生活之需。几个月后，越来越多的人投入其门下，

武馆也兴旺起来。后来，陈殿标为母亲祝寿，几百名弟子带着礼品前往庆祝。官府知道后，怀疑陈殿标是三合会同党，聚众图谋不轨，就下令缉捕陈殿标，幸好事先被陈殿标知道，连夜带着母亲逃往越南，改名为陈锦泉。

自从陈殿标去了广西，后来又下落不明，黄飞鸿倍感失落，每逢遇到演艺活动，都会想起陈殿标，还想到已经去世的梁宽及其他远走他乡的徒弟，对他们只可以时时牵挂、想念，叹人生散聚无常，但无力改变。

直到民国年间，陈殿标才返回广东，最后定居在香港油麻地，设馆授徒，几经波折，只有一个叫大牛英的徒弟追随。

第三节　初识世荣

黄飞鸿在刘永福手下任职，日子过得飞快，不知不觉已经步入中年，离他的妻子罗氏去世也有十多年了，而他还是孤家寡人。这时候，他认识了一个孤苦伶仃的妇人。

这个妇人的丈夫是顺德县麦村人，叫麦旺，因为他的弟弟麦洪是个巨盗，犯下不少案件，官府拿他没办法，就把麦旺收捕，说他是同党，严刑逼供，最后麦旺冤死狱中。她的丈夫死后，这个妇人带着一个小孩，来到广州想当佣工，希望能自食其力，将孩子抚养成人。

黄飞鸿对这个妇人的遭遇深表同情，租了套房子和她生活在一起，她成为黄飞鸿没有名分的妾侍。相处几个月后，妇人觉得房子太大，建议黄飞鸿将部分多余的地方分租出去，以减轻负担。黄飞鸿也非常赞成，在门口贴上"有房出赁，非眷莫问"的广告。因为同在一屋檐下居住，大家都是有家眷的就不会引起闲言闲语。

过了几天，就有一个以杀猪卖猪肉为业的精壮汉子——林世荣上门求见。

　　林世荣比黄飞鸿小五岁，是南海县平洲镇平北西河村人。他的祖父林伯善是武林前辈。祖父疼爱林世荣，将自己学到的"行月刀""流金铛"和"蝴蝶掌"悉数教给他，后又让林世荣拜自己的好友、洪拳高手胡金星为师，学习"六点半棍"和"箭掌算盘拳"等。林世荣臂力超凡，能够背着数百斤沙袋行走，以力气大而闻名。后来，林世荣到广州源记屠场打工，"猪肉荣"的绰号也从此被传开来。

　　林世荣带着妻子来看房，黄飞鸿带他们看了房间后，提出每月收取租金九钱。林世荣认为合理，第二天就搬了过来。林世荣夫妇婚后一直没有孩子，每当见到小孩，都会非常喜爱。现在看见同居一屋的妇人有一个活泼可爱的小孩子，每天外出工作回来时，都一定带回一些卖剩的叉烧、烧鹅之类的食物请小孩吃。林世荣的妻子也经常抱着小孩玩，黄飞鸿看到林世荣夫妻这么爱护这个小孩，也就常常和林世荣夫妇交谈，关系十分融洽。

　　有一晚，林世荣带回未能销售出的半只烧鹅和卤猪头肉等食物，请黄飞鸿一起喝酒。酒喝得差不多时，就聊起家庭琐事。林世荣忽然有些伤感，感叹膝下无儿，想纳妾以求生得一男半女。黄飞鸿则劝他打消纳妾的念头，以免家庭生变。

　　两人气味相投，无话不谈，黄飞鸿觉得林世荣淳朴可靠，每逢要出远门，就会托林世荣照顾好家人。

　　光绪二十年（1894）七月，甲午战争爆发。因台湾省地理位置重要，清政府命刘永福赴台，协同台湾省巡抚邵友濂办理防务。不久后，刘永福率两营黑旗军赴台北，后又奉令移驻台南，将所部增至八营，仍称黑旗军。

　　黄飞鸿作为黑旗军的技击总教习、军医官，又是刘永福的心腹好友，奉命随军赴台。临行前，黄飞鸿知道此行生死未卜，于是委托林世荣保护和照顾妇人及其孩子。

　　林世荣受到委托，对他们两母子爱护有加。几个月后，林世荣在市场上工作还未归来，忽然有十多个清兵冲入门来，将妇人拘捕。失去母亲的小孩

子在床上辗转痛哭。林世荣的妻子手足无措，只能抱着小孩安慰。

晚上，林世荣回家后，看到这一状况，大为震惊，了解事情始末后，就急忙外出查探，但毫无头绪。

第四节　抗日保台

光绪二十一年（1895），清政府战败求和，与日本签订《马关条约》，把台湾全岛及附属各岛屿割让给日本。不久后，日军由三貂角澳底登陆进逼台北。刘永福在台南草拟了《盟约书》，发出联合抗日的号召。此后，刘永福领导驻守台湾地区的各军以及各地义军奋力抵抗，与日军激战几个月，直至弹尽粮绝。刘永福见大势已去，便和黄飞鸿等秘密搭乘英国轮船"多利士"号退回大陆。

在台湾抗击日寇的经历，成为黄飞鸿后半生最不愿意提起的一段历史。他亲眼看到黑旗军精锐七星队三百余人全部奋战牺牲，他的战友、他的军中弟子，绝大多数因为寡不敌众，壮烈牺牲了。他亲眼看到，刘永福登台发炮后又痛彻心扉地悲叹："内地诸公误我，我误台民！"

黄飞鸿看到武艺在战场中发挥了巨大的作用，特别在近身搏斗时，黑旗军将士以一当十，勇不可当，但是无数的血肉之躯最终还是倒在日军的炮火之下。更令黄飞鸿失望的是，朝廷腐败无能，严旨不准援台，致国土不保，还追究刘永福等抗旨之罪。

刘永福回到广州之后，和自己的文案吴质卿等会晤，两人相见无话，眼泪直流。吴质卿和黄飞鸿都是刘永福的得力助手，一文一武，吴质卿负责起草公文，黄飞鸿是武术教官和军医官，职务不同，但在台湾的经历是相同的。

后来，吴质卿写下《台湾战争记》，并在后面附上《吴质卿感事诗》，让后人知道了那一段惨烈而憋屈的经历。这一段经历，黄飞鸿直到去世也没有再向别人提起，包括他的妻子、儿子以及林世荣这样的可以托付其保护家人的徒弟。除了他自己之外，世上再无人知道他的这段详细经历。

刘永福内渡后，辗转抵达广州，身心俱疲，上禀申请开缺回籍调理。清政府电谕着准其开缺回籍。黄飞鸿辞去军中职务，护送刘永福回家乡钦州。尽管历经风雨，黄飞鸿与刘永福的友谊恒久不变。辛亥革命后，刘永福再被都督胡汉民邀请任广东民团总长，黄飞鸿也被刘永福委任为民团总教练。

第五节　世荣拜师

黄飞鸿在护送刘永福回钦州前，委托林世荣想办法营救妇人。过了十多天，林世荣偶然在茶楼中和族弟林焕相遇，谈起妇人的遭遇。林焕问林世荣和黄飞鸿是不是好朋友。林世荣点头称是，林焕才将妇人被拘捕的缘由说出来。

原来妇人的前夫麦旺死于狱中后，按当时风气，是要守妇节、从一而终的。麦旺的弟弟麦洪，听到嫂子跟了黄飞鸿，觉得是莫大耻辱。为此，他先是投靠官府，愿意成为清廷眼线缉捕匪徒，成为海珠管带苏老二部下的营勇。然后，带着自己的党羽将妇人拘捕，藏在新豆栏附近之淫媒家中，准备将妇人卖出海外作娼妓。

林世荣听到后，立即请求林焕相助营救。林焕曾有恩于苏老二，他找到苏老二提起这件事。苏老二也知道麦洪是滥用职权、公报私仇，立即传麦洪到来，痛斥一顿，命令他立即放人。

黄飞鸿回到广州看到分别已久的妇人后，心中非常感激，对待林世荣如手足兄弟。

过了一段时间，林世荣忽然每个晚上到夜深人静时才归来。黄飞鸿觉得很奇怪，就问是什么原因。林世荣回答是去钟洪山师父处习武。黄飞鸿问起林世荣现在学的是什么拳，林世荣回答是大罗汉拳和小罗汉拳。黄飞鸿又让

林世荣演练一下所学的武艺。

林世荣演练后，就问黄飞鸿有些什么意见。黄飞鸿只说了一句很好，就不再说了。林世荣知道黄飞鸿还有话未说，就问好在哪里了。黄飞鸿叹了口气说，很好，但只是好看。实际上林世荣所演练的功夫，实战时是无用的。

林世荣很不服气，他自恃自己年富力强，就请黄飞鸿跟他较量一下，看自己是不是花拳绣腿。黄飞鸿笑着答应，才交手一个回合，林世荣已倒在地上，他才知道黄飞鸿说得一点都不假，本想马上拜黄飞鸿为师，但又不好意思开口，只能等时机适合时再说。

一年后，林世荣被聘为主屠，就搬走了，但住了一段时间后又因为受到欺凌和业主发生冲突，为避免业主报复，只好又搬回黄飞鸿家。

黄飞鸿知道林世荣搬回来的原因后，表示愿意做林世荣的师父，以后再遇到什么事，都可以无所畏惧。林世荣十分高兴，就拜黄飞鸿为师。后来，业主果然带着在官府中任职的族人龙某前来报复。黄飞鸿请刘永福谊子关云海调解，才平息了一场风波。

光绪二十二年（1896），黄飞鸿经人介绍娶马氏为妻，后生两女、两子，长子名为黄汉林，次子名为黄汉森，不久马氏病逝。

第六节　千金不传

从台湾回到广州后很长的一段时间，是黄飞鸿最为失落的日子。黄飞鸿心目中的大英雄刘永福，只能回钦州老家终老。黄飞鸿为陪护刘永福返乡而辞去军中职务，回广州后再也不可能在军中谋求职位，就只能专心经营宝芝林，以养家糊口。这时，经过人生几次大起大落的黄飞鸿早已心灰意冷，痛苦、失望、委屈，让黄飞鸿这个视武术如生命的人毅然作出不再传授武术的决定，在宝芝林门前挂出"武艺功夫难以传授，千金不传求师莫问"的对联，以示不再授徒。宝芝林大门两侧放了一对大石锁，显示出医馆主人曾经是武者的身份。

从那时开始，黄飞鸿的座右铭是"用拳谋生，必然与人结怨；以医为业，就能广结人缘"，他真的想成为一个纯粹的郎中。

图1-3-3　清末广州的医馆（原载《莫里逊照片集》，1894年摄）

这时候，黄飞鸿身边只有凌云阶等几个得力的徒弟，基本上不再收徒弟了，即使看到有些天资卓绝的小孩，顶多只会称赞几句，鼓励一下。有人仰慕黄飞鸿的大名，希望能拜他为师，他也一律拒之于门外。在别人面前，他称自己是"豆腐教头"，只懂得行医，功夫中看不中用。

黄飞鸿的二儿子黄汉森聪明伶俐，深得黄飞鸿的喜爱，黄飞鸿只是倾心培养黄汉森，对其他徒弟，也就很少顾及了。

林世荣虽然已成为黄飞鸿的徒弟，但那时正是黄飞鸿最为失意、最为消沉的时候，根本无心教拳。林世荣自然也学不了多少真功夫，但不敢贸然提出要求，怕引起黄飞鸿的反感。

思来想去，林世荣想到一个方法，每逢有空时就带着黄汉森去茶楼品茗，点了小孩最喜爱的点心，问他最近学了什么功夫。黄汉森年纪还小，也没有什么隐藏，将所学到的功夫都告诉林世荣，并一一表演。林世荣就认真记下来，私下练习，几个月后就基本掌握了，而黄飞鸿一直毫不知情。

有一天，黄飞鸿因为遇到有些事要外出，林世荣就独自演练。就在他全神贯注打拳的时候，黄飞鸿突然回来。黄飞鸿看到之后一脸愕然，问林世荣的功夫是从哪里学来的。林世荣就将学拳的来龙去脉说了出来。黄飞鸿听到后说："少年人不激不发，你的功夫将来必定是我徒弟当中最为出色的。"黄飞鸿自此毫无保留地将平生所学传授给林世荣。

过了几年，黄飞鸿再续娶岑氏为妻，生两子，为其第三、第四子，三子名为黄汉枢，四子名为黄汉熙，不久岑氏也病逝。

第七节　义助阿灿

林世荣拜黄飞鸿为师后，有一段时间还去以前的师父钟洪山的武馆演练。当时钟洪山有三个徒弟，分别是张来、李有、卖鱼灿，钟洪山去世后，他们就各自设馆。卖鱼灿就设馆在洪昌大街，每天晚上都叫门徒们在武馆门外演练，以显示出武馆的威势。而这样做，又往往会引起争斗。

不久，一个叫豆腐兴的拳师就前来踢馆了。豆腐兴，姓刘，名兴，因为他曾经营豆腐业，所以得这诨号。豆腐兴精通拳艺，最擅长的则是"双夹单流水棍法"，运用敏捷，有神出鬼没之妙，十多年来和别人比试武艺，都未逢对手，因此名气很大。豆腐兴在纸行街设馆，徒弟有几百人，极一时之盛，但是众弟子良莠不齐。

有个诨号叫太事二的人，有一次在十三行九如茶楼品茗，听到座旁有两个客人畅谈搏击技法，一攻一守都说得头头是道，非常精妙。太事二听了之后，回忆起曾经听豆腐兴说过十多年来未遇到对手，眼前两个人说的技法这么厉害，他就想看看他们的本领到底是不是像说的这样。过了一阵，那两人都下楼了。太事二急忙从背后跟着，来到洪昌大街，看到两人进入卖鱼灿的武馆。太事二看到卖鱼灿馆内灯光闪闪，有个三十岁左右的大汉在教授武艺。太事二认定这个人是卖鱼灿，于是，他混杂在人群中观察，看他们的手法属于什么宗派。那些人练完拳，又接着练棍，只见卖鱼灿手执一棒，为徒弟作示范。太事二发现他的棍法，大多贪图攻击，不顾防守，偶然有一两点比较好的，也是虚疏不密，太事二就开始看不起他了。

忽然，太事二听到卖鱼灿在训练中对他的徒弟说："这种棍法，只要有恒心去练习，无论什么门派的棍法都一定不能与之抗衡。"太事二觉得卖鱼灿夸夸其谈，几乎想和卖鱼灿较量一番，但想到自己独自来到这里，即使胜了也必定被困，就暂且忍耐一下。

太事二是个好事之徒，过了一天，太事二去见豆腐兴，说卖鱼灿目空一切，自称棍法无敌，并不把豆腐兴放在眼里。豆腐兴被激怒，就叫太事二去卖鱼灿武馆下战书，称其师豆腐兴很仰慕卖鱼灿的棍法，希望约定一个时间比较棍法。

卖鱼灿大吃一惊，知道来者不善，是来踢馆的。他知道豆腐兴一向以"双夹单流水棍法"闻名，恐怕自己不是对手。不过已势成骑虎，绝不能向人示弱，便当场答应三天后应约。

太事二走后，卖鱼灿忧心忡忡，辗转不能安睡。他突然想起他以前的同门林世荣，现在跟随名师黄飞鸿学习武技。他认为，黄飞鸿很早就以棍棒著称，林世荣已经是他的徒弟，那么就一定会学习棍法，如果能得到他的帮助，事情一定会有转机。第二天，卖鱼灿就去拜访林世荣，并说起这件事。林世荣觉得自己跟黄飞鸿学武时间尚短，虽然学习了黄飞鸿的棍法，但还未够精妙，未必可以取胜，就带着卖鱼灿一起去见黄飞鸿。

黄飞鸿听了林世荣的陈述及请求后，就笑着说，这件事不需要自己亲自

出马，叫凌云阶去就足以应付得了。随后就叫凌云阶来，说明原因，并嘱咐凌云阶要特别留意豆腐兴平生最独到的"双夹单流水棍法"，与他比武时，就以"四象运青漏棍"去克制他，他应该会立即受挫，只要切记这一点，这次比武就一定不会输。

凌云阶等拜别黄飞鸿后，和林世荣、卖鱼灿一起到卖鱼灿寓所，商量应战的策略。第二天，豆腐兴如果按照约定到来，卖鱼灿就说凌云阶是自己的徒弟，代卖鱼灿出战，这样，豆腐兴就无话可说了。

第二天，到了约定的时间，豆腐兴却没有如期到来。经过了解，原来豆腐兴知道了卖鱼灿找过林世荣之事，而林世荣是黄飞鸿的徒弟，他们几人又曾到黄飞鸿处相议。豆腐兴因为忌惮黄飞鸿会出面相助，所以就爽约不前来比武了。凌云阶认为豆腐兴自己爽约，也不可宽恕，必须去惩戒他，让那些无端挑衅的人引以为戒。

豆腐兴早已想到卖鱼灿一定不肯罢休，于是秘密派遣同伙，潜伏到卖鱼灿寓所附近，观察他的举动，以便提前准备。当卖鱼灿和林世荣等各怀器械出门时，已经有人暗中尾随，并早就报告给豆腐兴。豆腐兴接报后大吃一惊，紧急调集馆中身手好的十多名弟子，甚至准备了粉药手铳等火器，将众弟子分布在馆内外。

卖鱼灿等人来到豆腐兴武馆门外。豆腐兴称，早就知道凌云阶、林世荣是黄飞鸿的徒弟。卖鱼灿见他已知道实情，也就说明凌云阶、林世荣两个人，一个是朋友，一个是同门，现在是来为自己助阵的。于是，豆腐兴就叫他的得意弟子宋祺与林世荣先比试拳艺。林世荣看见宋祺体格雄健，知其不好对付。双方拱手行礼后，就开始交手。宋祺用黄金星双挂角势，运双拳向林世荣左右太阳穴撞去。林世荣将马略坐低，避开上面攻击，用双弓手法托住对方肘部，又乘势抓住他的手臂，扭马带在肩上，以重力握住他的手臂往下一坠，这一招叫"手扳丹桂"，如果敌人不知道怎样化解，那么手臂就会被扳折。现在宋祺的手臂为林世荣所控制，这对宋祺来说是很危险的。在相持中，宋祺用脚用力向林世荣的肋骨踢去。林世荣放开他的手臂，转化为"虎尾千字"，向宋祺的脚踝用力撇去。宋祺回腿不踢，小跳一步退在后面，摆开阵势以等待林世荣抢进。林世荣看到宋祺展开守势，胸腹之间起伏很急，知道对方是气喘不已，气喘就一定不耐战。要打败他，就要抓住这个弱点了。于是，林世荣就连番用拳攻击，逼近宋祺时，又转化为"通天炮"，用拳头从下撞向他的下巴。宋祺长期从学于豆腐兴，武技也不弱，看到林世荣以通天炮法攻入，立即偷马向侧避让，用拳头横砍林世荣的手腕。林世荣手法矫捷，急忙缩手让避，用虎眼豹槌直取宋祺双眼。宋祺将头一偏，斜身以排槌攻击林世荣的脑部。林世荣赶紧抽左手掩护，用右手发凤眼拳顶对方的胸部。当时二人攻守身形都已经非常接近，宋祺急忙沉手压下，想以此化解林世荣的攻势，但已经来不及了，被林世荣一拳击在胸上，宋祺一阵剧痛摔在地上。林世荣就说声失礼，慢慢地退下。

这个时候，豆腐兴看到爱徒受伤，突然拿起木棍，迈步抢棍直取卖鱼灿。卖鱼灿急忙躲避，立即拔出怀中武器抵御，而在这当时，凌云阶已经举棍招架，斥责豆腐兴乘人不备进行偷袭。豆腐兴一声不响，用棍进击，凌云阶就挺棍和对方周旋。豆腐兴早已知道凌云阶是黄飞鸿高足弟子，是劲敌，不敢存轻敌之心。于是，豆腐兴暗运内劲于手臂，以内力弹棍，先试凌云阶的内力。豆腐兴运棍频频震动，向凌云阶的棍椽压落。凌云阶亦以内力抵御。两人所拿的棍，因互击而发出啪啪的声响。

凌云阶经过黄飞鸿的长期指导，曾经听黄飞鸿说过，如果两条木棍交错，首先变化的人往往会先被别人抓住把柄，如果遇到这种情况，必须用单膊偏身，挺棍长期坚守，等待对手的变化。如果对方不能够持久保持守势，必然会先动，这样自己就有机会了。

凌云阶谨记师父的告诫，就采取守势，很久没有动作，过了一阵，豆腐兴不耐烦了，大声斥责凌云阶为什么拿着棍迟迟不动。凌云阶知道对方一定不会坚持防守，于是他手持的木棍始终保持不变，认为想动的可以先动，动

与不动，各自有主。豆腐兴终于焦急了，乘两棍相接间，他以棍沿凌云阶的棍椽尽力削下，想击伤凌云阶的先锋手指。凌云阶见豆腐兴的木棍削下，便忽然抽棍向后一割，使豆腐兴的来势无所乘。现在豆腐兴的棍先动了，凌云阶随即以"偷桃覆手"运棍攻击豆腐兴的咽喉。豆腐兴连忙用棍架御，退了一步马，举棍以"朝天一炷香"招式，向凌云阶当头打下。凌云阶以"托梁换柱"之势抵挡，并回棍转刺豆腐兴的双脚。如是进攻退守，双方均能应付自如，势均力敌。双棍起落之处，如狂风暴雨，轰鸣作响。争持打斗间，忽然听到凌云阶大喝一声，犹如春雷震动。豆腐兴突然听到凌云阶一声大喝，手法略一迟缓，胁间便已被凌云阶的木棍击中，受伤倒地。豆腐兴就马上呼叫埋伏四周的弟子动手。

豆腐兴埋伏在馆内外的徒弟闻声冲出，各持械扑向凌云阶、林世荣及卖鱼灿三人。三人且战且走，林世荣运起软鞭在前开路，凌云阶执棍殿后，卖鱼灿执双刀居中策应。三人所到之处，勇不可当。豆腐兴埋伏的众门徒人仰马翻，已有多人受伤。准备好的粉药手铳只发了一响，就因为装弹药的时间太长，再无作用。凌云阶、林世荣及卖鱼灿三人互相接应，最后杀出重围，得胜而归。卖鱼灿感谢黄飞鸿对自己的帮助，亦大赞林世荣和凌云阶本领高强。不久，卖鱼灿又拜黄飞鸿为师，成为黄飞鸿的得意门生。

几个月后，卖鱼灿在陈塘南探花酒楼石崇厅，设宴款待黄飞鸿和林世荣，大家举杯饮罢。席间，卖鱼灿大声向友人称赞，正是有了黄飞鸿和各位师兄弟鼎力相助，才得以力挫豆腐兴。

众人一边饮宴一边高谈阔论，兴高采烈。在石崇厅隔壁有一个桃源厅，两厅之间只有玻璃隔扇相间，卖鱼灿在石崇厅大谈挫败豆腐兴的始末，全部被桃源厅中一个叫陈九的壮汉听到了，陈九听到后便异常愤怒。原来这位陈九，是沙基河面的水上居民，家里比较富裕，平时做驳艇生意，多年前曾拜在豆腐兴的门下学武，后来转投另一名家黄满荣门下。虽然陈九随豆腐兴学武是很多年以前的事了，但师生情谊，终不可忘。当他听到卖鱼灿等人高声谈论豆腐兴被打败的事，陈九觉得这是对师父的侮辱，便决心要为师父豆腐兴争一口气，报仇雪恨，让大家知道豆腐兴门下绝不是等闲之辈。

过了两天，黄飞鸿闲居在家，忽见有六个人气冲冲地到来，并声言要找黄师傅。黄飞鸿以为是看病的，就请他们进屋内。来人中有一人说起几个月前卖鱼灿和豆腐兴的事，说是为豆腐兴报仇而来。黄飞鸿好言相劝，表示他本人与豆腐兴之间毫无嫌怨。陈九等人全不理会，还咄咄逼人地高呼要来取黄飞鸿的命。黄飞鸿忍无可忍，知道他们不可理喻，多说也于事无补，便卷起衣袖，将两臂的肌肉全部露出来。黄飞鸿虽然年纪已比较大，但肌肉仍异常坚实，筋骨还很粗壮，偶尔伸缩一下，身体内骨节都"沥沥"作响。陈九见他神威犹在，不禁气馁心寒，就迟迟不敢动手。黄飞鸿看到他们这个样子，知道他们一定有所震慑，就大声呵斥他们快些动手。陈九等更是心惊胆战，狼狈地夺门逃去。黄飞鸿哈哈大笑，任由他们离去。

过了一阵，林世荣刚好过来，从黄飞鸿邻居的口中知道了这件事，便去找寻陈九。两人见面后，陈九自知不是林世荣的对手，便找个借口离开。但陈九并未就此罢手，想挑拨自己的另一位师父黄满荣与林世荣较量，但黄满荣一向为人谨慎，不会轻易和别人打斗。陈九就心生一计，请人写下了"林世荣专打黄满荣"纸条数十张，乘夜把纸条遍贴在热闹市集三角市上的上陈坡、裳衣街等街道，以达到挑拨黄满荣和林世荣决斗的目的。

第二天清晨，很多街坊围观"林世荣专打黄满荣"的纸条，消息很快就传开了。传到黄满荣那里时，黄满荣觉得很奇怪，自问和林世荣向来没有什么矛盾，他为什么会这样做？但看到纸条后，再也控制不住了，便身藏暗器，准备到新桥市寻找林世荣。刚要出门时，黄满荣的好朋友关云海匆匆赶来，问黄满荣要去哪里。黄满荣说起林世荣张贴纸条的事，并说要找林世荣拼命。

关云海提醒黄满荣：这事自己一早就在大街上听说了，所以专门赶来。自己和林世荣的师父黄飞鸿是好朋友，也和林世荣见过面，知道林世荣和蔼

可亲，没有时下武师的犷悍骄矜恶习。今日这到处贴纸条挑衅的事恐怕不会那么简单，这里面必然有奸人的阴谋，如果不作鉴别，贸然和林世荣发生纠纷，可能会中了别人的奸计。关云海还提出自己去找林世荣弄清真相。

黄满荣沉思了一下，觉得关云海的分析有道理，就请关云海去了解。林世荣听说街上贴纸条引起黄满荣震怒这事后也十分惊讶，虽然他知道黄满荣是一个成名武师，但他认为自己没有做过这样的事，黄满荣应当自己会鉴别，对黄满荣迁怒于自己不作理会，也拒绝了关云海提出让林世荣自己撕去纸条的建议。关云海只好提出约林世荣到海幢寺和黄满荣见面，让他们当面解释。

第二天，林世荣明知这次约会搞不好会有动手打斗的可能，还是应约到海幢寺。谁料黄满荣却没有露面，只见到关云海。原来，黄满荣他们已查出纸条事件是陈九设的局。黄满荣知道真相后，就请关云海向林世荣作了解释，并希望彼此谅解。林世荣也不想再生枝节，表示已弄清真相，就不会再纠缠。一场轩然大波，才得以终结。至此，卖鱼灿因豆腐兴踢馆而引发的一系列纠纷才算告一段落。

第八节　世荣开馆

黄飞鸿知道林世荣和黄满荣发生纠纷又和解这件事后，觉得林世荣有理有节，处置得当，武艺也不弱于别人，便勉励他不要再做屠宰业，要他开武馆传艺。林世荣就遵照黄飞鸿的意思，在回澜桥侧设馆授徒，以教授武技谋生。

那时黄飞鸿已不再授徒，凡有人登门要求拜师学艺的，黄飞鸿都让他们投入林世荣门下。林世荣的徒弟也就越来越多，名气越来越大。

林世荣自从得到黄飞鸿的真传后，名声日响，爱武的人皆乐于前来拜师学艺，所以附近诸武馆中，有些教头看在眼里，心生嫉妒。当时的武林中有一个陋习，凡初设馆的，无论其技术好坏，一定有人登门求教，这当然不是真正的请教或交流切磋，而是人们通常所说的踢馆。

林世荣设馆不到三天，附近的一个拳师，绰号光头树的，就想赶他离开。光头树是一个勇悍而有力的武师，认为林世荣设馆在这里，妨碍自己营业，就向众人说：林世荣只是一个屠夫，没有什么武技可以值得一提的，他胡乱教人技击，实际上是他所做的屠宰生意不好，所以才借开武馆来混口饭吃。

不久之后的一个晚上，光头树率领他的徒弟，来到林世荣武馆，推门进去。当时林世荣正在教授拳术，忽然看见门外有十多人进来，走在前面的秃发大汉敞开胸襟，年纪在四十岁开外。这个大汉见到林世荣后，嘲笑林世荣道："你一辈子卖猪肉也就罢了，又何必开设武馆愚弄别人呢？"并声言就是想看看林世荣那些所谓武技。

林世荣听到他的话很轻薄，也就不再多说，以"八分箭拳低桩法"向光头树下三路一掌冲进。这种手法为林世荣平生独到的技法，不等同一般的手法。光头树不知道其中的奇妙变化，以为是平常的手法，就以左手压封来势，偷步进马，从侧拼二指，直奔林世荣二目。谁料林世荣手法高妙，后马略一摆动，举起拳头向光头树肋下迅速攻进。光头树想急忙闪让，然而已经来不及，其小腹被林世荣的拳头击中。光头树随即跌在地上，满脸羞愧，转身而去。

林世荣打败光头树后，过了几天，他的一个叫王明的朋友忽然匆匆忙忙到来，对林世荣说："你打伤了光头树，光头树对你恨之入骨，又知道自己本领有限，不能自己报仇，于是请求一个叫范茂的拳师帮助。这个范茂，是一个有名的拳师，犷悍善战，武艺很好。几年来，凡与他比试武艺的人，多受挫败。范茂曾经自我评价：在广州城中，除了自己的师父之外，没有人是自己的对手。光头树知道他自视甚高，因此对范茂极力吹捧，请求范茂代他

报仇雪恨。范茂现在已经同意了，估计不久他就到了。"

林世荣听完，表现得很淡定，笑着说："我们以教授武技谋生，对待斗殴搏击的事，就像对待平时吃饭一样。他们不来则已，如果他们来了，我就会以拳头痛击。"王明还是建议林世荣小心戒备，以免给人以可乘之机。

林世荣也赞同他的说法，于是严加戒备，以等待范茂到来。进入夜晚，范茂果然来了，而且还带着琼山玉戏班担任二花脸的大牛均等一齐到来。范茂进来后，对林世荣说："我听说你以棍棒见长，对人说你有用刀劈开尸首的武技。我这次过来，就是想检验一下你是否真有这些本事，如果你知道我武技高强而不想较量的话，可以立即关闭你的武馆，我也未尝不可以给你通融。"

林世荣笑着说："比武是武馆里的人常有的事，又何必要絮絮叨叨地悬挂在齿舌间。你说自己武艺已经极其神妙，我虽然没有什么别的才能，但对武艺也比较自负。你既然已经来到这里，我们也可以通过比试武艺来鉴别一下谁是有真本事的。但我向来与你无怨嫌，又怎么忍心用刀把你劈开杀死？"

范茂冷笑说："你不要找这些借口。我这次来，不是语言可以化解的，如果你想在这里以开武馆谋生，就只能通过较量武技来决定胜负，实在没有别的途径。"林世荣说："这样很好，现在我不用刀而用木柴，看你能不能稍微靠近我的身体。"

于是，林世荣拿了两条坚硬的木柴，握在手内，展示一个"狮子开口"的招式以等待范茂的进攻。范茂觉得林世荣轻视自己，也就拿了一条木棍，运棍杀进，但见林世荣法度严紧，无懈可击，于是收棍贴身，转以"中平棍法"点进。林世荣以"铰剪十字交叉"刀法辗范茂的棍子。范茂的棍已经受辗，这种形势很危险。范茂在比武方面经验老到，看到自己的棍为林世荣所辗，则自己的先锋手已处于危险境地，因为这刀法中有沿棍削指的招数。范茂就用力沉棍以摆脱林世荣招式，摆脱之后，随即以一招漏棍阴手上击，转化为"青蛇扑脸法"，直奔林世荣的胸部。然而林世荣眼明手快，以潜龙偷进之势，溜步抢进范茂的守势，就在逼近的那一刻，举起木柴力劈范茂左手臂。只见范茂狂喊一声，抛弃木棍在地上，用手捂住伤口，与大牛均等夺门而逃。自此，林世荣的名字，便在广州城中渐渐传开。

范茂受伤回到家后，手臂疼痛不已，赶紧用跌打药治疗，没有什么效果，于是请跌打医生为自己医治，但也无济于事，就怀疑自己臂骨折断了。他早就知道黄飞鸿医术高明，不得已找黄飞鸿为他医治。黄飞鸿问起他受伤的原因，范茂很是忌讳，也不好说与林世荣比武的事，只是请求黄飞鸿查看他的手臂骨是否断了。黄飞鸿抓住他的手臂反复观察，说臂骨并没有损伤，只是肌肉筋络受到攻击受伤了。于是，黄飞鸿拿出药物为他治疗，并用布帛包裹了伤口。范茂表示感谢后离开。

第九节　祖德重生

范茂离开后不久，又有人敲门求见黄飞鸿。下人出去看见有四个人扛抬着一张床板，载着一人，这人被棉被密密麻麻盖着面目和手脚，仰面躺在地板上，还有一个老太婆随后。门刚打开，这些人就走进来。老太婆请求黄飞鸿为卧在床上的患者医治。

黄飞鸿揭开盖着患者的棉被，只见他脸色灰白，闭着眼睛和嘴，颈际血渍斑斑。黄飞鸿问他哪里不舒服，那人昏昏沉沉不能回答，于是就问带患者过来的老太婆。老太婆凄惨地说，躺在床上的患者是用剃刀自杀的，刚受伤，就被家里人发现，立即用药物治疗，没有效果。因为早就听说黄师傅医术高明，所以扛着他送来医治，如果能帮他治好了，酬金多少都没问题。

黄飞鸿立刻观察患者伤口的位置，发现没有割破喉咙，只伤及皮肉。于是，拿出药物先帮患者止血止痛，再从药囊中取出"还魂散"藏在小竹管

中，将药物吹进他的鼻孔里。过了一段时间，患者的眼睛渐渐张开，不久就发出微弱的喊痛声。老太婆告诉黄飞鸿，患者受伤后已经数小时了，一直昏昏沉沉不能说话，现在能喊疼，那么他的伤患必定没有大碍了。

黄飞鸿赶紧摆手示意，叫老人家不要说话以影响患者的情绪，并且小声说：患者的伤口在脖子上，不能再让伤处暴露，以免感染发炎，必须将他留在医馆医治，不然恐怕会发生意外。老太婆认为很有道理，答谢后离开。

众人离开后，黄飞鸿再仔细看患者，看到他穿着和相貌都很漂亮，年仅二十岁左右，寻思他会有什么大不了事情而想到自杀呢？因为很不理解，黄飞鸿好奇之心就起来了，想问明他自杀的原因。当时病人的伤口，有药敷着，疼痛逐渐减轻，心情也逐渐稳定，于是闭目沉沉睡去。而黄飞鸿也希望他能够好好休息，可以心神安宁，当看到他睡得这么好，心中也感到欣慰。

等到半夜，患者醒了，支撑起身坐在床上，说肚子饿了要吃东西。黄飞鸿听到后，端来热粥给他。患者吃了后，悲怆地叹息道："先生啊，你能救我于一时，不能救我于日后，我最终还是会自杀而死的。"

黄飞鸿觉得他的话很奇怪，就更想知道他自杀的原因，再三安慰后再问他。患者流着眼泪痛哭着说，自己名字叫杨祖德，家里几代人都是经营新鲜水果生意的，在果栏上设有店铺，店号叫作宏记。到了自己父亲经营时生意开始兴旺，过了很多年，财产累积到十多万两银。后来自己父亲年纪大了，于是叫杨祖德帮助处理往来经商银两等事，以减轻负担，杨祖德便到父亲店中工作。刚工作的几个月，杨祖德还能小心翼翼，不敢涉足不检点的事，后来遇到同学伍章过来探访，却导致杨祖德几乎自杀而死。

原来，杨祖德还没有在店中工作前，与伍章一同在严耀庭开办的学堂读书，因为年纪相近，相互之间十分投契。等到杨祖德从商，才与伍章分别，分手后长期没有来往，后来得以相聚，两人都十分开心，握手畅谈，整天不厌倦，直到傍晚，杨祖德留伍章一起吃晚饭。饭后，杨祖德整理好一天中来往客人的账务，就与伍章出门，到街市散步。

伍章是纨绔子弟，有许多恶习，沉迷于声色犬马已久，路过三角市旁边时，远远地听到笙歌阵阵，心里不禁痒痒的，于是就请求杨祖德陪他去猎艳。杨祖德向来未曾涉足风月场所，认为有损品德，就一再推辞。然而伍章不答应，一再请求，杨祖德碍于友谊，不忍心再推却，于是就跟随伍章一起去游玩。伍章带着杨祖德在陈塘南一带游览，此处娼妓往来如鲫，杨祖德年轻见识少，看见这么多妖冶的娼妓，哪有不动心的。不久，走遍陈塘，又去沙基沿着堤岸猎艳，忽然看到一艘停在岸边的花艇，艇上的一个艇女①迎面而来。她不穿鞋子，两只脚洁白如雪，而且容貌妖冶，楚楚动人。杨祖德情不自禁看着她。这时，艇女忽然用十分动听的声音和伍章打招呼。

杨祖德知道伍章与这艇上女子是旧相识，更加多看了几眼，渐渐就被女子所察觉，也斜着眼睛偷看杨祖德。杨祖德看到女子偷看他，渐生遐想。而伍章作为风月场中的老手，看杨祖德的样子，就知道他的心意，于是就对杨祖德介绍说："这是阿金艇主的女儿，名转妹，和我认识很久了。"杨祖德便微笑与转妹点点头，转妹也以微笑来回报。不久，伍章又跟杨祖德说："漫漫长夜，时间还很多，回家睡觉也不会这么早，你就忙里偷闲，到这艘艇中玩一下吧。"当时杨祖德已经被转妹媚态所迷，心痒难忍，只是平生未曾涉猎，不敢轻易开口，现在听到了这样的话，哪有不答应他的道理，就跟着伍章到转妹艇中。

转妹带他们两人到艇上，笑着迎进船舱里，点上油灯，递上茶烟，又拉下艇篷上的窗帘，再拿出新鲜水果和瓜仁等物供两人食用，一起絮絮叨叨聊天。到了二更，转妹拿出十五湖纸牌②，请杨祖德、伍章一起玩叶子戏③。

三人相聚舱内玩叶子戏，游戏之间，杨祖德就被万种风情的转妹所吸

---

①　艇女，即花艇上的妓女。

②　十五湖纸牌是流传于广府地区的一种纸牌。

③　叶子戏是一种古老的中国纸牌博戏，类似于升官图，兼用骰子掷玩，最早出现于汉代，被认为是扑克、字牌和麻将的鼻祖。

引。转妹早就知道杨祖德的心思，并且在游戏赌博之间，听伍章说杨祖德是商人的儿子，年少未婚，就更加殷勤。玩完叶子戏，转妹叫杨祖德做消夜的东道主。杨祖德从怀里拿出银币给她。转妹就带着箩筐上岸，过了很长时间才返回艇。不久，就用金漆小木盘盛着酒菜放置舱内，相互之间坐着吃。转妹亲自捧着三蒸酒注入杯子，请杨祖德饮用。杨祖德非常高兴，一饮而尽。转妹大加称赞他豪气，并用筷子夹着菜，送到他的口中。杨祖德非常开心，又喝了一杯酒。转妹看到这样就向伍章示意，让他帮忙留杨祖德在这过夜。伍章心领神会，于是又和杨祖德对饮。很快，杨祖德尽显醉态。伍章看到后，就假装肚子痛要上厕所，一去不返。

伍章已经离开了，转妹就目若柔丝，靠着杨祖德而坐，又再劝杨祖德喝酒。杨祖德半醉半醒，看到转妹万般风情，极为心动，但听说过艇妹中有不少是麻风病人的后代，就咬牙坚持要离开，但脚步虚浮，被转妹一把抱住。至此，杨祖德已不能自持，与转妹拥抱在一起。

杨祖德回到家里，想起昨夜的事，觉得转妹不是一个拜金女，整夜侍奉如同妻妾，也不要他一文钱。这时，伍章再次到来，杨祖德引其入密室，将昨天夜里所遇到的事情告诉他。伍章听到后，就称杨祖德遇到艳福了，转妹虽然是艇女，但自视甚高，市侩纨绔之流，想见她都会被拒绝。杨祖德刚遇到她就这样，这就说明她真的很喜欢杨祖德了。大概是她看见杨祖德年轻清秀、温文诚朴，和那些市侩纨绔子弟有天壤之别，才对他情有独钟，死心塌地来爱他了。

杨祖德年少，见识不多，听到这种阿谀奉承之辞，心里很高兴，于是在当天晚上又来到转妹艇中。自此，杨祖德深深坠入情网，眷恋转妹不愿离开，前后二十多天。

一天中午，伍章急匆匆经过杨祖德的商铺，说在赌场中输了朋友所托买东西的二百两银子，现在没有办法填补，后悔莫及，想向杨祖德借钱。杨祖德称，商铺由父亲所管理，出纳是父亲所控制，自己也没有开支权，没有这么多的资金。此后，伍章虽然一再相求，杨祖德始终无法答应，伍章就心怀不满离开。

伍章回到家后，怀疑杨祖德不想帮助自己，渐渐心生愤恨，就图谋报复，要置杨祖德于死地。伍章知道杨祖德每天中午必经过泉香茶居品茶，于是就纠集一些和他有交情的恶少，让他们每天中午偷偷到泉香茶居，等待杨祖德到来，并叫他们依计行事。

过了几天，杨祖德又奔赴泉香茶居品茶吃点心，忽然听到旁边有两个人小声地交谈，说的是有朋友眷恋金花庙横水渡附近阿金艇的转妹，因而染上了麻风病。杨祖德听后，犹如晴天霹雳，立刻意乱神昏，如同死刑犯人等待处决，暗想：这身体已经遭受恶疾，又有什么脸见父母？这生命已经没希望了，不死还等什么。他几乎晕倒在地上。不久，他又怀疑旁人的话不足为信，不如去找医生看看，于是匆匆赶到第七甫咸嘉巷中找到挂着"包医三代麻风"招牌的医生求医。这个医生是个极其奸诈的人，常利用行医之便诈骗别人的钱财。

杨祖德精神已经混乱，怎么能有所鉴别？那医生听杨祖德说了事情的经过，就从药品柜中，拿出一个小瓶子，倒出一勺药粉，交给杨祖德，并说："你回去用人奶调和，涂敷在脸部皮肤上，如果第二天脸部肌肉感觉有麻痒和红肿，那么就是感染麻风的依据，你要赶快到我处取药喝，晚了就不好治了。"

杨祖德依照他的话，回家后将药粉涂在脸上。第二天，杨祖德果然觉得脸上红肿麻痒，拿镜子照，症状一如那医生所描述。他立时全身感到冰冷冰冷的。再去诊所，那医生一看就说：你确实染有麻风病，不及时治疗的话，就不可救了。

杨祖德求他医治，医生索价三千两银子。这样巨额的药费，杨祖德根本无法承受，又不能告知父母，只好回家独自闷坐着苦苦思索。最终没有办法，后悔与恐惧交集，自杀的念头顿起，于是用剃刀自刎。刚刚横割，颈部鲜血直喷出来，他疼痛之极晕倒在地上，被家里的人发现。

黄飞鸿知道杨祖德自杀的始末后，就再三安慰。要先让他消除疑虑，才易于医治，就耐心开导他，指出：从杨祖德所说的情况而论，就可以确定转妹不是麻风病患者的后代，即她不是麻风病患者。因为杨祖德已经和转妹相好二十多天，如果她是麻风病患者，她早就应该搬走了，但她至今仍不离去。此外，在杨祖德没有听到旁人说转妹是麻风病患者的后代之前，身体不曾有过不舒服的感觉，是听了之后，才感到不安，这就是受流言的影响，越来越担心所致。更因为被不良医生所毒害，贸然按照那医生的意思去做，所以才认为自己的身体确实患有麻风病。

黄飞鸿看到杨祖德有所醒悟，就继续开导他，指出：他的症状不像是患有麻风病的人，面上的肌肉红肿发痒，只不过是受那医生的药力所毒害而已。黄飞鸿从十三岁起跑江湖到如今，耳闻目睹这种利用药物造成麻风病症状，被称为"种麻风"的江湖伎俩来诈骗财物的人，遍布全国，伺机吸人血汗。幸好杨祖德还没有喝那医生的药，否则即使原来没有病也变有病了。那医生让杨祖德涂在脸上的药，以腐肉蟾酥，结合生草药数种而成，人们不了解其中的阴毒，贸然在肌肉上涂，导致第二天所涂部位出现红肿而且发痒，甚至肌肉内有如虫行蚁咬的感觉，和染上麻风病的症状差不多，这是心理作用而已，不是真染上麻风病。于是，黄飞鸿把蜜糖、片糖以及枯矾、云连、蛇床子、甘草末等药物混在一起捣成糊状，涂在杨祖德的脸上。第二天，红肿尽退，而痒感也消除。至此，杨祖德如获新生，感动得哭泣起来。于是，他拜黄飞鸿为谊父，到处宣扬这件事，黄飞鸿的医德医术也得到更多人的赞许。

第十节　两挫王三

黄飞鸿的宝芝林经营得不错，家庭日益富裕，就更少传授武技。除了两三个黄飞鸿特别赞赏的徒弟，他都不再传授武艺，俗话说就是退出江湖了。

　　虽说黄飞鸿不再收徒弟，只在宝芝林行医济世，但盛名之下，还是有一些人登门要求比武。一天，有一个叫王三的人到访。这个王三习武多年，拜过多位师傅为师。王三最擅长"藤圈手法"，时常以一个藤圈来练习，把两只手套在圈中，作出来、回、护、拦、格、拒各种手法，经过很多年才练成，技艺非常高妙。这手法，起伏进退隐现吞吐，都呈连环圈的形式，无论敌人以手或棍棒进攻，都可以依法随势迎拒挡格，敌人攻势往往都会落空，不能稍微接近，还可以随着敌人攻势的落空趁势反逼，形成杀敌的机会。所以，王三这个手法，在当时是非常有名的。

　　王三年少得志，染上了当时的一些坏习惯，时常惹是生非，炫耀所长。人们反感他的行为，大多都不愿意与他交往，以免招来羞辱。可是王三不懂得反思，而且还自认为是才高招来嫉妒，自以为当世的拳师中再无敌手。这次王三找黄飞鸿比武，就是要通过打败像黄飞鸿这样的成名老拳师，来证明自己确实有实力。

　　王三找到黄飞鸿后，寒暄几句，就提出比武的要求。黄飞鸿和王三本来就相识，他和王三的很多位师父也是认识多年的老朋友，对这位晚辈突然而来要求比武，觉得非常惊讶。黄飞鸿觉得自己相当于王三的师伯，虽然对王三的行为很不理解，但还是很平和地对他说：自己隐居在家，已经很久没有练武了，平时都不会在徒弟面前演练一下武艺，何况和别人比武？王三认为黄飞鸿担心自己年老力弱，故意用这番话推辞，心里对黄飞鸿更添几分轻视，就更加无所顾忌，再次提出比武的要求。

　　黄飞鸿拍案而起，斥责王三无礼，话刚说完，就卷起袖子，迈步挥拳向王三的胸前攻击。王三向来擅长圈手，对自己的圈手极为自负，看见黄飞鸿向他发拳，非常高兴，立即用圈手的手法迎拒，回环挡格，细致周密到没有漏洞。黄飞鸿也感到对方手法果然非常奇特，为了避免落入对手的圈套，让对手有机可乘，便立即变势，从侧面进攻，施展"还魂掌法"。王三看到黄飞鸿改势从侧面进袭，赶紧改为"缠丝手"应对。这手法和圈手略有区别，圈手是阴阳并用，而"缠丝手"则纯粹为阴手进攻，如蛇一般缠绕着树枝，无论敌人以何种手法进攻，都一定用这个方法缠绕他的手，而覆掌以手阴取，所以这种手法，多以覆掌阴手击出，乘势攻击敌人要害。

黄飞鸿久经大敌，实际作战经验丰富，不可能让对方偷袭，急忙缩回手并五指朝对方腹部直插过去，用了一招被称为"毒蛇寻穴"的手法。王三武技亦不弱，也沉手煞下掩护，而且更逼近一步，飞起一脚向黄飞鸿用力踢去。黄飞鸿以一招"寒鸦展翅"来化解，同时伸出手臂横削对方的脚踝部，按当时武馆教头定下的规矩，如果来访的客人不先用脚，主人就不能先用脚。王三先用脚法攻击，黄飞鸿就以其人之道还治其人之身，随后小跳一步退后，乘势转化为"一月形手脚法"等待对方出招。王三认为黄飞鸿向后躲避，一定是因为老弱不耐久战，便纵身扑上前，挥拳如风，向处于守势的黄飞鸿密集进攻，出手毒辣，要把黄飞鸿置于死地似的。

黄飞鸿虽然已年老，但是手脚功夫并没有荒废。只见黄飞鸿两手向王三双眼一扬，脚随手起，向王三用力一踢。当时，王三正以全力进攻，马步已贴近黄飞鸿处于守势的肢体，稍稍不留意，就露出破绽，对黄飞鸿突如其来的一脚，已来不及躲闪化解，小腹被踢中，一阵剧痛便晕倒在地上，面色立即变得灰白。黄飞鸿急搽药油在手掌上，用力摩擦到发热，待热气未退时，用手轻轻地按住他的嘴和鼻子。过了一段时间，王三才苏醒过来。黄飞鸿知道他受伤不能行走，就花钱请了一辆人力车载他离开。

王三受了重伤回去后，急忙请名医施治调理，过了一个多月才痊愈。王三每当想起一不小心败在黄飞鸿脚下，就痛恨不已，时刻图谋报复。王三知道拳脚功夫敌不过黄飞鸿，就希望用器械来雪前耻。想来想去所学过的那么多师父当中，以姓何的师父所传授的棍法最为精妙，其中最奇妙的是"九点十三枪，一枪伏四煞"的棍法。于是，王三将各有数十斤重，充满泥沙的四个粗布袋子，悬挂于室内，每天早晚用棍子从远处攻击。经过几个月的苦练，棍的起伏吞吐渐渐有劲力了。再过一个多月，他就感觉到出棍时均虎虎有声，极具威力。

王三练习到这时已非常兴奋，认为自己的棍法造诣，必定能够挫败黄飞鸿。于是，他就拿着木棍再次来到黄飞鸿的寓所，对黄飞鸿说要比试棍棒。

黄飞鸿听到他这样说，又远远看到他那被手磨得光滑照人的棍，知道他一定是练了一段时间棍法，又为了复仇而来的。这样，黄飞鸿自己就要倍加审慎。

两人手持木棍对峙。王三手持木棍，不敢贸然进攻，前一次比武遭受重挫，所以他这次比棍法，就再也不敢鲁莽大意，只是拿着木棍，观察黄飞鸿所采取的守势。只见黄飞鸿长棍下垂，侧身直立又不扎马，姿态奇特。王三心里觉得非常奇怪，想用撩拨招式先化解黄飞鸿的守势，再提棍以"毒蛇扑脸"向黄飞鸿迎面点进，力劲而威猛，这是九点十三枪中最毒的一招，明显是想把黄飞鸿置于死地。

黄飞鸿看到王三的木棍迎面点进，竟然不招不架，而是拖着棍棒拔步向后退走。王三非常诧异，认为黄飞鸿未经接触就突然后退，如果自己贸然追击，则黄飞鸿一定有反制的计策。因而，王三举棍停滞不前，站立以观其变。黄飞鸿看到王三不追击，估计他吸取了上次的教训，不再像以前那样鲁莽，就改变招数，反身用"半步运星法"，从斜侧挺棍直取王三的胁部。王三急忙偏马用棍从旁煞落。但黄飞鸿的棍法奇妙，没等王三的木棍向下攻击，立即改以"漏棍法"转向刺他的脚。王三怕有闪失，就垂棍迎架，以"家嫂摇艇"的招数来破解。你来我往，两人招式千变万化，势如狂风暴雨。战到最激烈时，黄飞鸿突然大喝一声，犹如春雷霹雳。王三心神一震，手法略有停缓。黄飞鸿便乘虚而入，用棍横扫王三的身躯。王三措手不及，被黄飞鸿击中而负伤，应声倒地。他连忙爬起来，满脸羞愧地离开。

黄飞鸿再次打败王三后，就不再在别人面前演练武术，更不要说收徒弟传授武艺了。虽然仍不断有人找他拜师学艺，但黄飞鸿都推荐给林世荣，林

世荣的徒弟也因此越来越多。

第十一节　北海求师

黄飞鸿平时非常喜欢到乐善戏院看粤剧。一天，为观看小武"周瑜利"所擅长的《三气周瑜》，黄飞鸿早早就赶到戏院找好座位以便观看。而随后赶来的林世荣则被司闸人刁难，双方大打出手。事情传到院主那里，院主和朋友一起出来，看见林世荣大败对手，便上前调解。院主有个朋友名叫苏北海，在粤海关任书记。苏北海看到林世荣所展示的武技，很是敬慕，便向院主询问这个人的武技是从哪里学的。院主说，这个人是名拳师黄飞鸿的高足弟子。苏北海将院主的话记在心中，想到黄飞鸿家请他教自己武技。

苏北海仰慕黄飞鸿的才能，过了一天，就找到黄飞鸿的家，叩门求见。黄飞鸿请他进门。苏北海带上许多礼品，态度十分恭敬，说要请他教授武技。黄飞鸿说自己年纪大了，牙齿也掉得差不多了，血气已经不是以前的样子，动作大一点，就已经气喘不止，何况教授武艺呢？就一口拒绝。苏北海听到他说的话，注意看他的相貌，见他虽然年老了，可是精神矍铄，声若洪钟，没有一点老态龙钟的样子，不知为何要用这样的话拒绝。苏北海便再次请求，黄飞鸿始终都是婉言拒绝。苏北海怏怏不乐准备离去，才起座，远远看见墙上贴有对联："武艺功夫难以传授，千金不传求师莫问。"苏北海才知道，原来黄飞鸿早就在对联中表达了不再授徒的意思，于是告辞而出，但心里还是希望跟随黄飞鸿习武。

后来，苏北海的族人得到黄飞鸿的帮助，设盛宴酬谢，并且邀请亲戚朋友作伴，苏北海也在被邀请之列，因而又与黄飞鸿会面。

酒过数巡，黄飞鸿逐渐有些醉意，苏北海乘机又求黄飞鸿教授武技。黄飞鸿饮醉酒后有些迷糊，就说："你明天过我家学武吧。"苏北海非常高兴，说第二天就如约前往。

第二天，苏北海拿着一大堆礼物如约来到黄飞鸿家里，黄飞鸿看他带着那么贵重的礼物，就问他是什么原因。苏北海拜在地上说："昨夜弟子得到师父允许收纳于门下，感恩无比，今天就赶来这里了。"

黄飞鸿为之愕然，问他自己是在什么时候答应过的。苏北海就将他们昨天晚上酒后说的话一一说出来。黄飞鸿这才想起来确实是有那么一回事。因为已经答应了，就不能再推辞，只好破例收苏北海为徒，但要求苏北海教自己儿子学习英文。

几个月后，苏北海随黄飞鸿学习，武艺渐渐有所成就，但黄飞鸿的儿子所学的英文还没有多大进展。黄飞鸿很是担心，时常表达出他对儿子将来如何谋生的担忧。苏北海就安慰黄飞鸿，称黄飞鸿的儿子学习英文可能会有些困难，对他将来工作帮助有限，但可以推荐给自己父亲，让他学习经商。黄飞鸿这才稍稍得到安慰。

过了几个月，苏北海带黄飞鸿的儿子去香港。苏北海的父亲就留黄飞鸿的儿子在同文街和安店学习经商。安排好一切后，苏北海才返回广州，再随黄飞鸿习武。苏北海也因此逐渐与林世荣等相熟，不时和他们一起去吃饭看戏。

第十二节　翰林门生

转眼又到黄飞鸿的生辰，各位弟子讨论集资举办盛大宴会祝贺，黄飞鸿告诫大家不要铺张浪费。大家虽然答应了，但还是想极力办得隆重一些。

到了黄飞鸿生辰当日，弟子们将黄飞鸿的住所布置得十分华美，他们显然是想隆重举办贺寿仪式。黄飞鸿看到大家这样热情，也不想再阻挠，让弟子们扫兴。黄飞鸿拿出他收藏的书画，要求大家代为挂在墙上助兴。弟子们就选择一些含有吉利寓意的字画悬挂在堂中。布置好后，黄飞鸿带着弟子们一起观看，只见大厅中挂着一个大寿字，书法淋漓苍劲，笔笔有神，旁边配上一副对联"惟大英雄能耀武，是真神勇见奇才"，下署"伍文琡"①等。

大家认为黄飞鸿能够拿出收藏书画作为点缀，一定是很满意寿辰的安排，就发出请柬，将黄飞鸿许多早年结交的朋友和弟子请来相聚。大家兴高采烈，欢聚一堂。

黄飞鸿作为一个拳师，过去几十年所结交的朋友，十之八九都是武师，所以大厅中全部都是雄赳赳的武林豪杰。到了傍晚，有几个人匆匆来到，其中有一个看上去温文尔雅、雍容华贵的青年人。这个青年人看见黄飞鸿后非常恭敬，并且称黄飞鸿为师傅。大家都觉得很奇怪。有人告诉黄飞鸿：这个青年人叫伍文琡，堂中所悬挂的楹联就是他写的，伍文琡是进士，想拜见黄飞鸿，现在为他引荐一下。

伍文琡是顺德县人，从小就刻苦读书，他的才华深得他的师父赞赏，此后在科考中连战皆捷，参加光绪庚寅科殿试，登进士三甲十九名，任翰林院庶吉士。伍文琡返回家乡祭祖，他家乡的人都很高兴。为祝贺伍文琡光宗耀祖，族中长老乡绅，集中乡人在宗祠，拟按族中早已作出的规定，拿出巨资给予奖赏。对此，乡亲们几乎没有不同的意见，只有一个人提出异议：家族虽然早就有用巨资奖赏取得功名人士的规定，但是这么多年以来宗祠祭祀的收入越来越短缺，现在如果为奖赏伍文琡拿出巨资，就入不敷出了，所以这次奖赏应当取消。

这个讲反对意见的人是武进士伍子忠②，乡里的人知道他武功不凡，都不敢再说话，因此奖赏的事就不了了之。伍文琡听到消息后，十分气愤，想和伍子忠争论，但又害怕他孔武有力，只好请能说善辩的人找伍子忠，劝他不

---

① 伍文琡，顺德人，光绪十六年（1890）登进士，馆选翰林院庶吉士。

② 伍子忠，顺德人，光绪六年（1880）庚辰科武殿试第三甲赐同武进士出身。

要再作阻挠，以扰乱家族中早已作出的规定。伍子忠握着拳头向来人表示："如果伍文琯想领取族例赏金，要问过我的拳头能不能答应。"

伍文琯不希望伍子忠和自己作对，只好另外想办法应对，考虑到伍子忠作为一个武进士，想制服他需武艺高过他才行，而自己是文人，是不可能与他斗力的。经过长时间考虑，伍子忠想到要请黄飞鸿这样威名远扬的人出面，才可以帮他讨回公道。

伍文琯赶到黄飞鸿家，客套一番之后就说："我仰慕师傅的英名很久了，一直无缘相识，拖到现在，这次我不揣冒昧拜见师傅，实在是有些唐突。我之所以拜见师傅，是因为我向来就身体羸弱，连续多年都调理不好，我私底下都觉得这一生再也没有恢复健康的希望。幸好在日前有朋友告诉我，说师傅有奇妙的方法，能壮人体魄，变弱为强。听到之后，我欣喜若狂，因此唐突来到府上，请师傅帮我。"

黄飞鸿认真看了看伍文琯，看到他虽然没有病容，但是异常虚弱，于是问他为什么会这样。伍文琯说："我早早学习儒学，去年进京考试，赖先人洪福，获得金榜题名，列名在翰林院，但常年苦读应试，也因此积劳成疾，身体越来越弱，千方百计医治都无效，现在来，就是请师傅帮帮我，使我的身体能强壮起来。"

黄飞鸿听到之后，为之一动，他教武育人这么多年，来学习的大都是粗人，很少有读书识字的，现在这个伍文琯不仅会读书识字，而且还是翰林院的人。这样的人才，他没有理由拒绝，就答应了伍文琯的请求。伍文琯立即跪在地上。黄飞鸿也喜欢他的洒脱直率，欣然接受他的跪拜。伍文琯跪拜完，献上一百两白银作为礼物。黄飞鸿也微笑采纳，能够收到名列金榜的人才为弟子，他很是安慰。

伍文琯拜黄飞鸿为师后，每天都到黄飞鸿家里学习功夫。一个多月后，伍文琯觉得黄飞鸿和自己交情越来越深，每当自己练习时，都会问黄飞鸿：按照现在所练习的武技，要练到什么时候才能和别人搏斗？问了多次后，

黄飞鸿觉得有些奇怪，就追问起原因。伍文琯开始还隐瞒不想说，黄飞鸿一再追问，他才说起在家乡被欺压的事，并请求黄飞鸿出面帮助解决。这个时候，黄飞鸿与伍文琯的师生情谊已很深，听到他被别人欺凌，十分气愤，愿意代伍文琯会一会伍子忠。

过了一天，伍文琯和黄飞鸿一同前往伍文琯的家乡。伍文琯家里用最隆重的礼仪接待黄飞鸿。几天之后，大家开始研究用什么方法挫败伍子忠。黄飞鸿饱经世故，而且常常听到伍文琯说伍子忠是武进士，能够成为武进士就一定在力量方面比较强，大都能挽强弓、举大石、擎大刀，现在来替伍文琯和他讲道理，势必会比拼武技。伍子忠正处于当打之年，自己一定要先搞清楚伍子忠实力的深浅。于是，黄飞鸿就向伍文琯问起伍子忠的武艺水平。

伍文琯介绍说："两年前，伍子忠酒后炫技，在宗祠前面的草场，赤膊上阵，两手各拿一块一百多斤重的石锁，上下举起抛高，像玩木偶一样。他又将宗祠旁边的巨石抱起，气不喘，脸也不红……"话还没有说完，黄飞鸿又问："他显示出自己很有力气之后，还展示过什么拳技吗？"伍文琯说："仅能观察到他展示力量，其他技艺没见过。"黄飞鸿已心中有数，笑着说："这样就很容易制服他了，他虽然力气大，但也没有什么作用，你很快就可以看到他会败在我手中了。"

伍文琯怕师父轻敌，再次提醒伍子忠力大无比，不可轻视。黄飞鸿为此作了一番解释，他指出：世上的武秀才、武举人、武进士等，平时所练习的基本是力量，其他武术，看都不多看一眼。他们之所以这样，是因为科举考试科目就这些，所以都崇尚力量，但武术之道，不能只讲力量。武术中最重要的是站桩，站桩是武术的基础，为武术入门所必需。凭借其功以练气下行，不仅能增加脚的力量，而且可以避免血气上浮，不至于有身躯上重下轻、稍微动一下就感到呼吸喘促、对手未打自己就跌倒的弊端。现在武科甲中人，都只重视力量，虽然力量巨大，一旦遇到武林高手，便会像枯朽的树木，毫无生机，这是因为他们的力量已经被人以技巧克制了。大家都见过牧童驱赶耕牛，儿童的力量哪能和牛相比？只因牧童的智慧远在牛之上。由此看来，伍子忠力量虽然厉害，但也等同于耕牛，所以很容易制服他。

伍文琯听后很高兴，决定第二天就和黄飞鸿去见伍子忠。

第二天，伍文琯亲自请来父老乡亲，请大家再次到宗祠，和伍子忠商谈奖赏的事。族中长老一向畏惧伍子忠的勇猛，劝伍文琯不要招惹伍子忠。但在伍文琯力邀之下，于情于理，族中长老都无法推却。于是，族老招集乡民到宗祠，重新审议重赏伍文琯的议题。族中长老建议按照族规，给予伍文琯重奖，以表彰他取得功名，光宗耀祖。

话才刚说完，伍子忠就拍案喝骂，问是谁敢再提出重奖的事。伍文琯即站起来回答说是自己所提。伍子忠大怒，转身就要扑向伍文琯，忽然看见伍文琯背后站着一个人，目光炯炯有神，双手叉在腰上，形状像猛鹜一样。伍子忠立住，远远问伍文琯背后站立的人是谁，伍文琯说是自己的师父黄飞鸿。

伍子忠听后面色一变，过了很长时间，他才对众人说："今天的事，只是伍氏家族中的事，伍文琯为什么能带着他的师父来参与？事情该怎么样处理，也与异姓的人没有任何关系。伍文琯现在带着他的师父来，打破了我们族中人议事的先例。"黄飞鸿上前一步反驳说，自己不是伍姓的人，本来不应横加干预伍姓族中的事，但是今天是为了公平而来。

黄飞鸿转身向主持议事的长老问道："几年前，伍子忠先生考取了武进士，族中有没有给他奖赏？"长老回复说有。黄飞鸿接着问："当时有人反对吗？"老人们异口同声地回答："那是老祖宗的规定，哪有人反对？"

黄飞鸿冷笑一声质问："同样考取了进士，又有老祖宗的规定，伍子忠可以获得奖赏，伍文琯则不可以，是谁可以这样蛮不讲理？伍子忠仗着自己孔武有力，就不准伍文琯获得应有的奖赏，双方发生争执，怎么能不让外人来讲理？"

黄飞鸿说完，屈指如爪，用力敲在案台上。案台是用坚硬的木材做成的，黄飞鸿将手指反过来后，大家看见他的手指中竟然藏有碎木屑，案台上也有如同被凿开的指痕，一时间都惊讶不已。伍子忠更是大惊失色，不敢再说一句话。

主持的长老知道伍子忠遇上不好惹的对手，就问他是不是还要坚持之前的建议。伍子忠只好摇摇头，表示自己不再发表意见。长老就当着大家面说，伍子忠现在不再作阻挠了。为免日后又生枝节，就让伍子忠在议事簿上签名，作为依据。一场争端得以解决。

第十三节　进士赠联

黄飞鸿帮伍文琂挫败伍子忠，回到广州。一年多后，收到伍文琂的信，请求黄飞鸿再去他家一趟。黄飞鸿依约过去。

黄飞鸿到达伍文琂家后，伍文琂说："弟子有个同族的好朋友叫伍铨萃①，早就仰慕师父，很想认识一下。因为他不认识师父，不敢贸然来拜见。一年前弟子得到师父的帮助制服伍子忠的故事流传很广，听到的人都称颂师父的所作所为，认为您不亚于古代的大侠。伍铨萃也听到这件事，想认识师父的期望更加迫切。他前几天遇到弟子，我们一起谈了很长时间，他想请求弟子介绍拜见师父。弟子觉得他很真诚，不忍心拒绝，因此请师父到来，让他见一面。"接着，伍文琂就详细跟黄飞鸿说起伍铨萃的情况。

原来，伍铨萃的祖辈几代都是商人，在西关晓珠里开店，店号叫官记，到了伍铨萃父亲这代时生意日益兴旺，年收入不菲。伍铨萃的父亲喜欢赌

---

① 伍铨萃，字选青，号叔葆。广东新会人。光绪十八年（1892）壬辰科进士，散馆授翰林院编修。光绪二十七年（1901），充广西乡试副考官。官至湖北郧阳知府。精通医学，创办广东光汉中医专门学校，任校长。

博，但只是投注闱姓①，而且他还有特殊嗜好，每次只买武闱姓，而不投注文闱姓。亲戚朋友问起原因，他说是因为酷爱武术，虽然不曾学习武术，只是喜欢，哪怕是赌博琐事，也侧重于武。人们又问他既然爱武成癖，为什么让他的儿子读书考取功名？他笑着说："你们只知道其一，不知道其二，伍铨萃虽然每天白天去学堂读书，但是晚上就在武馆跟师父学习武术。"

从去年乡试开始，伍铨萃连战皆捷，最终荣登金榜，并进入翰林院。亲戚朋友听说都来祝贺，只有伍铨萃的父亲，反而怏怏不乐，因为他的儿子虽能以文章考取进士，却不能以武功闻名天下，因此他就让伍铨萃集中全部心思再去练武。伍铨萃所跟随的师父，大都是只懂得些花拳绣腿，所以他平时所学的武术，是不够在实战中对敌的。

伍铨萃非常勤奋，一度认为自己的功夫已经无人可及。后来因事外出回家，将到家门口时，有一个老乞丐在门边唱"莲花落"②。伍铨萃扔了些钱过去，乞丐捡了起来，又继续边说唱边乞讨。伍铨萃非常讨厌那些嘈杂的说唱调子，拿出一百文钱远远地扔了，又呵斥乞丐赶快离开到别处乞讨。

乞丐弯腰捡钱，用双手捧着拿回还给伍铨萃说："给不给，权利在你，何必要动怒？老夫流落江湖到现在，从不受嗟来之食。何况现在是你这么恼火而施舍的呢？这一百文钱的恩惠，应当返还给你，老夫是不会用这样的钱的。"

伍铨萃觉得很奇怪，再看自己手中的铜钱，已经粉碎了。这乞丐的指力竟能强大到这样的地步，他一定不是平常人！伍铨萃问他是否熟悉武技。乞丐说："不熟悉武技，就不会成为乞丐了。"

伍铨萃闻后怦然心动，立即煮酒和乞丐对饮，乞丐连喝二十杯，没有

---

① 闱姓，中国的早期彩票之一，清末盛行于两广，以猜科举考试中榜者姓氏的一种赌博活动。

② 莲花落是一种说唱兼有的汉族曲艺艺术。表演者多为一人，自说自唱，自打七件子伴奏。

一点醉意。伍铨萃更加觉得奇怪，问起他的姓名。乞丐叹息着说起自己的往事。乞丐在家中排行第五，在江湖上被人称为铁锤猹①，年轻时是拳棒教头，足迹遍及数省，未遇对手，败在其手下的人，不计其数。到了中年，妻子在发瘟疫时病死，孩子也夭折去世。家破人亡之后，铁锤猹就金盆洗手，做些小生意，但由于一直都不熟悉经营，所有本钱都亏损了，便沦落为乞丐。铁锤猹武艺高强，两个拳头坚如金石，每次打出去，即使是坚硬的墙壁也能砸穿，每次与人比试武艺，敌人必然受到重伤。铁锤猹的武艺虽然已经达到微妙之境，但是妻子、儿子都早早去世，孑然一身。所以，铁锤猹认为如果不走上练武的路，就不至于成为乞丐。铁锤猹看到伍铨萃喜欢习武，就请伍铨萃表演拳术。

伍铨萃年轻好胜，就带着铁锤猹进入自己的房间里演练。伍铨萃挥拳运掌，倾尽所能。表演拳术后，又表演棍棒，如神龙游空，起伏上下，呜呜作响。表演结束，伍铨萃喜形于色。铁锤猹微微点头，说：“你虽然曾下过苦功，但可惜一直没有遇到过良师益友，以致所学的都是花拳绣腿，对付敌人是没有用的。”

伍铨萃想不到铁锤猹这样评价，希望铁锤猹能告诉他有哪些不足。

铁锤猹指出：“以你的本领，所下功夫不可以说不多，否则腰马桥手，一定没有这样壮实。然而，你现在所打出的拳有力无劲，有腿无桩，而且手法与身形不相吻合，听和看与攻防，又背道而驰，这都是没有良师益友相互研究切磋造成的。实际上，武术虽然说不上很复杂，但不得其法，就进不了其门。学拳入门初步，尤其要以站桩为主，因为身体下盘为全身骨骼基础，桩如果不牢固，任你上身的手法如何神妙，最终也难以制胜。这不仅是因为练站桩可以引气下行，而且可以避免躯干上重下轻，不打自跌。但现在习武的人多数不考虑这一点，只注重研究手法。什么是攻？什么是守？手法

---

① 广东过去习惯将五称为猹。

虽然很多，终究不能辅佐，如果有一天突然遭遇强大的敌人，很少有不失败的。"

伍铨萃过去经常获得别人夸奖，现在听到铁锤猹这样说，有些不以为然。铁锤猹看见他这样，就让伍铨萃和自己稍微比试一下，就一清二楚了。

伍铨萃刚和铁锤猹交手，就觉得铁锤猹桥手如铁，力猛拳沉，知道自己肯定不是他的对手，于是翻身跪拜。铁锤猹也欣然接受伍铨萃为弟子。

伍铨萃跟随铁锤猹学武，有长足进步。后来，铁锤猹生病去世，伍铨萃为他办理丧事，立碑植树。自此，伍铨萃的武艺也出名了。他出名后，就有人想打败他以博取赞誉。

有一个诨名叫蛇嵅耀的拳师，精通武术，听说伍铨萃很有名气，就想要找他较量。一天，伍铨萃因事外出。蛇嵅耀远远地看见了，突然挺身直冲向伍铨萃。伍铨萃没有防备，几乎被撞倒在地，就大声斥责蛇嵅耀。蛇嵅耀乘机进行挑衅。伍铨萃忍无可忍，立即迈步向前。蛇嵅耀自恃武技高强，也不在意，等伍铨萃即将冲到身边时，突然使出"野豕奔林"的招数，运力到自己的头上，乘势撞向伍铨萃的胸口。

伍铨萃自从随铁锤猹学武后，身形手法和以前大有区别，看到蛇嵅耀的头冲过来，就移动身体向一侧，先躲避他的攻势，随即发掌横扫他的头部。蛇嵅耀的攻势落空，又被伍铨萃从侧面击中，立即头晕目眩倒在地上。

从此以后，伍铨萃更加紧练习武技，以防意外。

伍文琯详细介绍伍铨萃的经历后，黄飞鸿就同意见伍铨萃一面。很快，伍文琯就带了一个人进来。黄飞鸿看到他气宇轩昂、雍容华贵，看上去不像是练武的人。寒暄过后，伍铨萃拱着手行礼，表示：倾慕黄飞鸿很久了，希望能多多赐教。

黄飞鸿看到他彬彬有礼，也对他非常客气。大家谈论了很久，直到天色渐暗，伍文琯就在家中准备丰盛的酒席宴请两人。

酒喝得差不多了，就渐渐谈到武技，伍铨萃拱手说："我早就仰慕先生外功高妙,世上无双。我虽然潜心练习武术多年,但始终不能悟解武技的要旨。先生学识渊博,请不吝赐教。"

黄飞鸿谦逊一番后,和伍铨萃说出了自己习武多年,经过无数次实战总结出来的见解。他认为,拳艺一道,易学难精,首先要明白它的规矩和学习的标准,然后才能用功研究运用,武功才会长进,再进一步探讨横直、吞吐、沉浮、进退、出入以及四到之秘、五门之法、八面之形、生死之路,就成功了。什么是四到?心、目、手、足一齐施展就是了。因为心到就操守有主,目到就光明不紊,手到就攻取易行,足到就搏击敏捷。所谓五门,就是上、中、下、左、右。人上有七窍,中间有心胸,左边有左手、左足之门,右边有右手、右足之路,所以要整理门户,固定形势,如果人们在这些方位有疏漏,就会被别人攻破门户,招致失败。更重要的是审视东南西北四方的形势,占势必须抢占险要地形,再观察敌人的强弱,攻弱取易,就是说走向生门而避开死路,另外要试远度近、虚来实近、实来虚闪、远不发拳、近则抢风、高来高救、低来低消,还应当审慎掌握动静的机会、高下的防备、进退出入的要领、吞吐沉浮的用力。如果能够明白它们的用法,就熟能生巧了。以上说的还是一些小问题,而到了生死关头的应对,才是技击术中最重要的部分。因为人的生与死,其实是一个最大的关头,这个关不破,种种障碍就随之而生。曾经有些武术造诣已经达到化境的人,一遇到生死呼吸间的突然变化,就肝胆俱落、手足无措,这就是生死关头不破的例子。想突破生死关,必须从禅理中悟出来,因为人面临生死的一刹那,千思万念瞬间就会涌上心头,能够在这时一无牵挂的人,就是生与死的关破了。这关一破,自然不会有恐惧。没有恐惧,即使泰山倾塌在他身边,东海的水倾倒在他前面,也没有什么可怕的。所以学习武术最重要的是在于能看破生死,才算是功完行满,否则即使武艺达到至高境界,始终也是功亏一篑。

伍铨萃又问:"为什么从古到今,技击界的能人多数出自佛道两家?"

黄飞鸿认为,从达摩大师创建十八罗汉手法后,后世多以此为宗,视其为正宗手法，尤其被沙门中人视为至宝，而且互相研习，精益求精，所以绝技大多集中在禅门。这些都有很多野史和故老相传，还有他自己的一些亲身经历。能将绝技留在世间的，以方外禅衲为多。因此，人们赞誉禅宗武技，也不是完全没有根据的。

说完，黄飞鸿举杯邀伍铨萃、伍文琚一起干杯。黄飞鸿又请伍铨萃为自己经营的药店题一副对联。伍铨萃问他店铺的名字，黄飞鸿说"宝芝林"。

伍铨萃提起毛笔，书写了一副对联："宝剑凌霄汉，芝花遍上林。"黄飞鸿觉得对联嵌入了"宝芝林"三个字，上联表达武艺，下联表达医药，一气呵成，自然十分高兴。自此将其悬挂在宝芝林堂中，供人欣赏。

其后，伍铨萃就成为黄飞鸿的弟子了。

第四章　返璞归真　臻至化境

第一节　缘系桂兰

黄飞鸿的家庭可以用命途多舛来形容。黄飞鸿嫡妻姓罗，婚后三个月便去世。续娶马氏，生有两子，一名汉林、一名汉森，不久马氏又病逝。又娶岑氏，生汉枢、汉熙，没过多久岑氏也因病去世。

黄飞鸿的每一个妻子，都与黄飞鸿相处的时间不长。自岑氏去世后，黄飞鸿开始相信这是命运，是冥冥之中所注定的，自己就是"克妻"的命。他只能寄情武技，忘却苦恼。虽然朋友多次劝解，黄飞鸿始终无动于衷，从未想过续弦之事。但家里有那么多孩子，没有一个女主人，日子又实在太难过了。

每年正月十三日，是南海县叠滘乡临海庙举行盛大的温、许二公诞的日子，要遍请各路武林高手前来助兴。临海庙始建于北宋，北宋建中靖国年间，温金木、许胜娣两人来到叠滘开村，自此叠滘乡人丁兴旺。后人为纪念温、许二公，在南宋中叶建造了庙宇祭祀。由于温、许二公以垦殖、饲鸭、捕鱼为业，生活于水边，溺终于水边，故以"临海"作为庙的名字。明万历年间重修时，闲居在家的明代著名经济改革家庞尚鹏为之书写了正门的"临海庙"石匾。

临海庙温、许二公诞向来远近闻名，香火很盛，甚至有不少广州人乘着紫洞艇前来观看。这一次典礼的主持人慕名请来黄飞鸿及其一众弟子，让村民一睹一代名师的风采。

会期当日，庙前空地上早已用竹竿搭建了一个大戏棚，让黄飞鸿等人进行舞狮表演。

演出先由精于狮艺的弟子"大只窝"舞狮，表演狮子滚球、滚沙、剔牙、刷须等种种姿态。狮子舞得生动逼真，令观众叹为观止。其后的节目，由其他弟子表演虎鹤双形拳、工字伏虎拳、五形五行拳、五郎八卦棍、子母刀，博得一阵阵喝彩。最后，由黄飞鸿作压轴表演。

四方来客和村民久仰黄飞鸿的大名，早已竞相翘首，万头攒动，屏息等待。

黄飞鸿表演的是一套瑶家大扒，只见他手持一杆十多斤重的三齿大扒，表演起来势大力沉、虎虎生风。在表演到"老鼠赶猫""鬼王拨扇"时，将扒一按，举脚一踢，所穿的布鞋忽然脱落飞出，刚巧打中人丛中一个女子的前额。

黄飞鸿看见布鞋飞脱砸在人头上，就很抱歉地拱手道歉。谁料这名年轻女子奔跑上台直到黄飞鸿面前，伸手向黄飞鸿的面颊掌掴过去。黄飞鸿侧身闪过，满腹疑团，这女子与自己素昧平生，不知为何要当众掌掴自己。黄飞鸿忙向她询问理由。该女子气定神闲地回答："枉你是个鼎鼎大名的拳师，上场表演竟然会连鞋都脱落，幸好不是兵器，不然砸在我头上，我的性命就丧在你手中了。"

黄飞鸿再三道歉，女子怒气渐消，表演也到此结束。

黄飞鸿返抵寓所后，对这一位胆略过人的女子印象深刻，觉得她的表现不但在女子中少见，即使在男子中也不可多得。自己的妻子已过世多年，一家大小正缺人照顾，这位女子身手敏捷、性情刚烈、身体壮健，可算是女中豪杰，所以很想结识她。

黄飞鸿经过了解，得知这名女子名叫莫桂兰，广东高要人。莫桂兰幼时由于父母家贫，过继给广州开武馆的大伯收养。她自幼喜好练武，由大伯教授其家传的莫家拳术和跌打术。十六岁时的莫桂兰，已成为职业的跌打医师了。

由于她性格有些像男孩，有人给她提亲，要么就是别人认为她没有女人味，要么就是她嫌对方没有男人味，因此至今年过二十，仍未婚嫁。这次她到叠滘乡探望二婶，和二婶一起观看了临海庙温、许二公诞的表演。

黄飞鸿认识莫桂兰的大伯，而且关系还不错，自此就常到莫桂兰的大伯家中吃饭谈天。有一天，黄飞鸿在谈话中说到莫桂兰，透露出他对莫桂兰很有意思，希望能娶她过门。莫桂兰的大伯觉得黄飞鸿的年纪虽大，但是一个有名的拳师，如果黄飞鸿能和莫桂兰成婚，亦不失为一段良缘。便一口应承下来。

莫桂兰想不到黄飞鸿这样赫赫有名的大师竟如此温厚谦恭，她暗暗佩服，便答应缔婚。

黄飞鸿比较迷信，他觉得以前所娶的妻子都是结婚没多久就得病去世。因此，他只可将莫桂兰称为妾侍。说来也奇怪，莫桂兰嫁给黄飞鸿后，虽也劳碌奔波，但平平安安活到九十岁。

黄飞鸿和莫桂兰婚后感情融洽。黄飞鸿精心挑选适合妻子练习的武艺，倾囊相授。莫桂兰领悟力极强，学习勤奋，不仅成为黄飞鸿晚年唯一的伴侣，也成为黄飞鸿教授武艺和行医的得力助手，还出任福军武术教练。

图1-4-1　年轻时的莫桂兰（原载于香港《真功夫》1976年第1辑第6期）

第二节 师太发威

莫桂兰嫁给黄飞鸿后，虽然年纪轻轻，但大家都尊称她为莫师太。莫桂兰是一位好胜而又刚烈的女子，与黄飞鸿的祥和沉实的性格迥然不同。自莫桂兰嫁到黄家后，她协助黄飞鸿处理教务，又出任当时福军之教练，莫教头之名不胫而走，成为闻名广州的一名女中豪杰。

莫桂兰当时有一女徒弟，生得如花似玉，当地的名伶李筛芳便说服了女孩的母亲，打算收她入戏行当女伶。

在民国年间，伶人被称为戏子，社会地位低下。一般家庭都不会让女儿去当伶人。这个女孩的母亲只顾戏行收入好，也没考虑太多，一下子就答应了李筛芳，并签了契约，把女儿交给了她。女孩的父亲得知此事，极力反对，但契约已签，反悔就非常麻烦，她只好求助于莫桂兰。莫桂兰便让女孩的父亲带着自己的名帖，到李筛芳处要求取消合同，将女孩带回家。因李筛芳知道莫教头的威名，而且女孩的家长又意见不一，李筛芳无可奈何，便把那女孩子放了。但李筛芳心有不忿，便向名拳师吴肇钟求助。

一天，吴肇钟和李筛芳的兄长及父亲来到宝芝林。当三人进入宝芝林时，黄飞鸿正在厅中杠床上打瞌睡，而莫桂兰与众人在阁楼干活。他们大声地问道："莫教头在吗？"莫桂兰见有人找她，便匆匆从阁楼而下，见三个素未谋面的大汉在厅中站着，不禁愕然。便问："找我有什么事？"吴肇钟说道："我们是来领教领教的。"莫桂兰莫名其妙，便问他们："你们要领教什么？"

他们把事情的来龙去脉说清楚后，莫桂兰才明白是怎么一回事。莫桂兰敢作敢当，说："那你们谁先上？！"吴肇钟与李筛芳的兄长争着上前比武。莫桂兰指着吴肇钟说："你先上吧。不过，这比武是要打困笼的，其余的请到外面等候。"所谓困笼，就是要闭门决斗，必须待到某一方被打倒后才能得出胜负。这种比武，一般不会留手，你不伤人，别人就会伤你，出现

伤残也是平常的事。如果没有深仇大恨，是不会采用这种比武方式的。

大战一触即发时，李筛芳的父亲见莫桂兰豪气不凡，不禁肃然起敬，于是便有和解之意，说道："大家都是武林同辈，何必伤了和气，不如大家玩一套功夫看看就算了。"莫桂兰回应说："见见功夫也是好的。"于是吴肇钟先表演了几十招后，便轮到李筛芳的兄长盘膝而坐表演了几下，见识一下大家的功夫，这样便结束了这场争斗。自始至终，黄飞鸿都在宝芝林内打瞌睡，像事情根本没有发生一样。

后来，吴肇钟才知道他的师父禤镜洲，竟然是黄飞鸿的徒弟，按照辈分而论，黄飞鸿就是吴肇钟的师公了。吴肇钟大惊失色，连忙带了一些手信来到宝芝林，在黄飞鸿的跟前叫了一声师公。黄飞鸿举头一望，莫名其妙地问："我是你的师公？"吴肇钟便把他的师父名字说出来，黄飞鸿才恍然大悟。

第三节　威震李兴

一天，黄飞鸿的结义兄弟李东明忽然到访宝芝林，向黄飞鸿说，佛山附近的松岗墟关氏族，要举行静海酬神典礼。之所以称之为静海，是因为松岗墟临近江河，当地人都习惯将江河称为海。松岗墟滨水处每年一定会有人溺水而死，自从建了南无阿弥陀佛石牌在岸的左侧后，不曾有人溺水了。因此，松岗墟关姓人认为得到神的呵护，水怪不敢再作恶，所以每年必会举行酬神的礼仪。

这一年各大董事想隆重举办酬神活动，就倡议除建醮演戏之外，同时举行大巡游。当时巡游的队伍，多用舞狮殿后，所以主事的乡绅对这一次殿后舞狮队伍的聘请非常重视，一定要选择有名气的狮队。有人建议应该聘请黄飞鸿的狮队，对此大家一致赞成。但大家都和黄飞鸿素无来往，没有谁能保证黄飞鸿会答应。正当大家商议该怎样去拜会黄飞鸿时，有个熟悉李东明的人说："黄飞鸿的义弟李东明是我的老朋友，我可以找他，请他代向黄飞鸿致意。估计黄飞鸿会答应接受邀请。"

李东明受到朋友的委托，就连忙到黄飞鸿的家，并说明他的来意。黄飞鸿说自己年纪已经大了，众门徒又分散各地，不能接受他们的邀请了。李东明知道再说下去也是这样的结果了，于是说："如果兄长因为有事不能成行，我愿意为兄长代劳，但此行必须借兄长的'大巴'以壮声威。"所谓大巴，就是刺绣有姓氏的大旗帜，江湖中人借此来宣扬姓氏，称之为大巴。巴，即巴山。巴山是老虎的别名。

黄飞鸿看到李东明兴致勃勃，不忍心再推却，于是拿出旗帜给他。李东明就代替黄飞鸿应松岗墟的邀请。

几天之后，李东明携带旗帜返回，说这次得到黄飞鸿的推荐与帮助，获得的奖品很多，真是大快人心。第二天中午，还要去第十甫洪圣庙前晒标。因为凡是武师舞狮获得奖品回来，都要将所得的奖品向大众展示，这种做法就称为晒标。与此同时，这次获得奖品的狮队中舞狮头的人，会再次向大众表演狮艺。这时，黄飞鸿问起这次舞狮头的是谁，李东明说是林世荣的徒弟麦展晴。黄飞鸿也很高兴舞狮后继有人，也没有再说什么。

第二天中午，李东明和麦展晴前往洪圣庙前设场，将奖品一一展示。李东明又绘声绘色地陈述起自己的经历，麦展晴则不时击鼓助兴，一句话一鼓声，吸引了不少观众。当时洪圣庙前空地，除李东明所设的扁档①外，还有人摆设画景②在场边，也敲响锣来吸引大众前去观看。

麦展晴听到画景档那人的锣声与他的鼓声混杂在一起，所以就挨近那摊档旁边，奋力击鼓以打乱他的节奏。那人看到麦展晴这样做，也乱打锣来回

①　江湖上称习武为扁档。

②　画景，即字画。

应。一时秩序大乱。开设画景档的人恨恨地说："这件事如果不报复，我就不是李兴了。"说完，收拾所有东西离开。

麦展晴听了李兴的话，有些担心，就将他所听到的告诉李东明。李东明知道李兴要报复后，也有所顾虑，就收拾东西回家，商量如何应付。麦展晴说："这件事是我做的，我会负责，不想牵涉其他人。明天我会带着软鞭刀棒等物品，去洪圣庙前重新设场，看他们敢不敢来报复。"

李东明认为如果李兴前来报复，一定不是独自前来，而是会纠集党羽。麦展晴虽然勇气可嘉，可只有一个人前去，很难防止别人偷袭，只怕会寡不敌众。李东明认为这件事应该告诉黄飞鸿，如果黄飞鸿能给予帮助，这件事就容易解决了。麦展晴当然赞成，于是他们一起去找黄飞鸿，报告所遇到的事。

李东明和麦展晴拜访黄飞鸿，说起与李兴发生冲突的事，并说李兴口口声声说一定要报仇，希望黄飞鸿相助。黄飞鸿一向重情义，自然答应了他们的请求。

第二天，李东明和麦展晴又在洪圣庙前设场，树起旗帜敲起锣鼓来，吸引大家来观看，也示意不惧怕李兴。虽然如此，李东明等人还是加强了戒备，以防意外。

过了一段时间，不见李兴露面，李东明就让麦展晴先表演拳艺。麦展晴脱去外衣束好腰带，展开步马，表演他所熟悉的套路。正在挥拳运掌的时候，突然人群中一棍飘出，迅速向麦展晴脑侧点进。当时麦展晴已有所防范，虽然人在表演，有时也用眼睛盯着前后左右，以防意外。当棍子击来，麦展晴眼明手快，急忙弯腰蹲在地上，避让来势。随之扭头看到偷袭者正是李兴。李兴见一击不中，就变本加厉，拿着棍子继续进击。麦展晴赤手空拳和他对抗，形势很危急，因此急忙退避以求摆脱。但是李兴步步紧逼，非要置麦展晴于死地不可。李东明看到他这样凶狠，担心麦展晴有闪失，急忙拿起软鞭扑上前来，打算掩护麦展晴脱险。他才起步，就看到观众中忽然有一个人拿着拐杖飞出，迅速将李兴手里拿着的木棍煞落，势头强劲，快如闪电。李兴猝不及防，手中的棍被拐杖所击中，一时虎口震裂，棍脱手落地。

李兴大吃一惊，急忙看是谁对他袭击，发现用拐杖从旁边袭击他的人，是一个须发皆白的老头。李兴就责问他为什么乘人不备从旁袭击。老人笑着说："这个举动不算是偷袭，只是排解纠纷而已。"李兴问老人叫什么名字，老人说："我是黄飞鸿。"话还没有说完，李兴已大惊失色逃走，这一场风波才告平息。

第四节　夜探隐林

李兴走后，黄飞鸿和李东明、麦展晴告别。在回家途中，与他的一个朋友相遇，握手交谈时，朋友提及王隐林最近眼病很严重。黄飞鸿与王隐林虽然不是深交，但偶尔也有来往，听到朋友的话后，就不回家了，取道到王隐林居所探病。当时王隐林眼睛已经失明，但仍坐在床上以口头传授武技，学习者是一个小孩，床旁还站立着几个壮汉。黄飞鸿看见这情况，觉得很奇怪：王隐林眼睛已经失明，为什么还要教人习武，不好好调养？于是上前向王隐林施礼问好。

王隐林眼睛失明，听到有人说话，便问是谁，黄飞鸿说："我是黄飞鸿，现在到府上是看王兄的病痊愈了没有。"王隐林拱手说："谢谢你的挂念，请原谅我的眼睛已经瞎了，不能出门迎接了。"

一番慰问后，黄飞鸿问他既然患眼病，为什么还不休息一下，还通过口头传授武技。王隐林感慨地说，这样做，实在是不得已。黄飞鸿听到后很惊讶，就进一步询问，王隐林才说出这样做的原因。

当初，王隐林剃度入禅宗，与星龙老人相遇，得到他的秘授内外八仙及易筋十八解等拳法，此法以少林正宗为皈依，手法高妙，一时无两。此后，王隐林俗缘未了，再蓄发还俗，改名隐林，刚在江湖上露面，即能威震粤中

武术界。

王隐林出名后，有不少人仰慕他的武技，但王隐林却不肯轻易收徒弟。此后，富商蔡贤的第七子，拿出大礼，以诚意感动了王隐林，他才开始授徒传艺。后来，王隐林赏识黄满荣颇有天赋，纳入门下为弟子。黄满荣一向喜欢武技，经名师指点教导，技艺大进，几年之间，败在他手下的，不知道有多少人。

黄满荣为人恩怨分明，在他未成为王隐林弟子前，曾在别的武馆习武，但他以前所拜的几位师父，都是些贪得无厌的小人，常以各种借口向徒弟伸手要钱。黄满荣一向多病，家里贫穷，没有余钱满足这些师父的欲望，因此饱受他们的侮辱。黄满荣记在心里，发誓日后一定要报复。自跟随王隐林后，他就考虑如果自己武技超越了以前的几位师父，就一定要前往讨回以前缴纳的学费。

有一天，黄满荣忽然到以前的几位师父的住所，要索回以前所交的学费。那几位师父都很诧异，其中有人问他为什么不念师生之谊，而无礼到这种地步。黄满荣冷笑着说起往事。原来十年前，黄满荣投身几位师父门下习技，从进门开始，除进献礼物外，每个月按照所订立的馆规缴纳学费。本来收人钱财，教人武技，两无亏损，按理说公正公平，但没想到这几位师父都是肮脏小人，他们根据缴纳财物的多少，所教授的武技有精劣的差别。这几位师父经常以购买备用跌打药以防意外、经济拮据等理由，向黄满荣借钱。若稍微不合几位师父的意思，就不传武技，每天除遵循惯例教授站桩外，一年来都没有教授一点武艺。对那些能满足他们要求的徒弟，就不分昼夜，尽心传授武艺。因此，黄满荣要求归还从前所交的学费，否则会以武力作为回报。

黄满荣说完，瞪着眼睛看着他们。各位师父慑于黄满荣的威势，舌头打结，无言以答。稍后，黄满荣挥拳打毁了他们的木人桩，严厉地说："如果三天之后没有完全返还学费，你们的身体就像这桩一样。"说完就离开了。

　　黄满荣离开后，这些人急于谋划如何应付。考虑到黄满荣勇猛强悍，没有人敢挺身而出和黄满荣较量，讨论多时，始终缺乏对策。后来，有人提出："黄满荣现在能打坏木人桩，观察他的出手姿势，和我们所教的武功不一样，他一定是跟了别的师父学习武技的，现在想解决这件事，必须先查清黄满荣的师父究竟是什么样的人。"其他人则认为这件事是属于黄满荣个人的事，不应该去查他的师父。说话的人解释说："这是物伤其类的办法，因为我们和他的师父，同是以武技授徒的人，我们将黄满荣现在的所作所为告诉他的师父，让他的师父自己体会，这样这件事就不难解决了。"

　　大家认同他的说法，各自去调查，很快就查到黄满荣现在的师父为王隐林。大家一起前往王隐林居所，控诉黄满荣的行为，都说："我等技艺虽然低劣，但也曾经是黄满荣的师父，纵观古今师生之间，不曾有如黄满荣现在所作所为的。王师傅明察万里，希望能教导我们如何应对。"

　　王隐林听到他们的一番话，对黄满荣的行为也表示出不满，师道尊严，一日为师终身为父，黄满荣以前的师父做得再不对，黄满荣也不能如此无礼，自己如果不予以惩戒，则有辱名声，于是拱手对各人说："我德行薄能力弱，教授无方，导致黄满荣冒犯各位长者，罪孽深重。我的眼睛虽然瞎了，但也能使黄满荣不敢再犯错。他现在恃着自己的武艺对各位无礼，倚仗的是他一向所擅长的七星连环扣和运星手等手法。这些手法虽然厉害，然而，也可以有方法打败他，我现在用口述将破解他所擅长手法的方法教给你们。这种方法叫作扑翼手，以低马俯腰为蓄势，交两拳在胸前，每次发手则从下抛上，像鸟之扑翼，用以撞击敌人手上关节，敌人如果善于攻上中门户的，遇到这种手法，一定会大败。现在黄满荣所擅长的七星连环扣等方法，也就擅长攻上中门户，而扑翼手属下门手法，在形势上已经占优了，用这手法对抗黄满荣，黄满荣是不能抵挡的。如果他敢再对你们无礼，麻烦你们为我挫败他。虽然这样，我现在用口述，手法内的姿势动作，估计你们也不能领会，我会再次为你们演示。"说完，他叫自己孙子演示扑翼手法，盘旋扑击，细致周密无比。演示还没有结束，黄飞鸿就到了。

黄飞鸿回去后，想起这件事，很赞赏王隐林所为，还经常向别人说起。过了一年多，黄飞鸿偶然有事外出，和黄满荣在路上遇见，黄飞鸿关切地问起王隐林的身体情况。黄满荣难过地说王隐林已经在几个月前去世了。黄飞鸿觉得很难过，惋惜之余，和黄满荣一起到茶叶店品茶，再问起王隐林是什么疾病导致死亡的。黄满荣叹息说王隐林自从双眼失明后，一直愁闷不乐，导致被疾病缠绵了几个月，因此去世。

黄满荣说话时不胜伤感，他后来说起其他事情，语言之间异常温柔，过去那些犷悍的行为已荡然无存。黄飞鸿感到他前后判若两人，就向他询问。黄满荣感慨地说："自从先师向我那几位师父传授扑翼手法后，我就不敢再讨回学费了。起初，我也很反感师父将这个手法传开来，致使别人可以攻克我的绝招。以后经过深入思考，才明白师父实际上是爱护我，以此来告诉我武技是无止境的。一旦明白他的心意，我便洗手不再做专横跋扈的事。到如今，又随从周仲房习艺，更受到他的熏陶，于是一扫过去的坏习惯。"

黄飞鸿觉得有些奇怪，问："周仲房是什么样的人，难道他也是一名很厉害的拳师吗？"黄满荣介绍道，周仲房名叫淦，曾任宝璧舰舰长，后来厌倦仕途，隐居在家，以行医为生。黄满荣未认识周仲房之前，不知道他怀有异术。去年秋季，黄满荣一个郑姓邻居的女儿，到了成年还闭经，屡治不愈，日渐瘦弱，接着双脚瘫软不能走路，只能坐着躺着。她的父母多方寻找名医能人为她医治，都没有成功。后来有人推荐周仲房，起初他们也不相信周仲房有什么办法。当周仲房看到患者后，说这病不需要吃药，仅用针扎她身体前后的穴位，病就可以痊愈。大家对他的话感到很惊奇，就请他试着施针。周仲房就把针扎入女子的会阴穴和长强穴，才刺了几针，女子就开始喊肚子痛，随后月经就通了。黄满荣听说这件事，虽然很遗憾没有亲眼看到，但心里很羡慕他的本领。后来，黄满荣有个朋友患上痛症，很多年都治不好，每次发作就呻吟不断。所请的医生对他的病症观点不一，有说是中了邪风，有说是中了"跑马风"和"死人风"，最终没有任何治疗效果。黄满荣想起郑氏女子的事，于是推荐周仲房为朋友治疗，乘机验证一下周仲房的医术。果然又是针到病除，因此黄满荣就更加仰慕他的医术了。到王隐林逝世后，黄满荣就想拜周仲房为师，但又不敢轻易开口，于是与周仲房经常来往，并从中学习医术。周仲房笑着说："你是拳师，我是医生，道既不相同，宗旨也不同，怎能混淆。"黄满荣觉得他在婉言拒绝，于是发誓不再以拳头棒棍为生。周仲房这才开始将黄满荣纳入门下，每天用因果循环的说法作为熏沐。黄满荣为他行善的道理所感动，于是渐渐摒弃了过去的坏习惯。

周仲房是岭南针灸名家，出身行伍，官至海军少将，中年辞官归隐，以针疗疾，饮誉粤港，先后任广东中医药专门学校教务主任、代校长，编著有广东中医药专门学校教材《针灸学讲义》，是清末民初岭南一代名医。黄满荣是广州以凶悍著称的拳师，受周仲房神奇的针灸术及与人为善的人格魅力所吸引，性情大变，从此一心向善，也实在难得。

为此，黄飞鸿拱手祝贺黄满荣能去恶如流，后福应当无量。黄满荣再次道谢，两人才分别。

黄满荣离开后，黄飞鸿很赞许他的转变，而他对于因果的解释，尤其纠缠在心里。追忆起年轻时与人比试武艺搏斗，遭到自己伤害的不知道有多少人，因果报应或许是不可避免的。此后一直闷闷不乐，他还经常对人说，选择职业不可以不慎重。

第五节　爱子遇害

黄飞鸿有四个儿子，他的儿子多是选择从商，只有第二子，绰号叫"肥仔二"的黄汉森，对习武有比较浓厚的兴趣。黄汉森肌肤白皙，资质聪颖，在拳技上又有着不俗的造诣，因而最得黄飞鸿疼爱。

当时江河间的治安不好，盗贼如毛，凡航行于西江的船只，必须聘请护勇随船，以保护乘客及货物的安全。黄汉森英勇雄健，被黄飞鸿的朋友赏识推荐，获聘为梧州轮船上的护勇。船上众伙伴知道他是黄飞鸿的儿子，料想他的武技必也甚高，因而都对他优礼有加，尊敬非常。而黄汉森亦幼承庭训，待人和蔼有礼，因此众人和他相处融洽。同事中有一人绰号"鬼眼梁"的，很是瞧不起黄汉森，认为"肥仔二"只是借着父亲的余荫才获聘用。又见黄汉森自到任以来，谈话中从来不涉及武艺方面，更觉他不学无术，便想找寻机会，试一试他的真实武技。

一个晚上，货物已卸完，客人又已登岸，船便泊在岸旁。黄汉森与众同事闲坐聊天。过了一阵，"鬼眼梁"趁机向他询问武技。黄汉森不虞有诈，表示技击之道，练习起来本不甚难，最难的只有"心"与"气"。如两者未能掌握，即使手上的功夫如何老到，也会有功亏一篑的感觉。他进一步解释"心"与技击的关系，其要旨是"不动心"。因为人的身体，主宰全在于心，心是君，而四肢则是臣。心有独断之明，手足方能指挥如意。练习技击，在无事发生时，本来是极为从容的，但如果要在仓促间应变，便容易气息上浮，手忙脚乱。这样，即使平时练习的功夫不错，也不能在刹那间收到理想的效果。所以只有不动心，技击才有出神入化之妙。至于气息，也是技击上最为关键的一环。一般的莽夫，偶尔一做动作，便气往上浮，呼吸急促，以致头脑昏聩，不但耳目失去观听的功能，手足亦必然无所措置。这些问题的因由，主要是气息粗率所导致。所以武术大家，在教人技艺时，必先要让门徒练习气贯丹田，然后才教授武技。气息做到贯于丹田，虽腾跃纵跳，也能够安然如平常一样。这样才可以临危应变，保持必胜之机。

黄汉森畅谈技击精微的道理，听众均大为折服，只有"鬼眼梁"更加心怀妒忌和不满。于是他表示，就算道理真是这样，也只是纸上谈兵，倒不如请黄汉森现场向大家示范。

黄汉森指出，如果要动手脚示范，须有一人作为对手，才能够体现刚才所介绍有关武术中的心和气的妙处。"鬼眼梁"便自荐一试。

黄汉森说明，较量有文有武，"文"的是彼此交手，全不以力，只表现出招数的妙处即可。"武"的是一经合手，彼此便全力以赴，分个高下。"鬼眼梁"表示愿以"武"的方式来试招较量。

黄汉森向"鬼眼梁"指出，自己交手时，有可能会留手不及。"鬼眼梁"冷笑着回应，即使黄汉森来不及留手，也自信不会受到伤害。随即，"鬼眼梁"挺身而起，纵步挥拳，向黄汉森进攻。黄汉森立刻举臂挡架。

二人在船上交手，"鬼眼梁"采取攻势，黄汉森则采取守势。黄汉森对拳理认识很深，知道能守才能攻，便从抵御中去观察"鬼眼梁"的武术造诣。"鬼眼梁"不明其中的道理，见黄汉森不断地退让，以为黄汉森怕他。于是，他更蓄势运拳，向黄汉森的胸口攻以"霸王敬酒"一招。黄汉森急忙退前马为后马，用两手的手指，快速点对方的手腕。这一招名为"双龙伏蛟"之法，两手快速地擒拿住了"鬼眼梁"的手腕，按理应该抓住机会马上将"鬼眼梁"的手腕扭折，但黄汉森认为这次的较量，并非仇敌间的生死搏斗，不想重伤对方，只是略微握了一下便任由"鬼眼梁"的手腕脱开。"鬼眼梁"不知道对手宅心仁厚，还以为是以自己的能力摆脱开对方的手，跟着以左右两拳向黄汉森连环冲击，施展"左右通天炮"招数。黄汉森以印手来压制对方，但并不趁势反攻。"鬼眼梁"看到屡次进攻都无效，便使出他最阴险毒辣的"采果偷桃"手法，右手二指直剁黄汉森的眼睛，而左手则进攻黄汉森的下部。黄汉森急退后转身，回以一招"虎尾千字"，运臂横撇开对方的身体。"鬼眼梁"急以截手迎御，顺势横肘，进逼一步，猛力撞向黄汉森胸部。黄汉森偏身侧马，以"黑虎爪"伏下"鬼眼梁"的手肘，从而施以下三路之"勾弹脚法"。"鬼眼梁"技艺不精，无法化解，被黄汉森的勾弹脚踢倒于船舱之中。

船上观战的伙伴，不约而同发出雷鸣般的喝彩声，大赞黄汉森不愧是黄飞鸿的儿子。"鬼眼梁"听到伙伴们称赞黄汉森，羞愤非常，突然跃起向黄汉森挥拳拼命进击。黄汉森知道如果不打伤"鬼眼梁"，他必定不肯罢休，

便抓住机会还以一拳。"鬼眼梁"口部被击中，两颗牙齿随着鲜血流吐出，比试才算结束。黄汉森连忙拱手道歉。

"鬼眼梁"是个阴险小人，胸中城府极深，心存报复之心，但他表面上对黄汉森表现出坦然不介意的样子，并拍着黄汉森的肩膀，表示要与黄汉森痛饮，以答谢有缘得见黄汉森的高超技艺。大家听到之后都非常高兴，一齐聚餐，开怀痛饮。黄汉森心性淳厚，一点都不怀疑"鬼眼梁"竟会存心不良，还会图谋报复。

不久，中秋佳节来临，船中各人均准备了鲜果酒食等物以为点缀。"鬼眼梁"一直抱有寻机报复的心，见各人均准备果酒，便心生一计，马上登岸买酒，暗中撒放吕宋烟灰等物在酒中，想借此将黄汉森灌醉。因为"鬼眼梁"知道黄汉森酒量一般，而且饮酒后必会乱性发酒狂，一般人都不能制服，这样自己就有机会实施报复。

当天晚上，风平浪静，明月高挂，众人赏月饮酒。这一晚是黄汉森值班，腰际插上手枪。"鬼眼梁"看见黄汉森身上有枪，便心生一计，拿出放有吕宋烟灰等物的酒请黄汉森饮。黄汉森虽然一再推辞，但碍于情面，推却不过，便一杯接着一杯地饮了。不久，黄汉森已面红耳赤，醉态显露。众人怕黄汉森醉倒，便想扶他进船舱睡下，谁知他酒性大发，一挥手把人推落到水中。大家看见这状况，想合力制服他。大家刚想扑近，不料黄汉森已拔出短枪轰击，各人只好跳水逃命，黄汉森还继续开枪射击。船主见状，只好下令关闭舱门，并请其他护勇出手制服黄汉森，以免再伤及无辜。

这时"鬼眼梁"听到船主说的话，便向船主请缨，表示自己的枪法相当准确，能把黄汉森手上的短枪射毁，保证大家的安全。船主并不知道"鬼眼梁"的诡计，拿出手枪，让"鬼眼梁"开枪射向黄汉森所持的短枪。谁料"鬼眼梁"竟然不是瞄准黄汉森手上的枪，而是向黄汉森胸部连发数枪。枪声一响，黄汉森应声倒下，胸前洞开，当场死于非命。

噩耗传至广州，黄飞鸿十分哀恸。悲悼之余，追忆往事，自觉平生虽则行事光明磊落，一片清心，日月可鉴，可惜拳脚无眼，与人较量搏斗，难免损害苍生，有伤天和。天道循环，因果报应，垂暮之年，孽债竟报在自己的儿子身上！黄飞鸿思前想后，黯然神伤，久久不能释怀。

当时，林世荣在李福林的福军中任国术教练，知道黄汉森遇害的消息后，就特意回到黄飞鸿身边陪护。几个月后，李福林奉命率军出征福建，林世荣不愿在这个时候离开师父，便辞去军中职务，留在广州。

由于爱子死于横祸，爱徒林世荣又因自己辞职而失业在家，黄飞鸿忧虑、悲伤、愤慨，百感交集，终于病倒下来。幸

图1-4-2 林世荣任福军国术教练时留影（原载《林世荣工字伏虎拳书》，1936年，林镇成提供）

得林世荣等弟子一直在左右陪护，多方劝慰，黄飞鸿的心情才稍有好转，病情亦有所改善，身体渐告康复。

不久，香港持平猪肉行主席黄金源，听到林世荣解职闲居的消息，便去信邀请他到香港任职。黄金源一向仰慕林世荣武艺高超，诚意礼聘他担任行中的技击教练。

第六节 侠义心肠

林世荣到香港后，事业发展得有声有色，门徒众多。林世荣觉得若无黄飞鸿的教导，自己便没有今天的成就，于是写信给黄飞鸿，邀请他来

香港一叙。

黄飞鸿收到书信后，十分欣慰，便准备收拾行装，去香港赴约。这时，忽然有一个满面杀气的青年，自外面匆匆闯进来。这个青年原来是邻街合兴米店的少主吴友梅，黄飞鸿看到他面上布满杀气，就问他是什么原因。吴友梅低声说道："我今天匆匆忙忙到府上来，是因为有事要求助于黄师傅，不知道黄师傅能不能帮我？"黄飞鸿说："你有什么事情要找老夫，希望你能够说清楚，看看我有没有能力来帮你。"

吴友梅把求助的事情说出来，黄飞鸿也觉得非常惊讶。因为吴友梅想请黄飞鸿暗杀自己的一个朋友。

原来，吴友梅的父亲多年来从事米店生意，经过很多波折，生意才越来越昌盛。但在他三十岁的时候，妻子就去世了。娶了一个姓梁的婢女为侧室，好多年都没有怀上孩子。到了吴友梅的父亲四十岁时，吴友梅才出生。因此，两夫妇对儿子极为宠爱。

吴友梅长大后，便按父亲的要求辍学，担任店中的出纳职位，以协助年老的父亲打理生意业务。可是，少年入世未深，一朝大权在握，便为所欲为，容易误入歧途，染上不良的恶习。

他做出纳不久之后，在剧场结识了一个叫徐华的青年。徐华衣着讲究，谈吐不凡。吴友梅跟他一见如故，很快就成为好朋友。徐华是杉木栏隆盛成衣店的学徒，他很有权谋，看到吴永梅是富商宠爱的独子，而且身处要职，就想谋取吴友梅的财产，以解决自己经济上的困难。

一天傍晚，徐华找到吴友梅，说要为吴友梅介绍一个少女。吴友梅想去看看。

徐华便带着吴友梅到迪隆里一户周姓的人家，结识周家的少女三姑娘。这个三姑娘本来跟徐华是相好，徐华介绍吴友梅跟三姑娘结识，就是想引诱吴友梅陷身于女色之中，再找机会向吴友梅敲诈，勒索金钱。吴友梅却懵然不知，渐渐坠入了徐华设下的圈套。其后，吴友梅经常找三姑娘幽会，三姑娘也看上了吴友梅，并与徐华越来越疏远。这时，徐华以各种借口向吴友梅借钱，一次又一次之后，吴友梅终于看清了徐华的真面目，便拒绝了徐华的要求。徐华遭到拒绝后气愤不已，大骂吴友梅恩将仇报，勾引他的姘妇三姑娘。并恐吓吴友梅，如不按时给予金钱，便把吴友梅勾引朋友妻子的不道德事，四处宣扬，直至吴友梅身败名裂。

吴友梅对自己一时不慎坠入坏人圈套而成为要挟的对象之事，感到十分后悔，于是渐生怨愤，想谋杀徐华以灭口，便打算重金礼聘黄飞鸿相助。

黄飞鸿听了以后就告诫吴友梅，不要因一时之气，就通过杀人泄愤。杀人是要偿命的，这在法律中有明文规定，主谋跟行凶的人同罪。如果东窗事发，法律的制裁是谁也不可以逃脱的。图一时之快，不考虑利害关系，可以算是天下最愚蠢的人。

随后，黄飞鸿说起了一件往事。在黄飞鸿少年时，因为一件偶然的事去香港，住在荷李活道竹林园，突然有一个姓宋的人在晚上找到黄飞鸿，说自己是大洋轮船的侍役头目，和他的伙伴曾炳有仇怨，希望黄飞鸿代他刺杀曾炳，事成之后给予重金酬谢。黄飞鸿就问他为什么要刺杀曾炳。宋某说曾炳向他借了港币一千元，经多次索要归还都不给，而且利息也不交。宋某很气愤，拿着两人所立借券去官府控告。曾炳所立的这张借券非常有讲究，券中是这样写的："兹借到宋先生港银一千大圆，订任彼随时交还不误，恐空口无影，立此为据。"曾炳所聘请的律师，按照券中所书写的文字，为曾炳辩护说，被告人已经先得到原告同意，故所立借贷券，有"任彼随时交还"的字样，白纸黑字写得清清楚楚，现在控告他，实在是无理取闹。宋某无话可说，就败诉了。他想要刺杀曾炳泄愤，就找到黄飞鸿出手。黄飞鸿了解他要杀曾炳的原因后，就劝告他不要以小故而置身于法。经过反复劝谕，宋某采纳了黄飞鸿的意见。

黄飞鸿再告诉吴友梅，如果徐华还要以此要挟，自己就一定会出面去劝谕，这样纠纷就会迎刃而解。

吴友梅万分感动，拜倒于地。黄飞鸿找到徐华据理斥责，并劝他不要再多生事端，否则将不会有好的结果。徐华一向知道黄飞鸿的武技名震百粤，惧怕他的勇武，便答应不再滋事。一场纠纷终于得到顺利解决。

黄飞鸿排解完吴友梅与徐华的纠纷后，才到香港赴林世荣之约。

第七节　重民改联

岁月匆匆，又到年底，黄飞鸿要求弟子们将宝芝林里里外外打扫干净，去旧迎新，准备过年。徒弟们又和往年一样，将黄飞鸿多年来收藏的书画拿出来，挑选些有喜庆吉祥寓意的精品挂在店中，为新春点缀。

很快，人们发现有一副对联被人用墨涂污了，这正是黄飞鸿平时最喜爱的，出自进士伍铨萃之手的"宝剑凌霄汉，芝花遍上林"对联。伍铨萃名列翰林院，才华超群，竟然还有人敢用墨汁将他的墨宝涂脏。而且这副有污渍的对联，黄飞鸿从来都是藏起来不弃置的，这里面一定有原因。

黄飞鸿笑着对弟子们说，这是他的徒弟夏重民①做的。各位弟子都很惊讶，黄飞鸿就为大家说出原因。

夏重民又名夏维扬，乳名阿九，少年时十分贫苦，在谷埠通津海味街居住，后来跟随名儒黄乐诚读书。因为黄乐诚与黄飞鸿相熟，因此夏重民得以认识黄飞鸿。

夏重民早就知道黄飞鸿武术技艺高超，非常仰慕，就专门约好拜访黄飞鸿，并要拜师。黄飞鸿觉得他活泼聪明，欣然接受。以后，夏重民白天就在

---

①　夏重民，广东省广州市花都区赤坭镇西边村人，中国近代民主革命家。早年东渡日本，加入中国同盟会，1911年回国任上海《天铎报》编辑，1912年任中国同盟会广东支部长。护国战争期间，孙中山委任夏重民为中华革命党加拿大联络委员，并任该地《新国民报》主笔，组织华侨义勇团及航空队回国，率部进取山东。1922年，被陈炯明暗害。

私塾读书，晚上就去黄飞鸿家习武。夏重民悉心习艺，时间虽然不长，但进步很快。黄飞鸿倾力培养，夏重民又过目不忘，刻苦训练，所以师徒之间非常融洽，无话不谈。

夏重民时常问起武术的真义是什么，黄飞鸿也欣赏他的执着和喜欢探索的品格，经常一起探讨。

黄飞鸿认为，武术的真义就是怀有技击术的人，不可以没有慈悲怜悯的心，因为武术源于佛教，佛教以慈悲为本，从来没有以技能伤害人的念头。回顾一下后来学习武术的人，大多数都忘记了武术原来的宗旨，而是以学习武术防身作为掩饰，当他们在练习的时候，只是研究手法怎样才有利于进攻，怎样才有利于防守，无时无刻不想用武术来创伤对手。这个念头一出现，为祸就没有底线了。世上学习武术的人，如果没有经过很多磨难和波折，一定不能领悟这个道理。自己当初也陷入这样的谜团，还好能通过多年阅历觉悟过来，一旦醒悟了，回想以前做过的事，就感叹四十年前所做的事有很多是不妥的，和创造武术的原旨是相违背的。

武术起源于少林寺，少林寺是佛门寺院，佛教既以慈悲为怀，又为什么研究出这些杀人的技术？而少林寺的人，都是僧侣，深受佛教慈悲悯世的宗旨熏陶，又为什么要将这杀人的技术广泛传播到各地？考究其源头，实际上是非常悲壮的。因为明王朝倾覆后，清军入关，深山穷谷之中，有不少怀念故国的高人逸士，他们悲叹山河改色，就寄居在禅院，锻炼身手，以等待时机。在寺院中，他们运掌挥拳，整天孜孜不倦，以后更是再接再厉、全力以赴，这就是武术绝技大多源于少林寺的缘由。这些技法流传开来，学习的人多忘记本旨，只研究用什么办法能够伤人，略有些收获，就非常得意，自以为是，认为世上除了自己就没有其他人知道，这些只不过是一些平庸的人。

黄飞鸿再从技击的角度来说，凡是习武的人士，都知道有"一胆、二力、三功夫"的谚语。什么是胆？就是心不动而已，心既然不动，就能摆脱生死恐怖之境。虽然泰山倒在自己身边，东海颠覆在自己面前，而自己的心泰然自若，不为所动，这就是技击术中所说的胆啊！至于力，力和武术的关系很密切，学习武术的人应当以此为要务，但是切不可一味追求速成，追求速成，否则百害丛生。因为人的力量，本来自气，气来自血，血强然后气强，气强然后力强，力强然后筋骨就健壮、肌肉就充实，这是一个固定不变的原理。力有虚实沉浮之分，沉实的属上乘，虚浮的属下乘，不明白这些道理，哪怕力量再强大，最终都是虚浮的。有些人直力很强，而横力很弱，一出手，他的力量从臂到肘就停止了，不能穿透到指的末端，所以力这门学问，不是那么容易说清楚的，这也是练习技击术过程中不可忽略的。至于所谓功夫，就是手法的称谓，学习手法在入门时起，就要保持专注和恒心，这样就不会心生杂念，时间一长，自然就熟能生巧，进而达到神妙之境。所以，手法也是技击术中必须重视的。

夏重民随黄乐诚读书学习，是一个非常聪明的人，很赞成黄飞鸿所说的话，而黄飞鸿也非常高兴晚年仍能收到这样一个徒弟。

一天，夏重民看到伍铨萃的对联，面色大变，黄飞鸿还未察觉，说此联很好。夏重民便问师父这副对联有什么高妙之处。

黄飞鸿认为对联中的"宝剑凌霄汉，芝花遍上林"句，能在字里行间，比较巧妙地将"宝芝林"三字嵌在里面。话还没有说完，夏重民忽然用手在桌上的墨砚中沾了些墨涂在"芝花遍上林"的句子上。黄飞鸿问他为什么用墨污染这副对联，夏重民神情庄重地说："师父差点被对联所害了，辱没了威名，弟子感谢师父的知遇之恩，不能不这样以挽回师父的声誉，师父称这对联好，弟子则称这对联最低劣。这对联所写的，上一句还没有什么问题，而下一句就充满奴隶叩头的味道，凡是稍有血性的人，没有不以此为奇耻大辱的。师父你是知道的，现在的皇帝是什么样的人？师父如果认为这副对联是佳品，为什么不大写特写'皇恩浩大，国恩家庆'等句，那比起'芝花遍上林'的句子更好，弟子和师父共同为大明的后裔，怎能挂这样奴性十足的对联？"

夏重民还向黄飞鸿说起清军当年"扬州十日""嘉定三屠"以及在广州十八甫血洗汉人的罪行。黄飞鸿担心夏重民这样说话会招来灾祸，急忙扯开话题，说："你既然觉得这副对联不好，可以另写一副对联比较谁高谁低。"

夏重民就找来纸笔，写了一副对联："宝剑出匣，芝草成林。"

黄飞鸿虽曾读书识字，但是读书不多，也不能辨别优劣，就拿了对联给黄乐诚看，问他对这副对联有什么看法。黄乐诚看了很久，说这副对联虽有瑕疵，但很有气势，上联意为仗侠义精神，锄强扶弱；下联意为凭灵丹妙药，起死回生。也嵌入"宝芝林"三字，是佳句。

后来，黄飞鸿就将夏重民的对联挂在宝芝林的大厅上，中间摆放着记名提督刘永福送给他的一幅肖像。大厅上挂有刘永福赠送的"医艺精通"木匾，厅正中供有"前传后教白鹤先师"[①]神位，两旁伴有"百载前传仙武术，千年后教佛功夫"对联。

第八节　义救麦春

一天晚上，黄飞鸿在市中的街道散步，忽然听到有一间破旧的房屋里传出一阵阵儿童的哭声，小童边哭边叫："阿爸、阿妈，痛死我了，求你们不要用手碰着我的身体。"声音凄厉，催人肝胆，触动了黄飞鸿的侧隐之心。

黄飞鸿上前去观看，只见到屋内一个愁眉不展的妇女抱着小童，一个男子蹲在旁边正掏取膏药在小童的腰肋间涂擦。小童忍不住疼痛，在妇人的怀

---

①　白鹤先师，相传天地会创始人陈近南号称白鹤道人，白鹤先师即陈近南，从而也说明洪拳与天地会有关联。

中哀叫。黄飞鸿闻到小童身上的跌打药味道，知道小童必定遭受过创伤，便上前询问。

妇人向黄飞鸿说出事情的始末。原来这孩子是她的儿子，名叫麦春，蹲在旁边的是麦春的父亲，名叫麦新，是个轿夫，终年辛劳，才勉强得到温饱，他们向来与世无争，没想到忽然飞来横祸，降临到他们的儿子身上。

前几天，麦春在家门口嬉戏，附近有个姓吴的孩子，与麦春的年纪差不多大，在一起玩游戏，没想到他们为争拾路旁的东西，引起争斗。姓吴的孩子被麦春推倒在地上，大声哭着回家，向父母哭诉。他的父亲以屠宰业起家，性情暴烈，早就有"牛皋兆"的诨号，现在看见自己的儿子痛哭着回来，怒不可遏，立即抱着他的儿子出门，去找到麦春，用手掌猛推麦春肋部。麦春年仅六岁，怎受得起这样猛烈的袭击，当即重重跌倒，泣不成声，家里的人赶紧抱回家，找跌打丸药敷贴，但疼痛却没有减轻。几天后，病情越来越严重，家里又没有钱请医生来治疗。

黄飞鸿对他们的遭遇十分同情，走上前用手微微按住小童肋部，才知道小童肋骨已经断了两根，仅用跌打丸是没有效果的，就让麦新夫妇背着麦春跟他一起回到宝芝林。

经过一个多月的治疗，麦春的肋骨重新生长好了。在这一段时间里，麦新与黄飞鸿谈起牛皋兆以往的所作所为。黄飞鸿听到后，就更加厌恶牛皋兆这个人，便对麦新说："你靠两个肩膀糊口，怎么能养家，现在你的儿子又遭受伤害，病虽然好了，但十几天的医药费，又要你负担，你本来就已经这么贫穷，今后的日子怎样过？"

麦新听说后长叹不已，只能怨自己的命不好。黄飞鸿安慰他，并表示要为他们讨回公道，获得应得的赔偿，缓解困难。麦新非常高兴，问应该怎么办。黄飞鸿于是就说，让麦新的儿子麦春暂时认自己为义父，带他到牛皋兆家，就可以了。

麦新带黄飞鸿到牛皋兆家，请求见牛皋兆。守门人问他们因什么事到访，黄飞鸿和蔼地说："有重要的事情要当面问你主人，烦请代为致意。"守门人进里面报告牛皋兆说有客人到访，牛皋兆以为是他的亲戚朋友，赶紧整理好衣服出来。相见之下，却是一个从来没有见过面的老年人，老年人的旁边，又是住在附近的轿夫麦新和他的儿子。牛皋兆便很鄙视他们，于是双手叉腰，生气地大骂并要赶他们走。

黄飞鸿虽然年纪大了，脾气也比年轻时好多了，但是看到牛皋兆的嘴脸和态度，本来对他已经很反感，现在就更加不能忍受。于是将麦春和牛皋兆儿子争着捡路边东西而发生争斗，牛皋兆推跌麦春而使其折断两条肋骨，差点丧命的事说出来，要讨回花去的医药费用，并说明自己就是黄飞鸿，麦春是自己的义子。

黄飞鸿话刚说出口，牛皋兆就打了个寒噤。他知道自己虽然有些气力，但一定不是黄飞鸿的对手，而且黄飞鸿已经来到自己家中，肯定是来者不善，一定会有所布置，如果不按他的意思做的话，就难以化解。于是，牛皋兆便答应按黄飞鸿要求，赔偿医药费用一百五十块大洋，又约定黄飞鸿三天之后过来收取这笔钱。

黄飞鸿走后，牛皋兆很担忧。依黄飞鸿所说，不赔偿肯定会对自己不利，自己是个商人，无法和他抗衡，但要像黄飞鸿说的那样，那么自己的一百五十块大洋，就像投入水中一样，什么都没有了。于是，他找到一个叫刘伦的伙伴。刘伦在他的肉店任职多年，臂力过人，身体雄伟，又擅长技击术，行中有很多屠夫追随他学习武艺，所以党羽众多。

牛皋兆认为，黄飞鸿是出道几十年的拳师，徒子徒孙一定很多，与他对抗，如果没有一大帮人相助是不行的。而刘伦门下弟子很多，都是强壮而又有武艺的人，可以以暴易暴。于是，他将黄飞鸿上门追讨赔偿的事告诉刘伦。刘伦答应帮牛皋兆挫败黄飞鸿。

过了三天，黄飞鸿和麦新、麦春按照约定时间到来。牛皋兆称：赔偿金是有的，但是，这些钱并不在自己手上，而是贷给别人了，贷款的人一直不肯还钱，那人说要认识一下黄飞鸿。

黄飞鸿久历江湖，听了他的话，知道他所说想认识自己的人，必定是偷偷请来对付自己的人。黄飞鸿不禁一笑，说快让他们出来。

牛皋兆于是进内叫刘伦等出来。黄飞鸿看到刘伦身材伟岸，杀气腾腾，眼冒凶光。刘伦也远远看着黄飞鸿，只见黄飞鸿须发霜白，年近七旬。

刘伦看到黄飞鸿老了，就一脸轻视的神情，嘲笑地讲，黄飞鸿已经老了，要黄飞鸿不要多管闲事，否则就不得善终了。黄飞鸿闻听冷笑说，自己虽然年纪老，可手上功夫不老。双方各不相让，便动起手来。

黄飞鸿向刘伦击拳，刘伦也挥臂挑搭抵御，而这样挑搭，是为了试一下黄飞鸿的力量。黄飞鸿外功微妙，凡开始进攻时，都以柔为主，柔可以善于变化，没有起伏迹象。现在刘伦用手臂挑搭，两个人的手臂一碰撞，他就发现黄飞鸿桥手柔软而不是很壮实，感觉很轻，因而进马发拳，快速向黄飞鸿胸部击去。他现在所用的手法，实际上是乡村拳师所说的，敌以拳攻进的，则先搭来势，然后进马还拳。黄飞鸿技艺精妙、眼界高，看到刘伦这些是下乘手法，要伤人是不可能的。因为刘伦先挑搭然后进马发拳，则攻势迟滞。实际上如果用手臂迎搭敌手，力气如果不是数倍于敌人，是不可使用的，因为这让对手的手在上，而自己手在下，敌势已占优；力气如果比敌人弱，敌人毫无难度便可以顺势沉压，顺着自己的手臂，进攻自己的肝脏部位。所以用手臂作为搭格之势，被敌人进攻的地方很多。如果高手之间对抗，凡是对手用手向胸前冲进，全不挑搭其来势，等到对手的手将到，就移步偏身，从侧面还击。因为对手从上中门而来，其来势一定快而且直，移马偏身，用来攻击的手无形间已经落空了，此时再从对手旁边发拳攻击，则很少有不被击中的，这就是《拳经》中所说的"以横救直"了。

现在黄飞鸿看到刘伦的攻势，知道他造诣不精深，于是移马偏身，从侧面用掌回击，一掌击中他的肩膀，刘伦立刻踉跄退后几步。黄飞鸿开玩笑地说："从今以后，你应该知道年老人不老了。"

　　这句话，让刘伦无法忍受，他十年英名现在将丧在这老人之手，虽然明知道黄飞鸿是个劲敌，也不得不尽力一拼，希望能取得最后胜利。于是，刘伦尽全力运起两膀的力量，纵步抢进，打算横抱黄飞鸿摔跌在地上，这种手法叫"小鬼抱着金刚"。黄飞鸿立刻迎以分拦手法，沉两臂向左右一分，顺势纠缠对方的肘部，待对方的肘部已被握住，再暗地用脚踩踏对方的先锋马①。刘伦正以全力让两肘解脱，未考虑到黄飞鸿用脚悄悄地踩踏自己的先锋马，感到足背受到踩踏，奇痛无比，随即晕倒在地上，不能起身。

　　刘伦已经被打败，牛皋兆十分害怕，生怕被黄飞鸿殴打。黄飞鸿要求牛皋兆赶快拿出钱来偿还给麦新，事已至此，牛皋兆不敢再顽抗，拿出一百五十块大洋给麦新，以补偿麦春的医药费用。黄飞鸿这才和麦新走出门去。

　　麦新非常感激黄飞鸿的恩情，但想到自己只是一个轿夫，没有能力来报答，因此让麦春拜黄飞鸿为义父，希望他长大以后可以报答黄飞鸿的恩情。以后每遇到有空闲，麦新一定会带着麦春向黄飞鸿问安，到黄宅时都会看见黄飞鸿在练武。麦新很欣赏黄飞鸿已身怀绝技还这样勤于练习，就问他这门技艺的妙处。黄飞鸿说："这武技确实对人的身心有益，所以我现在仍然孜孜不倦。此武技是铁线拳，为已故名拳师铁桥三所传，熟练这种武技，能使身心受益，血脉舒畅，身体虚弱的人能成为大丈夫，力量弱小的人能有力如虎，是拳技中最妙最优越的。我们广东的富商蔡赞，曾耗费巨资，才学得这套拳法，由此可见这套拳法的宝贵。我几十年来，见闻所及，凡是能够学习这套拳法的，没有不年逾古稀的。以我而言，现在也六十多岁了，还能运用手足以挫伤年轻力壮的刘伦，也是因为这个缘故。"

　　即使是面对生活在贫苦之中、无习武经历的麦新，黄飞鸿也能耐心解释铁线拳手法。麦新虽然不知道怎样运用，但知道这一定不是普通的武技。

---

　　①　先锋马，指站立在地上的前脚。

第九节　飞砣扬威

在黄飞鸿生活的年代，武林人士获得公开表演的机会实际上是不多的，一般是受邀请参加庙会、神诞、赛会等活动，表演拳械和狮艺。黄飞鸿和林世荣在广州有较高的知名度，是这类活动的常客。

1919年4月9日下午，广东精武会成立大会在广州海珠戏院隆重举行，到会嘉宾来自军、政、商、学各界，算得上是一次武林盛会。会上，陈公哲、卢炜昌先后介绍了精武会创办的宗旨和操作规程，护国第六军军长林虎、参议院院长兼宪法会议议长林森等继而演讲。陈公哲代表上海精武总会将大型盾徽赠予广东精武会。林森代表广东精武会接受盾徽后，将预先准备好的十二面小盾徽分赠广东精武会的发起人李福林、魏邦平、陈廉伯、简琴石、简照南、杨达三、熊长卿、陈恭受、黄砺海、杨梅宾、林虎、金湘帆，武术名家熊长卿、金曾澄。

仪式结束后，上海精武会教员、会员为嘉宾们现场演示精武武术，熊长卿家属、李福林部属和福军部属也各显身手，在场的二十多位广东武术名家包括黄飞鸿、林世荣亦纷纷献艺助兴。据当时的《中华新报》报道，表演项目有（按出场排序）：刀拆扒（帅大佳、邓林），双头棍（邓日初），东阳剑（邓伟英），单软鞭（关少伸），挑刀[1]（帅文佳），拆拳（帅坚、帅尧），双刀（周龙辉），白手拆刀（周标、李昌），双软鞭（林世荣），双钩刀（李洪恩），双刀（吴仁湖），快扒（周海），棍（谢亭），拳（甘标），拆八卦刀（邹敬、黄昆），拳（黄礼），飞砣（黄飞鸿），快扒（龚华），拳（王凤冈、叶显荣），快扒（胡中贤），拳（陈耀池[2]）。

---

① 挑刀，也称排刀。

② 陈耀池应为陈耀墀。

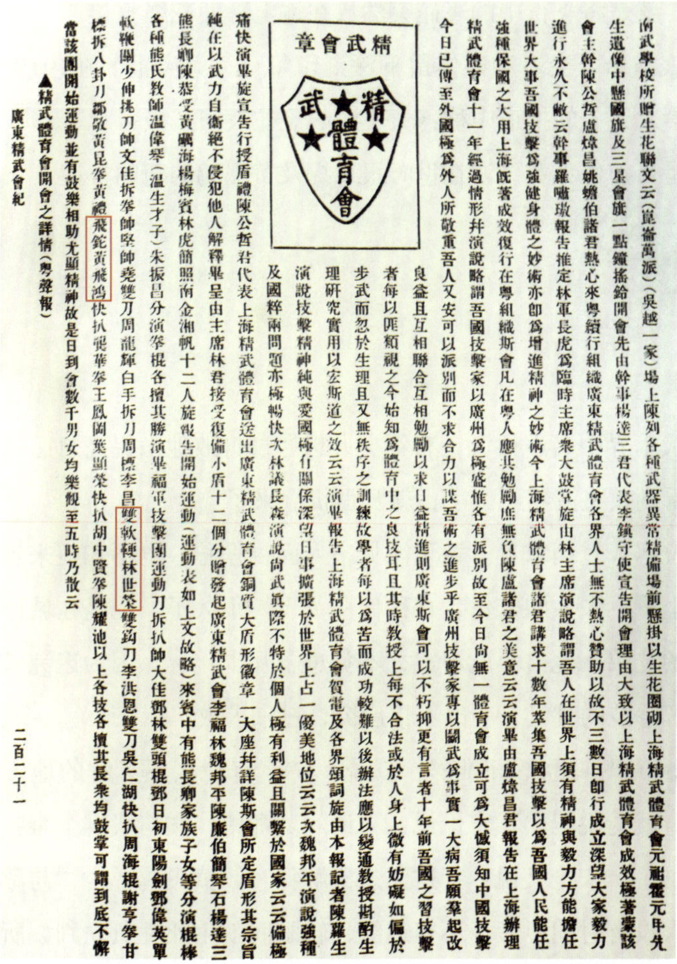

南武學校所贈生花聯文云（崑崙萬派）（吳越一家）場上陳列各種武器異常精備場前懸掛以生花圈砌上海精武體育會元祖霍元甲先生遺像中懸國旗及三星會旗一點鐘搖鈴開會先由幹事楊逵三君代表李鎮守使宣告開會理由大致以上海精武體育會成效極著蒙該會主幹陳公哲盧煒昌姚蟾伯諸君熱心來粵續行組織廣東精武體育會各界人士無不熱心贊助以故不三數日即行成立深望大家毅力進行永久不敝云幹事羅嘯璈報告推定林軍長虎爲臨時主席衆大鼓掌旋由林主席演說略謂吾人在世界上須有精神與毅力方能擔任世界大事吾國技擊爲強健身體之妙術亦即爲增進精神之妙術今上海精武體育會諸君講求十數年萃集吾國技擊以爲吾國人民能任強種保國之大用上海既著成效復行在粵組織斯會凡在粵人應共勉勵庶無負陳盧諸君之美意云云演畢由盧煒昌君報告在上海辦理精武體育會十一年經過情形幷演說略謂吾國技擊家以廣州爲極盛惟各有派別故至今日尚無一體育會成立可爲大憾須知中國技擊今日已傳至外國極爲外人所敬重吾人又安可以派別而不求合力以謀吾術之進步乎廣州技擊家專以鬬武爲事實一大病吾願羣起改良益且互相聯合互相勉勵以求日益精進則廣東斯會可以不朽抑更有言者十年前吾國之習技擊者每以匪類視之今始知爲體育中之良技耳且其時教授上每不合法或於人身上微有妨礙如偏於步武而忽於生理且又無秩序之訓練故學者每以爲苦而成功較難以後辦法應以變通教授斟酌生理研究實用以宏斯道之效云云演畢報告上海精武體育會賀電及各界頌詞旋由本報記者陳羅生演說技擊精神純與愛國極有關係深望日事擴張於世界上占一優美地位云云次魏邦平演說強種及國粹兩問題亦極暢快次林議長森演說尚武眞際不特於個人極有利益且關繫於國家云云備極痛快演畢旋宣告行授盾禮陳公哲君代表上海精武體育會送出廣東精武體育會銅質大盾形徽章一大座幷詳陳斯會所定盾形其宗旨純在以武力自衛絕不侵犯他人解釋畢呈由主席林君接受復備小盾十二個分贈發起廣東精武會李福林魏邦平陳廉伯簡琴石楊達三熊長卿陳恭受黃毓海楊梅賓林虎簡照南金湘帆十二人旋報告開始運動（運動表如上文故略）來賓中有熊長卿家族子女等分演棍棒各種熊氏教師溫偉琴（溫生才子）朱振昌分演拳棍各擅其勝演畢福軍技擊團運動刀拆扒帥大佳鄧林雙頭棍鄧日初東陽劍鄧偉英單軟鞭關少伸挑刀帥文佳拆拳帥堅帥堯雙刀周龍輝白手拆刀周標李昌雙軟鞭林世榮雙鈎刀李洪恩雙刀吳仁湖快扒周海棍謝亨拳甘標拆八卦刀鄧敬黃昆拳黃禮飛鉈黃飛鴻快扒梁華拳王鳳岡葉顯榮快扒胡中賢拳陳耀池以上各技各擅其長衆均鼓掌可謂到底不懈當該團開始運動並有鼓樂相助尤顯精神故是日到會數千男女均樂觀至五時乃散云

精武會章

▲精武體育會開會之詳情（粵聲報）

廣東精武會紀

二百二十一

图1-4-3　《中华新报》关于广东精武会成立大会的报道①

这么多不同门派的武林名家同台表演，在广东可以说是空前绝后。

黄飞鸿当时已经六十三岁，但在大会表演的飞砣绝技，仍保持很高的水平。黄飞鸿在表演过程中，展示了“朝天一炷香”绝技，就是将飞砣舞到起劲时，突然使飞砣向上一冲，砣绳挺直，停在半空片刻。还有一个绝技是

---

① 转载于《精武本纪》，1919年，第221页。

"落地连枝"，就是将飞行中的飞砣突然放在地上，使砣绳直挺。

黄飞鸿的表演给与会者和媒体留下深刻印象，《粤声报》在1919年4月10日（即活动第二天）的报道中称：黄飞鸿的飞砣表演"极可观"。

上述两篇是目前仅见黄飞鸿在世时报章提及黄飞鸿的新闻报道。

第十节　最后一战

黄飞鸿在武术界中名声很大，有不少人想通过打败他来提高自己的江湖地位。有些人看到黄飞鸿年纪大了，就觉得机会来了。

有次，有位客人登门求见。黄飞鸿见来人面目狰狞，也不知道来者有什么事，就让他坐下。来人叫宋伦，自称仰慕黄飞鸿很久了，他是在城西开武馆的叶琪师傅的徒弟。他自小就习武，不觉过了几十年，只因为迟钝笨拙，始终不能够了解拳技的真义，所以不怕唐突，过来求教。

听到这里，黄飞鸿也不好推辞，就说："你有什么不了解的地方，需要老朽解释的，就请说吧。"宋伦说："请问黄师傅，文与武哪个难？"黄飞鸿说："武难。"宋伦又说："这又怎样解释？"黄飞鸿说："与敌人逼近时，形势使人没有时间思考，不容迟缓，转眼间就生死胜负立判，所以说武难。"

宋伦再问："武技中一举手一投足，都有名称，难道是因为它的形是这样而命名，还是由于传统习惯而命名的呢？"

黄飞鸿回答：就名称而论，其中不符合的很多，并不是全部，都是按它的形来命名的，偶有因为动作的形态而命名的。如以扭马运两拳向后力扫，名字叫"乌龙摆尾"，所谓"摆尾"，是因为两拳向后横扫；又如马作子午式，涌身猛扑，运两掌向前力推，名字叫"黑虎推山"，看那摊腰落马，奋掌前推，这名称很恰当；至于以两掌横砍到对手的手臂，称为"双刀斩鼠"，所谓"鼠"，就是臂膀肌肉（一般指肱二头肌），俗称为"老鼠仔"；用脚踢敌人的肾，称为"踢灯"，肾为命门之火，因为这个火的原因，所以称之为"灯"；用二指剜敌人的双眼，称为"二龙争珠"；用手攫敌人的私处，就称为"神仙摘茄"。诸如此类，都是因为其形状相像而命名的。虽然手法的名称实在太多，不能尽述，然而它的真义，也不外乎攻防二字。攻防二字所包含的，也不外乎挑、劈、拦、切、封、逼、擒拿等几个字诀。所谓"挑"，就是上挑敌人的手；"劈"，就是顺势砍下；"拦"，就是将敌人攻来的桥手拦开，让他不能靠近自己的身体；"切"，就是乘机直切；"封"，就是用手封闭敌人之手，让他不能活泼变化；"逼"，就是乘势逼进一步，使敌人立足不稳；"擒拿"，就是用手擒按对手，或他的要害之处，让他没法动弹，从而受我所控制。如苦心孤诣地研究，自然就能够左右逢源，艺臻微妙了。

黄飞鸿说完后，宋伦拱手道谢，然后话锋一转，提出通过口述传授，毕竟不如实际示范，因为人口相传，与画龙而不点睛没有什么区别。表示很希望黄飞鸿一展身手，作为示范。

黄飞鸿听到这句话，知道他来意不善，若不加以惩戒，就一定不能平息他的恶念，便答应了他的请求。

黄飞鸿先取攻势，挥拳猛地冲上来，宋伦也挥臂防守，两人一起在厅堂中交手。宋伦盘算着：黄飞鸿年纪已大了，再勇猛，耳目手足也一定比年轻人逊色。而自己年富力强，体力占有优势。就等黄飞鸿靠近时，宋伦想迅速用手抓住他的手臂并折断。

黄飞鸿虽然老了，但是遭遇过很多强大的对手，自然和一般的武师有很大区别，即使仓促之间遇袭，化解起来也游刃有余。就在宋伦的手即将到来时，黄飞鸿用摇龙手法回臂脱去。宋伦实力也不弱，虽然一招落空，又顺势发拳，以一招"青蛇扑脸"攻击黄飞鸿的脑部。黄飞鸿急忙用"美人照镜法"，手臂从下挑上，力挫来势。宋伦的攻势又告失败，不但这样，他的先锋马几乎被黄飞鸿击中。这是黄飞鸿平时擅长的连消带打法，凡是与人搏斗，都用此挫败敌

人。现在宋伦用拳头攻打他的脑部，彼此都非常接近，黄飞鸿得到可乘之机。便用脚从下铲他的脚踝，这一招既凶狠又快速，敌人大多都避无可避，拳技中称此为倒树。所谓倒树，指树之所以能挺立，依赖于根；人之所以能站立，也依赖于足，用树根比喻足。要放倒对手，非攻击他的足不可，所以有了这个名称。宋伦也有很高造诣，知道自己与黄飞鸿逼近，须时时提防受到袭击，当看到黄飞鸿招架自己的攻势时，两肩微耸，肩动就足动，根据形体而论，他就知道对手一定会偷偷地用脚袭击，急忙退前马为后马，偏身从侧让避，因此黄飞鸿的袭击也落空。这一招落空，黄飞鸿也觉得惊讶，知道宋伦确不简单，否则是无法摆脱这一攻势的。这场比武虽然名义上是切磋武艺，实际上和真正的搏斗没有多少区别，黄飞鸿知道再也不能留手了。于是，他就用"铁帚"手法，运掌攻击宋伦双眼。宋伦看见黄飞鸿来势凶猛，赶紧用小跳退避到后面。黄飞鸿则以展式等待宋伦的进攻。

宋伦看见黄飞鸿前马很低，单肩膊伸右手在马外，伏左掌在肋以助势，觉得黄飞鸿的守势不伦不类。因为低马伸拳，左右两侧都会空虚，这守势虚疏不密，是容易招致失败的漏招，自己如果不从正门攻进而从他侧面攻进，他应该会中招受挫。于是，宋伦偷步向侧面迅速攻进，要破黄飞鸿守势。

宋伦哪会想到黄飞鸿所展示的不是守势，而是他的平生绝技，即所谓"八分低桩箭拳"，外观虽然呆钝，但内里的神妙，是不可以按常理来猜测的。电光石火之间，只见黄飞鸿将后马一移，守势已经大变，宋伦以前看上去为虚的地方，现在已经化成实，而且彼此都很接近，稍有迟缓，就胜负立判。

黄飞鸿眼明手快，乘势抢风，紧逼一步，发掌攻击宋伦的腹部。宋伦措手不及，中掌倒在地上。黄飞鸿就告诫他说："你欺负我是老年人吗？我虽然年纪大，但手上功夫还不曾老，你既然得尝老夫的手段，就要知道年老的人，是不能随便侮辱的，以后要引以为鉴。否则，你最终是没有好结果的。"

宋伦满面羞愧，抱着脑袋冲门而出。

宋伦走后，黄飞鸿感触不已，深感武术对于国人来说事关重大，关系到"强国先强种"这个谁都知道的道理。但是武术流传日广，习武的人品流复杂，不肖之徒往往会认为自己的武艺在世界上已经无敌；门户之见也越来越深，遇有不同的门派，就一定要较量一番，甚至要斗个你死我活。一百多年来，这些陋习还没有完全改变，不能不算是武术界的一大缺陷。黄飞鸿几十年来置身于武术界当中，虽然到老了还免不了要和别人比武，这就和麝因香而被逐、象因齿而引火烧身一样。他甚至很后悔投身于武术而又出名，自责自己处世几十年，备受折磨，还不能达至"忍隐"的境界，稍微遇到挑衅的行为，就勃然而起，动起武来，所以近年来意外之争，终究不能摆脱。黄飞鸿经过再三思考，认为应以"韬晦忍隐"为人生的至宝，如果能够这样，就能在炎炎丛火中找到一条清凉的路。

自此，黄飞鸿闭门不出，闭口不再谈武术。间中有人觉得奇怪问起，黄飞鸿也笑而不答。

第十一节　英雄暮年

1922年，因为局势动荡不安，老百姓的生活极为困苦，有伤病也不会去医馆医治，黄飞鸿在广州的宝芝林生意极为清淡。林世荣辞去军中职务陪伴黄飞鸿一段时间后，就到香港谋生，并被香港肉行主席黄金源聘为行中武术教练，还兼任一些学校、体育会及私人武馆的教练，门徒不计其数。

受林世荣的邀请，黄飞鸿又再次来到香港。黄飞鸿在香港武林中享有盛誉，徒子徒孙众多。他所到之处，都受到各社会团体及门人的热烈欢迎，设盛宴款待。席间，众多后辈多会表演武艺，请黄飞鸿指点。

在一个宴会上，林世荣的一个叫朱愚斋的徒弟，争取到在师祖黄飞鸿面前表演铁线拳的机会，待他倾尽全力表演后，黄飞鸿说："铁线拳中有四个要点：一是左右分级，二是分流手脚，三是退马穿桥，四是地脚龙。这四者皆拳中经纬，如缺其一，则精彩已无，何况你四者都有缺失。"朱愚斋听了大吃一惊，请师祖教导。黄飞鸿于是上场表演铁线拳，每表演到朱愚斋忽略的地方，则大声呼叫，令他注意。以后，朱愚斋又多次向黄飞鸿请教，武技大有进步。

黄飞鸿回到广州后，继续打理宝芝林，闲来无事，就到附近的茶楼饮茶，早、午、晚都在茶楼中度过。这样的日子过不了多久，一场劫难又突然而至。

1924年，广东商团在陈廉伯统领下，快速扩展，号称十万之众。商团雄心勃勃，企图监督和制衡政府。

1924年8月9日，孙中山下令扣留了商团私运到广州的长、短枪九千余支，子弹三百余万发。陈廉伯以"扣械"事件为反对孙中山革命政府的借口，大造舆论。8月12日、15日商团军代表两次向大元帅府请愿，要求发还扣留的军火。

8月22日后，商团发动佛山及广州等埠商民罢市、拒收政府纸币、拒不纳税。联防总部迁到佛山后又命令各属商乡团来省作乱。孙中山对陈廉伯操纵广州商团进行的谋叛活动采取了严厉措施。当商团头目为索还团械准备发动第二次全省罢市时，孙中山仍谕大本营秘书处致函商团，晓谕政府发还团械办法及诚意。10月9日晚，奉孙中山命令运回枪支四千多杆、子弹十二万多发，于次日中午在广州西濠口交给商团代表收领。商团军领械后即屠杀"双十节"游行的民众，发动武装叛乱。事发后，孙中山在韶关多次电令蒋介石、廖仲恺、胡汉民、许崇智等火速平定商团叛乱，还令北伐军一部回师广州戡乱。

10月15日，政府军队攻占西关商团总部，战乱中，多属砖木结构的西关民居和骑楼商铺，瞬间便火烧连营，整个街区陷入火海。大火从10月15日开始，直烧到17日才熄灭。位于西关的宝芝林因此被焚，黄飞鸿的住所及资财尽付一炬。此时，黄飞鸿的大儿子黄汉林和四儿子黄汉熙又刚好失业，家里再无收入，黄飞鸿只好又再次去香港，投靠弟子。

黄飞鸿到香港后就居住在林世荣那里。那时候林世荣白天要到肉行工作，晚上又要到武馆教授武艺，很难经常陪同黄飞鸿。林世荣认为朱愚斋知书识礼，爱好写作，平时就喜欢打听黄飞鸿的事迹，而且黄飞鸿晚年就最喜欢上

图1-4-4 宝芝林附近的故衣街被焚毁后的场景

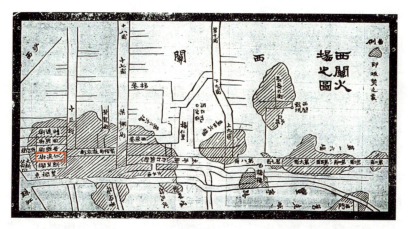

图1-4-5 原载于民国十三年（1924）《扣械潮》的西关一带被毁房屋示意图，红框处为宝芝林所在的仁安街位置

茶楼饮茶，于是就让朱愚斋每天晚上陪黄飞鸿去饮夜茶解闷消遣。黄飞鸿读书不多，但向来喜欢和文人交往，渐渐地，本来还比较忧郁的他，与朱愚斋也变得无话不谈，将平生的经历及练武的心得、行医的要领，都几乎毫无保留地告诉了朱愚斋。但有关他和刘永福在台湾抗击日军的事，却极少提及。

黄飞鸿对武术有很深的研究，但他读书不多，无法将几十年来习武、比武的经验和体会整理成文字。黄飞鸿精通医术，知道自己身体已经一日不如一日，正好遇到一个有文化又精通武术和医术的再传弟子，这实在难得，所以他知无不言、言无不尽，希望朱愚斋能够将他毕生所学、所思考、所经历的都整理出来，流传后世，发扬光大。

黄飞鸿此时已年近七旬，他六岁习武，小小年纪就闯荡江湖，白手兴家，打出一片天地，也曾风光无限，但想不到晚年时，遭受重重劫难，思前想后，最终忧郁成病。

在香港居住了一两个月，黄飞鸿的病情越来越严重，他知道自己时日无多，便决意返回广州，落叶归根。回广州后，家里已一贫如洗，黄飞鸿只好入住广州城西方便医院。方便医院是由广州商人陈惠普等在1899年募捐兴建的，专门免费收治垂危穷困病人和殓葬无依无靠的死者，为当时华南最大的慈善机构，但医疗条件比较差。

1925年4月18日，黄飞鸿病逝于广州方便医院，终年六十九岁。黄飞鸿去世后，由女徒弟邓秀琼资助才得以殓葬，葬于广州观音山（今越秀山）。

第十二节　不朽传奇

黄飞鸿去世不久，朱愚斋即开始撰写黄飞鸿的传记，并于1933年起在香港《工商晚报》连载《粤派大师黄飞鸿别传》，后又出版成书。该书是一部纪实性人物传记作品，作者详尽介绍了黄飞鸿传奇的一生，突出地表现了黄飞鸿精湛的武技和行侠仗义的豪迈气概，阐述了黄飞鸿对武术训练和攻防技战术的探索，并介绍了黄飞鸿父亲黄麒英、师父林福成及徒弟梁宽、林世荣等以及多位武术名家的事迹，故事引人入胜。因为《粤派大师黄飞鸿别传》所写的是真人真事，而且书中提及的不少人物如林世荣等当时还健在，较之一些旧武侠小说，有令人耳目一新之感，出版后产生了很大的影响。此后，多位与朱愚斋同时代的佛山籍知名作家如邓羽公、我是山人、念佛山人、我是忠义乡人等在香港、广州、佛山等地也发表了多部介绍黄飞鸿的作品。

黄飞鸿的艺术形象于1944年由超华剧团第一次搬上粤剧舞台，剧名为《黄飞鸿正传》，共三集，由著名剧作家唐涤生编剧，著名粤剧表演艺术家

图1-4-6　《黄飞鸿传第三集：血战流花桥》（1950年）演职员合照，莫桂兰（三排中）、黄汉熙（四排中）参加了拍摄工作（关汉泉提供）

罗品超主演，在香港多间大戏院公演。

1949年，由胡鹏导演、关德兴主演的电影《黄飞鸿传》问世，获得极大的成功。其后，大量介绍黄飞鸿事迹的电影陆续出现，参演的明星不计其数。

受黄飞鸿题材电影成功的影响，黄飞鸿题材的电视剧、广播剧、动漫等也陆续出现，亦深受欢迎。

以黄飞鸿为题材的电影是世界影坛中的一朵奇葩。自1949年以来，共拍摄了一百多部，历久不衰，创下了吉尼斯世界纪录，为功夫电影的崛起作出了巨大的贡献，亦成为电影界不朽的传奇。

各时期不同风格的黄飞鸿题材电影，都围绕着黄飞鸿描述了一个个感人故事，刻画出一个行侠仗义、扶危济困，具有中华传统美德的黄飞鸿艺术形象，至今仍为广大群众所钟爱。

第二编

黄飞鸿的武艺和医术

第一章　洪拳与黄飞鸿

洪拳，是清代广东五大名拳（洪拳、刘家拳、蔡家拳、李家拳、莫家拳）之首，在广东及海外有很大的影响力。在清代佛山，洪拳一度非常普及，除人们熟知的黄飞鸿是洪拳大师外，佛山琼花会馆内戏班所练习的武术也是以洪拳为主，但通常称之为少林拳。

第一节　源流

关于洪拳的源流有两种说法：第一种说法是洪拳由洪熙官所创，或洪拳源出福建少林寺，福建少林寺遭受火烧后，由洪熙官传到广东；第二种说法是洪拳是洪门假托少林传习的一种拳术。

一、洪熙官创洪拳

（一）洪熙官

洪熙官是何处人有两种说法，第一种说法是广东花县赤坭镇竹洞村猪腰岭人，青壮年时期在福建漳州一带活动，艺成后在花县红船（戏班的船）和广州的大佛寺传授过武术。

相传洪熙官在清康熙初年出生于广东花县赤坭镇竹洞村猪腰岭的一户人家，这户人家的祖宗是朱明王朝的后人，当时为了逃避清兵追杀，遂隐姓埋名，并随难民南迁隐居于此。定居多年后，生下洪熙官。改朝换代之初，洪熙官父母为图生计，在别人的资助下做贩运茶叶生意。洪熙官自幼随父母出外谋生，经常来往于广州、肇庆以及福建等地。父母常常将家族史秘传与洪熙官知晓，因此，洪熙官自小便潜心学艺。

肇庆蔡九仪曾随明朝洪承畴部队驻辽东，任军令承宣尉。洪承畴兵败降清后，蔡九仪投奔嵩山少林寺学拳，学成返归肇庆，以教拳为掩护，培养反清势力，觅识反清人才。洪熙官、方世玉、方孝玉、方美玉、梁亚松等人相继投其门下习技。后蔡九仪推荐洪熙官跟至善大师学艺。

1946年出版的《广东实事技击奇闻——拳师秘传》对洪熙官进行了介绍："查熙官字文龙，又名涛泉，又号奇杰，乃父尝任藩台，年十三，由父送之福建少林寺，拜至善为师，尤得至善所爱，授以各种软硬功外，尤授以霸王掌一技，此固难练成者。熙官竟能之，及至善入峨眉山，召天下士反清复明，爱命熙官归筹军粮，熙官因而返粤尽变所有，兼向有志之士募集，得资百余万，督率从者数十，运之入川……"

《广东实事技击奇闻——拳师秘传》称洪熙官十三岁就被父亲送去福建少林寺学武，后来被至善派遣回广东筹集反清复明经费。从其描述的内容有"熙官因而返粤尽变所有"看，该作者认为洪熙官是广东人。

第二种说法是洪熙官于清康熙年间生于福建漳州，幼习少林拳术，是南少林俗家弟子，与至善在广州海幢寺授技，其后另立门户，在花县设馆教习铁线拳、三线拳、千字拳等。

1957年香港《新生晚报》发表署名"宝官"、题为《龙吟虎啸香港武坛》的连载文章称："洪熙官原名叫洪熙，广府人喜欢在少年名后加一个官字，故称之为熙官。"[①]

邹沛宏在《对广东洪拳的研究》中称："据传说，约在清乾隆中叶，福

---

① 宝官：《龙吟虎啸香港武坛》，香港《新生晚报》1957年3月15日。

建泉州人洪熙，字文汉，号孔臣，是福建少林寺著名和尚至善禅师的弟子，脱师后成为南少林派的著名拳师。洪熙原是茶叶商人，来广州后被人称为熙官。熙官身材魁伟，臂力过人，他将所学的技击与搏击经验结合本人的体型特点创造了以马步稳健，桥沉力雄，攻防连环，浑厚威猛而著称的洪家拳。洪熙官曾两次到广州市授徒。"①

2020年，三水的洪拳传人洪永强向笔者赠送了他与周至譓合著的《广东洪家拳拳棍旧谱合辑》，其中载有《伍允普传洪熙官拳谱》，为旧抄本。首页概述内容如下：

福建洪喜来广州传下第一次八徒之第五种拳

练头名三箭，活指名工字。

一传第十甫连登巷伍允甫，二传简九、邓老遇，三传黎佐震（禺北望岗乡），四传黎永函。

先要明白腰、马、拳、掌、指习用之法，然后可开始学习练头。此练头具有五行金、木、水、火、土，配合五形虎、豹、龙、蛇、鹤，故三箭手法虽只卅余点，已俱有尖、挣、挫、擦而出，揩、缴、刮、抹而入，连消夹打，熟习则变化无穷，如单练熟此练头，已足应附云。

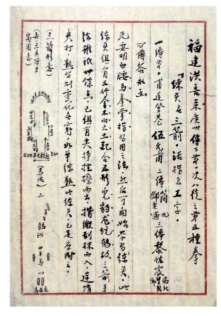

图2-1-1 《广东洪家拳拳棍旧谱合辑》所载《伍允普传洪熙官拳谱》（洪永强提供）

---

① 邹沛宏：《对广东洪拳的研究》，《广州体育学院学报》1985年第1期，第77—81页。

（二）洪熙官创洪拳的有关介绍

洪拳传人中多持洪熙官创洪拳或传洪拳的观点。在《林世荣虎鹤双形拳谱》序中，序作者朱棠记述了《虎鹤双形》的来由，其中提及方永春和洪熙官是该拳的发明者和传习者：

考虎鹤双形之由，实由闽而传于粤。少林寺自凌夷后，其徒分散于四方湮没流传多不可考。吾粤之有蔡洪刘李莫五家得其传，会洪熙官以斗技至闽，寝而改营豆浆。时其地有邬大力者，亦虎之雄也。尝以事杀方永春之父，永春遂祝发为尼，矢志复仇。顾技不劣于邬而力非其敌，于是潜心炼艺，会永春晒麻于地，有鹤来扰乱之，永春遂持棒逐之。击其头，鹤则侧其身翘其翼以御；击其翼，则以爪而劙。永春讶之，默念以棒数十斤之力且不敌鹤，寝为鹤咀所伤。于是默会于心，日习之，遂有虎鹤双形之法。其时邬大力觊洪熙官斗技，永春知之，夤夜以所学教之。于是邬大力为洪熙官所毙，而永春之仇以报焉。

对洪熙官创洪拳持赞同观点的还有民初的一些武术家和武术历史专家。民初武术家、主编《国技大观》的姜侠魂在《少林拳术图说弁言》中称：

少林拳为外家拳术之宗，衍流于浙、闽、粤、桂诸省，是书为卢炜昌先生得之于山西友人，钞本略有讹误遗漏，蒙刘宸臣先生热心，加以修订，据云：纯为洪派，其地盆多中四平马，乃少林拳中最完备之谱。无如急于赴厦，未克假以时日，细心诠释为憾！侠魂叩以洪拳之源流，刘先生因述广东拳派有五：如洪、刘、蔡、莫、李。四家不可考，惟洪派乃洪熙官所创。盖清初有少林弟子方世学等，与武当派及同宗比武，互相戕杀，两败俱伤，方等皆遭害。时熙官为少林派中后起之秀，因复仇心切，发奋再入少林寺，学艺三年，离少林，偶遇铁头僧，为所击败。三入少林寺，师锢于楼，命其坐

中四平马，解绳结一百另八，绳粗如臂，为细麻粗成，年余将麻催裂后，结始解，其十指坚韧非常，任触铁石，亦如拉枯摧朽矣。师又命其练习跳跃之术，携饮食满篑，纵跃上下而不用梯，点滴不倾溢于篑器外始可，年余既成，既出寺，访铁头僧，僧以头击洪，洪以十指捻之，铁头碎，毙焉。洪遂成名，因创斯谱以传世。

笔者认为，拳术与众多技艺一样，都要经历一个萌芽、发展、成熟、传播的过程。天地会早期的成员当中有许多武艺高强的爱国志士，如果历史上确有洪熙官，他应是一个集大成者和重要的传播者。

（三）至善与洪熙官在广州河南海幢寺教授洪拳的记载和分析

很多传说都提及洪熙官曾与至善在广州河南海幢寺授技。

至善在广州河南海幢寺授技，在武林中一直有传说，林世荣在《工字伏虎拳略历》中说：

唯至善禅师逃落粤东广州河南海幢寺栖身，遂于寺内教授国技，有陆亚彩者，至善之首徒也，得传其秘，而传与黄泰（南海西樵陆洲乡人），黄泰传其子麒英，再传其子黄飞鸿，是三代之祖传。

林世荣随黄飞鸿学艺二十多年，是黄飞鸿的衣钵传人，其关于洪拳源流的介绍具有较高的研究价值。这里提及海幢寺是洪拳传播的重要场所，即洪拳可能就是最早从海幢寺传播开来的，而最早在广东传授洪拳的是至善禅师。虽然有没有至善禅师其人尚无定论，但海幢寺的历史还是很值得探究的。

海幢寺建于明末清初。据《广东佛教史》记载，海幢寺"清初由天然上人主讲"。天然和尚法名函昰，字丽中，别字天然，俗姓曾，名起莘，字宅师，又号瞎堂，广东番禺人。他三十多岁出家，嗣法长庆空隐道独。清初，天然和尚四方募化，自为主持。平南王尚可喜仰慕天然和尚，也想为自己所做屠杀广州平民的事做些弥补，赐田数十顷，使海幢寺能大兴土木，成为名刹。天然和尚身处方外，且神情清远、行迹隐遁，但平时经常和反清志士交往，如陈邦彦、陈子壮、张家玉等皆因起义而死，天然和尚与他们感情深厚，都作诗悼念。对被杀害的明王孙贵族，天然和尚收拾他们的骸骨安葬。对明遗臣志士和抗清人士隐退其山乃至皈依佛门，天然和尚都会收留庇护。

清初海幢寺内养了不少猪，对外宣传说这样做是教化民众要爱护生命，但其真实用意却是纪念明王朝，因为明王朝皇帝姓"朱"，"朱"与"猪"同音，明王朝百姓不敢说"杀猪"，改称"杀万里哼"，正德皇帝还一度禁止民间养猪。

由此可见，海幢寺在清初确有可能藏匿反清志士，海幢寺作为反清志士聚集地，待时局稳定后又成为天地会的据点和传播南派武术的场所是有可能的。

图2-1-2　乾隆年间的广州外销画中海幢寺养猪的画面（大英图书馆收藏）

二、洪拳是洪门假托少林传习的一种拳术

对洪熙官创洪拳一说，从民国时期起就有不少的专家学者持否定态度，认为洪拳是洪门假托少林传习的一种拳术。广东省武术挖掘整理组1985年编印的《广东拳械录》和1989年广东人民出版社出版的《广东武术史》等著作都持这一观点，认为在清代加入洪门时要作如下的问答："武从何处所学？武从少林寺学。何艺为先？洪拳为先。"可作佐证。

著名武术史学家唐豪是较早提出洪拳非洪熙官所创的学者，他在1941年出版的《少林拳术秘诀考证》中称：

萧一山《近代秘密社会史料》卷四《洪门问答书》云："武从何处学习？在少林寺学习。何艺为先？洪拳为先。有何为证？有诗为证：猛勇洪拳四海闻，出在少林寺内僧，普天之下归洪姓，相扶明主定乾坤。"又禀进辞云："问学乜件为先？答洪拳为先。问有何为证？答有诗为证：勇猛洪拳四海扬，出在少林寺内传，普天之下归洪姓，得来日后扶明主。"卷五《洪拳诗》云："武艺出在少林中，洪门事务我精通，洪拳能破西达子，万载名标第一功。"宗法是一部胚胎于洪门的著作，其附编拳谱，就是天地会所传的洪拳。陈铁生《武库》一文，考宗法的拳图云："观是卷图像手法，纯是广东之洪拳。"铁生为粤籍拳家，其说当可信从。

哲东①云："洪帮以湘、黔、蜀、陕、鄂等省为盛。"又云："吾友刘协生先生，为湘中少林名手，其所练之罗汉功，与十八手极近；其五拳为龙虎豹鹤猴，与此大同小异。"洪门盛于湘省，可证刘协生的五拳，亦即天地会的洪拳。至其大同小异，则是拳法传久而变的普通情形。

---

① 哲东，即徐哲东（1898—1967），名震，字哲东，武进人。曾任中央大学、武汉大学、安徽大学、上海震旦大学教授，中华人民共和国成立后任西北民族学院教授兼汉语文教研组主任。擅长古文，精娴武术，被称为"武术家"和"武术史家"。

百七十余手的五拳，宗法言为秋月增编而成。秋月的时代，宗法言在达摩圆寂后数百年，秘诀言在金元之世，天地会系清初秘密结社，在达摩后千余年，在金元后七百余年，洪门《海底》不言洪拳为秋月增编，可证其人其事皆伪。

《武库》称此拳，"谚云出于少林寺之洪熙官，然真伪不可考。"其实何尝不可考，特铁生未之考而已。洪熙官其人，始见于稗乘《万年清》。木版本《万年清》第九回："再说仁圣天子在陈府封了玉凤为西宫娘娘，后来生下太子，就是嘉庆君皇（光绪十九年上海英商五彩公司老石印本已删去）。"由这一段可以考见《万年清》的写作，决不能在嘉庆以前。林爽文结天地会于台湾，据魏源《圣武记》载，系在乾隆五十一年以前之数十年。查故宫博物院所编《雍正硃批谕旨》不录总目，常赉奏折下，有台湾棍徒拜把事一目，可证天地会的起源，还远在乾隆以前。天地会既不言洪拳创自何人，《万年清》亦不言洪熙官创造洪拳，可见洪拳为洪熙官所创，并不出于天地会，而是木版本《万年清》行世以后的世俗伪传。天地会不单盛于湘、黔、蜀、陕、鄂，兼盛于粤（其《海底》杂有广东方言可证）。木版本《万年清》，撰于粤人（其书杂有广东方言可证）。天地会假托的少林在福建福州府，洪熙官习拳的少林在福建泉州府。广东拳家，但习闻洪拳出于福建少林，不遑辨其省同府不同，对于洪门少林的假托，亦茫无所知，徒因洪字的联想作用，遂附会洪拳为洪熙官所创。[1]

笔者认为，天地会《会簿》中所提及的"洪拳"，与广东的洪拳不是同一概念。先说说洪门、天地会、少林的关系：洪门是天地会组织在内部的称谓，对外则称天地会；而少林，是天地会中的武林人士的自称。即所谓"武从何处学习？在少林寺学习。何艺为先？洪拳为先"。在天地会的《会簿》中，洪字的使用十分广泛，这个所谓"洪"指的就是明太祖朱元璋（朱

---

[1]　唐豪：《少林拳术秘诀考证》，上海市国术协进会发行，1941年，第70—73页。

图2-1-3 天地会的洪船
图（原载萧一山：《近代秘密
社会史料》卷一，1935年）

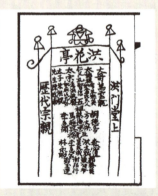

图2-1-4 天地会的洪花
亭图（原载萧一山：《近代秘
密社会史料》卷一，1935年）

洪武），如天地会组织叫洪门、洪家、洪姓，传说中的洪门创始人叫洪英（即洪武），洪门的职务之一叫洪棍，船叫洪船、竹叫洪竹、兵叫洪兵。"洪"与"红"常互用，如洪棍又叫红棍，洪花亭又叫红花亭。在大英博物馆收藏的萧本《会簿》中有"大洪船"和"洪船"，贵本《会簿》中则有："船……头舱红米、二舱红柴、三舱军器、四舱华光、五舱五祖、六舱关帝、左边关平、右边周仓、吉舱二十一人、八舱一百零八人。"

从上述情况看，将天地会《会簿》中的"洪拳"等同于我们通常说的洪拳显然是不妥的。广东天地会确将传播武术作为发展会众的重要手段，会中确有不同凡响的武术流传，但天地会分布在几个省，组织松散、人员分散，相互间也没有什么联系，故这些拳术必然是种类繁多的，可以将天地会《会簿》中的"洪拳"解释为天地会中的武术，但我们通常说的洪拳仅是天地会中众多的拳术之一，如蔡李佛拳、咏春拳等也是天地会内流传的拳术。

对"洪拳是洪门少林的假托"这一提法也要说明一下。绝大多数天地会成员，包括清代天地会内的武林人士都不会怀疑火烧少林寺的真实性，他们都认为少林寺作为寺院不存在了，但拳术是少林的，自称是少林的人是自然而然的事。假托少林的源头，是天地会始创时一些核心人物杜撰火烧少林寺的故事，其他人是不可能知情的。所以，我们现在所看到的天地会各版《会簿》以及《海底》，包括小说《万年清》《少林宗法》《少林拳术秘诀》的编写者、传抄者，都不是主动作伪，也不是主观地假托少林，天地会内的武林人士更如是。

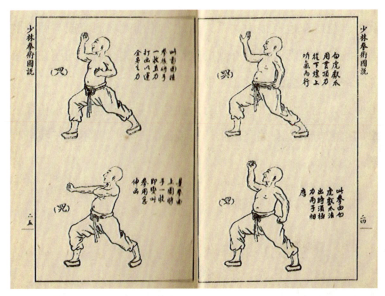

图2-1-5　《少林宗法图说》内页（卢炜昌藏本，陈铁生编订，1936年出版）

《少林宗法》《少林拳术秘诀》可以说是从《会簿》《海底》衍生出来的，其中主要还是介绍拳术，其附编图谱较接近广东洪拳，虽该书所述的事件很多都经不起推敲，但大致是沿用旧说，非刻意作伪。唐豪在《少林拳术秘诀考证》中说："宗法胚胎于洪门《海底》，洪门少林是假托的，此僧称少林，连带可证其亦伪。""宗法与秘诀，都假托少林，所以都伪造僧徒。"①武术史家徐震（徐哲东）在《少林宗法图谱考证》称："此派击术，所以称少林者，盖其始为僧徒所传授，故书中多述某禅师某上人之言。僧徒

---

① 唐豪：《少林拳术秘诀考证》，上海市国术协进会发行，1941年，第88、90页。

尚武者，自明以来，少林即已著名，故释子擅武技者，多自托于少林。"[①]
这些观点明显脱离了清代当时的实际。实际上清代两广有武功的和尚确实很多，而且他们都认为所练所传的都是少林武艺。

由于武林中人一直以来都认为有个南少林，以至于许多人都认为广东大多武术流派都源自福建。不过，《会簿》多发现于广西，有些是广东人带过去的。《海底》和《万年清》夹杂许多粤语，《少林宗法》《少林拳术秘诀》及图谱与广东也有很大关系，因此，岭南武林源流或与两广的渊源更深，与南明政权的残部及藏身寺观的文臣武将有关。这个问题在本书第三编第二章《洪拳与天地会历史考证》中再作详述。

综上所述，笔者认为洪拳是具有天地会背景，较早在广东传播的武术之一，洪拳的得名与洪门有关，但洪门所说的"洪拳"又不等于我们现在所知道的洪拳。

第二节　拳械

洪拳特点是硬桥硬马，稳扎稳打，动作朴实，下盘稳固，桥法较多，腿法较少，气势威猛，发力有声。洪拳武学内容丰富，拳术、器械套路多而杂，其主要拳术套路有十形拳、五形拳、龙拳、虎拳、豹拳、狮拳、象拳、马拳、猴拳、鹤拳、蛇拳、彪拳、虎鹤双形拳、单弓伏虎拳、双弓伏虎拳、铁线拳、三展拳等，主要器械套路有单头棍、双头棍、铁包金棍、七点半棍、八卦棍、蔡阳刀、方天戟、七星刀、双腰刀、护手刀、单腰刀、双鞭、单鞭、洪家大扒、十八栏枪等。

洪拳的主要要求是桥马扎实，下盘稳固。桥是前臂，马指步法。桥在洪拳

---

① 唐豪：《少林拳术秘诀考证》附录一，上海市国术协进会发行，1941年，第11—12页。

中十分重要，技法离不开桥，通过它可知功底深浅，以此去摸清对方的实力。

洪拳手型有拳、掌、指、爪、勾、鹤顶手等。手法有沉桥、圈桥、封桥、冲拳、插掌等。步型以四平马为主，还有三角马、子午马、吊马等。身型要求含胸、立腰、收腹、敛臀、沉肩、垂肘、沉桥坐步。发力时要求蹬腿、扣膝、合胯、转腰，先蓄后发，猛力出击，有时还因势发声，以声助威。

一、工字伏虎拳

工字伏虎拳以步进退成"工"字形，故名。由陆亚彩传于黄泰，黄泰传黄麒英，黄麒英传子黄飞鸿。黄飞鸿传于梁宽、林世荣、陆正刚、陈殿标等。

工字伏虎拳腰马稳健，桥手刚劲，法门紧密，进退有规。恒久练习，不必站马而腰马自坚，不必打桩而桥手自劲，是学习其他拳术、器械的基础。

附：工字伏虎拳拳法分解

第一式：合脚离开一寸阔

第二式：两手揸拳藏在腰

第三式：抽上胸中一切出

第四式：反手抽拳对膊肩

第五式：横迫三株标串掌

第六式：沉静一定指撑天

第七式：右手揸拳左用掌

第八式：吊脚收胸见礼谦

第九式：扭手收拳归原位

第十式：脚静开马落四平

第十一式：抽拳在胸双切胯

第十二式：合掌分开定金桥

第十三式：一指三株抛静手

图2-1-6　第一式：合脚离开一寸阔（林世荣演示，原载《林世荣工字伏虎拳书》，1936年）

第十四式：连抛三次有三匀

第十五式：四抛标串撑天指

第十六式：双抽双割一揸分

第十七式：出左吊右拉归后

第十八式：铲脚四平八分马

第十九式：子午连转单膀手

第二十式：一挑拧马千字落

第二十一式：抽手转身割归后

第二十二式：上马连变侧掌打

第二十三式：四平静顶标串出

第二十四式：割手四平掌打正

第二十五式：一揸抽手转一分

第二十六式：出右吊左拉归后

第二十七式：铲脚四平左八分

第二十八式：子午一转右膀手

第二十九式：一挑拧马右千字

第三十式：抽手转身割归后

第三十一式：上马连出一侧掌

第三十二式：四平静顶标串手

第三十三式：割手四平掌打正

第三十四式：一揸一抽转一分

第三十五式：出左踏右吊脚马

第三十六式：照镜手法爪三匀

第三十七式：带马归槽拉转后

第三十八式：猫儿洗面又三匀

第三十九式：带马扭身再拉后

第四十式：右脚一出子午马

图2-1-7　第十九式：子午连转单膀手（林世荣演示，原载《林世荣工字伏虎拳书》，1936年）

图2-1-8　第二十九式：一挑拧马右千字（林世荣演示，原载《林世荣工字伏虎拳书》，1936年）

第四十一式：前弓后箭双切膀

第四十二式：左上右落干字手

第四十三式：拉马抽拳双挂落

第四十四式：进马兜胿双虎爪

第四十五式：牛角一捶转通天

第四十六式：回马抛胿上四勾

第四十七式：转身向后四平马

第四十八式：双膀切落合掌分

第四十九式：一指撑天三株出

第五十式：标串手法定金桥

第五十一式：双抽双割一揸分

第五十二式：蝶掌一迫分漏手

第五十三式：再攍蝶掌迫分漏

第五十四式：攍掌连环拘弹脚

第五十五式：斜风摆柳转车身

第五十六式：双膀切落起左右

第五十七式：一撇一划千字手

第五十八式：拉马抽拳双挂落

第五十九式：进马兜胿双虎爪

第六十式：牛角一捶转通天

第六十一式：坐马单桥捶进步

第六十二式：拉马一顶碌胿撇

第六十三式：回头蝶掌莫延迟

第六十四式：黑虎捶法连环打

第六十五式：蝴蝶一掌麒麟步

第六十六式：连环蝶掌步麒麟

第六十七式：右抽一拳连打出

图2-1-9 第四十式：右脚一出子午马（林世荣演示，原载《林世荣工字伏虎拳书》，1936年）

图2-1-10 第四十五式：牛角一捶转通天（林世荣演示，原载《林世荣工字伏虎拳书》，1936年）

第六十八式：左右连环一样同

第六十九式：转身单挂捶中出

第七十式：拉马转身挂打捶

第七十一式：向前挂打连环落

第七十二式：后脚一拉千字手

第七十三式：进马一捶顶脬出

第七十四式：分漏单挂转金龙

第七十五式：子午一掌虎尾脚

第七十六式：转身蛇形又抢珠

第七十七式：饭匙头起蛇摆尾

第七十八式：转身一跳碌鼓捶

第七十九式：出右攻迫左侧掌

第八十式：左马攻迫侧掌来

第八十一式：上右子午冚膀手

第八十二式：千斤一坠铁门闩

第八十三式：跳马猛弓射箭捶

第八十四式：拘弹一迫黑虎爪

第八十五式：退马金龙爪献来

第八十六式：转身一桥捶打出

第八十七式：吊脚缠枝一捶来

第八十八式：左右连环各一匀

第八十九式：蝶掌一攦分左右

第九十式：三星连环黑虎爪

第九十一式：转身一桥又一捶

第九十二式：收拳见礼须吊脚

第九十三式：扭手收拳一鞠躬

图2-1-11 第六十七式：右抽一拳连打出（林世荣演示，原载《林世荣工字伏虎拳书》，1936年）

图2-1-12 第八十五式：退马金龙爪献来（林世荣演示，原载《林世荣工字伏虎拳书》，1936年）

二、虎鹤双形拳

虎鹤双形拳套路中既取虎的"劲"（如虎之猛）和"形"（如虎爪），又取鹤的"象"（如鹤嘴啄食）和"意"（如鹤的灵秀飘逸），故称虎鹤双形拳。手型有拳、掌、指、爪、钩，手法有抛、挂、撞、插等，步型有弓步、马步、跑步、虚步、独立步和麒麟步等，步法讲究落地生根，身型注重挺拔端庄。整套动作既吸取佛家拳的凌厉攻势，又吸取洪家拳的严密守势，拳势威武，刚柔并用，长短兼施，为黄飞鸿一门之代表拳法。

附：虎鹤双形拳拳法分解

第一式：龙虎出现

第二式：二虎藏踪

第三式：伏虎藏龙

第四式：美人照镜

第五式：斜风摆柳

第六式：袖里藏花

第七式：指定中原

第八式：乌龙戏水

第九式：四指撑天

第十式：摇龙归洞

第十一式：乌龙吐珠

第十二式：风箱拳法

第十三式：四平大马

第十四式：双提日月

第十五式：乌鸦晾翼

第十六式：双弓插花

第十七式：宝鸭穿莲

第十八式：双龙出海

第十九式：金桥相定

第二十式：左运柔桥

第二十一式：右运柔桥

第二十二式：水底捞月

第二十三式：霸王举鼎

第二十四式：飞鸿敛翼

第二十五式：双剑切桥

第二十六式：左手破排

第二十七式：右手破排

第二十八式：双弓伏虎

第二十九式：猫儿洗面

第三十式：白马献蹄

第三十一式：伏虎连珠

第三十二式：子午珠桥

第三十三式：沉桥串掌

第三十四式：指尾撑天

第三十五式：坐马单桥

第三十六式：进马出掌

第三十七式：玄坛伏虎
第三十八式：金刚出洞
第三十九式：削竹连枝
第四十式：拔草寻蛇
第四十一式：浪里抛球
第四十二式：魁星踢斗
第四十三式：双弓抱月
第四十四式：童子拜佛
第四十五式：猛虎负嵎
第四十六式：虎眼豹捶
第四十七式：独臂单桥
第四十八式：进马冲拳
第四十九式：单工千字
第五十式：双工千字
第五十一式：双挂捶法
第五十二式：挂捶双落
第五十三式：通天拳势

第五十四式：连环通天
第五十五式：八分箭拳
第五十六式：还魂拳法
第五十七式：吊脚千字
第五十八式：转身撇竹
第五十九式：铁门闩捶
第六十式：蝴蝶分飞
第六十一式：饿虎擒羊
第六十二式：单虎出洞
第六十三式：猛虎下山
第六十四式：虎凭豻狼
第六十五式：带马归槽
第六十六式：手扳丹桂
第六十七式：跌荡麒麟
第六十八式：膀手沉腰
第六十九式：指手问题
第七十式：水浪抛球

图2-1-13　第七十式：水浪抛球（林世荣演示，钟伟明提供原版照片）

第七十一式：袖里冲捶

第七十二式：鹤咀沉静

第七十三式：还魂饱鹤

第七十四式：独脚飞鹤

第七十五式：独脚饿鹤

第七十六式：饿鹤寻虾

第七十七式：右鹤顶法

第七十八式：左鹤顶法

第七十九式：乌龙摆尾

第八十式：罗汉晒尸

第八十一式：卞庄擒虎

第八十二式：醉酒八仙

第八十三式：罗汉出洞

第八十四式：单指引手

第八十五式：一星抛捶

第八十六式：二星抛捶

第八十七式：连环责窅

第八十八式：连环扣撞

第八十九式：颏底箭拳

第九十式：拗弹脚法

第九十一式：连环火箭

第九十二式：铁扫把脚

第九十三式：猴子偷桃

第九十四式：黑虎爪法

第九十五式：金龙献爪

第九十六式：十字分金

第九十七式：金星挂角

第九十八式：猛虎推山

第九十九式：日字搻箭

第一〇〇式：雁落平沙

第一〇一式：双飞蝴蝶

第一〇二式：扭马冲捶

第一〇三式：走麒麟步

第一〇四式：之字蝶掌

第一〇五式：蝶掌连环

第一〇六式：月影手脚

第一〇七式：龙藏虎跃

第一〇八式：猛虎扒沙

第一〇九式：虎豹双拳

第一一〇式：穿桥归洞

第一一一式：单龙出海

第一一二式：虎鹤齐鸣

三、铁线拳

铁线拳，又叫洪家铁线拳，属洪拳内功手法，专为锻炼桥手之用，是铁桥三的绝技，后由铁桥三徒弟林福成传授给黄飞鸿。

铁线拳是洪拳的代表拳术，以运动肢干、畅通血脉为主，具有壮魄健体、反弱为强的功能。其大纲不外分为外膀手与内膀手两式：外膀手属外功，即手、眼、身、腰、马；内膀手属内功，即心、神、意、气、力。它以刚、柔、逼、直、分、定、寸、提、留、运、制、订十二支桥手为经纬，阴阳并用，以气透劲，又以二字钳羊马势保固腰肾。练此拳法要求动中有静、静中有动，放而不放、留而不留，疾而不乱、徐而不弛，无论男女老少，皆能习之，恒久练习，有祛病延年之效。

附：铁线拳拳法分解

第一式：敬礼开拳　　　　　　第六式：左右寸桥

第二式：二虎潜踪　　　　　　第七式：三度珠桥

第三式：双剑切桥　　　　　　第八式：大仙拱手

第四式：老僧挑担　　　　　　第九式：二字拑阳马

第五式：惊鸿敛翼　　　　　　第十式：掩护丹田

图2-1-14　第二十六式：柔桥内膀（林世荣演示，钟伟明提供原版照片）　　　图2-1-15　第二十八式：订桥（林世荣演示，钟伟明提供原版照片）

第十一式：抽手护胸

第十二式：两手遮天

第十三式：秦琼献铜

第十四式：饿鹰扑食

第十五式：迫桥

第十六式：定金桥

第十七式：虎啸龙吟

第十八式：双寸桥

第十九式：制桥

第二十式：分金捶

第二十一式：二虎潜踪

第二十二式：扇面子午

第二十三式：开弓射雕

第二十四式：外膀手

第二十五式：外膀手二

第二十六式：柔桥内膀

第二十七式：内膀

第二十八式：订桥

第二十九式：柔桥

第三十式：遮头

第三十一式：托掌

第三十二式：定金桥

第三十三式：侧身寸桥

第三十四式：制桥

第三十五式：分金桥

第三十六式：扇面子午

图2-1-16
第三十式：遮头
（林世荣演示，
钟伟明提供原版
照片）

图2-1-17
第三十一式：托
掌（林世荣演
示，钟伟明提供
原版照片）

图2-1-18
第三十二式：定
金桥（林世荣演
示，钟伟明提供
原版照片）

第三十七式：开弓射雕

第三十八式：外膀手

第三十九式：外膀手二

第四十式：柔桥内膀

第四十一式：内膀

第四十二式：订桥

第四十三式：柔桥

第四十四式：遮头

第四十五式：托掌

第四十六式：定金桥

第四十七式：侧身寸桥

第四十八式：制桥

第四十九式：分金桥

第五十式：扇面十字手

第五十一式：双遮手

第五十二式：白虎献掌

第五十三式：猛虎爬沙

第五十四式：定金桥

第五十五式：虎啸龙吟

第五十六式：双寸桥

第五十七式：制桥

第五十八式：分金拳

第五十九式：二虎潜踪

第六十式：麒麟步

第六十一式：夹木捶

第六十二式：提壶敬酒

图2-1-19
第三十三式：侧身寸桥（林世荣演示，钟伟明提供原版照片）

图2-1-20
第三十四式：制桥（林世荣演示，钟伟明提供原版照片）

图2-1-21
第三十六式：扇面子午（林世荣演示，钟伟明提供原版照片）

第六十三式：横割手

第六十四式：内膀手

第六十五式：内膀柔桥

第六十六式：内膀柔桥

第六十七式：遮顶

第六十八式：托掌

第六十九式：虎啸龙吟

第七十式：寸桥

第七十一式：制桥

第七十二式：分金捶

第七十三式：十字手

第七十四式：遮天

第七十五式：飞鸿敛翼

第七十六式：韦驮献杖

第七十七式：双遮头

第七十八式：迫桥

第七十九式：定金桥

第八十式：双寸桥

第八十一式：十字手

第八十二式：分金拳

第八十三式：二虎潜踪

第八十四式：收式

图2-1-22　第八十二式：分金拳（林世荣演示，钟伟明提供原版照片）

四、五郎八卦棍

林世荣在《林世荣工字伏虎拳书》中附载八卦棍法和口诀，全文如下：

八卦棍法

此棍法由五台山杨五郎教习，将枪易棍，内有六十四点棍法，一图而生两仪，两仪而生四象，四象而生八卦，有内八卦有外八卦，八八六十四点。林世荣擅用左棍，班中六点半共七十点零半点，此棍法将棍搭于左膊，左脚用吊马，收胸拱手见礼，用右手一指划眉手，一通天捶拉左脚铲一脚，一小跳中捶打出子午马，拉后脚落四平马顶睁一撇，小跳棍用平山三坛，大展黄旗连转美女撑舟，一小跳兜棍，上平山三坛，即一图棍法开两仪，大运星小运星，一抽一攻一坛，一大棒打归后平山三坛，大运星小运星，一大捧打归后连转落地金钱，一小跳制棍踏脚一跳，转身归后单枪独马，一枪一揭三勾，偷马进步败左马归前棍一抽，再败落四平，一坛三勾连一跳三孖圈，即缠技棍也。套枪一标棍连转左棍六点半，中枪向正枪揭两勾，一踢一冚又枪揭两勾，向正角一挑棍

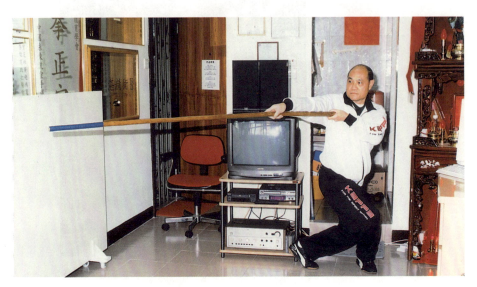

图2-1-23　李灿窝演示五郎八卦辊（朱培健摄）

归左角，枪揭二匀，一抽一攻套抢一标，转回右枪。大运星小运星即两仪棍法，连转四象棍法一拨一抽。阳枪即演胸，阴枪即佗背。上马一兜两兜，一𠮶两𠮶是为双夹单棍法。滴水一坛，一大捧打后，挑棍转身小跳一标，名为下马锁喉枪。立身一坛，再一拨一抽阳枪。阴枪用棍头一兜两兜，一𠮶两𠮶滴水遮栏。一坛小太极打归左角，即大展黄旗之法。上马一坛，收棍吊脚标龙套枪，一揭一攻收棍拉鱼尾脚向右角吊脚，标龙套枪一揭一攻立正四平马，左扫右扫棍是为外八卦棍法。车身连转太极图，何为太极？一个大圈连人带马车身一转是为八卦，正中太极一坛用先锋脚行先，归后三缠枝棍，再用后脚行先，三缠枝，一小跳进马标枪，败马车身用量天棍，一𠮶是为内八卦，一抽一制棍，棍头到地如打虎扒一般，小跳一兜棍，一𠮶见礼收棍。

五郎八卦棍口诀

平生擅打无情棍，下马金枪见阎王。

太极将来两便摆，运星一去胆心寒。

生生死死正门入，引起偏门法更长。

浪棍打来无用处，独地扶持打脑浆。

麒麟步走如飞马，阴阳捷打影无寻。

缠枝一抽魂不在，但凡摆救煞偏门。

量天尺击桥手落，提转正门伏死他。

锁喉枪到无些剩，拖打偏门退救长。

务习纯熟为根本，莫失威仪在志诚。[1]

第三节　黄飞鸿的绝技

黄飞鸿是洪拳宗师，以虎鹤双形拳、铁线拳、工字伏虎拳、五郎八卦

---

[1]　原载林世荣：《林世荣工字伏虎拳书》，1936年。

棍、子母刀等著名，黄飞鸿的成名绝技很多，其中飞砣入埕、采高青、无影脚等已是登峰造极。

黄飞鸿的亲人和徒弟披露了这些绝技的特点。

一、无影脚

黄飞鸿的妻子莫桂兰说："他的无影脚，变幻无穷，快如闪电，简直难以触摸。无影脚我是得他真传的，但只在危急时应用，因为脚法相当阴毒，出则必中下阴，为夺命奇招。"

黄飞鸿的儿子黄汉熙说，黄飞鸿的无影脚很少很少使用，几乎只在迫不得已的关头才展露一下，但是却不容易学。他（黄汉熙）和莫桂兰都学过，虽知其法，却不如黄飞鸿运用之巧，因为要有好的单头脚（独脚）的基础。

黄飞鸿的徒弟简民英说，无影脚是在贴身搏斗时使用，以对方双脚胫节上、下五寸处为目标，由脚至中鹄，过程全长不逾二尺。因起脚快，过程短，目不能及，故称"无影"。上、下五寸是人体最敏感部位之一，以指稍稍扣之即痛，故一旦中脚即战斗能力尽失。

综上所述，黄飞鸿的无影脚快如闪电，攻击的位置、手法变幻无穷，令人防不胜防，是黄飞鸿综合能力的反映。

二、飞砣

飞砣就是用线连着一块铁镖的软兵器。在武林中练飞砣的人不少，但练得好的不多。

莫桂兰说："他玩的飞砣（一块尖的铁锤，用绳连着），有百步穿杨之妙，能在远距离把砣打入一个横放的酒埕里，把放在酒埕内之目的物打中而不接埕口的分毫。因为他的飞砣百发百中，是以舞狮采青的时候，任何高青都难他不倒，只要他从狮口中把手一扬（名为'朝天一炷香'），砣便笔直而上，便能到达挂在高达四楼的青，砣上尽一圈，青便应手而得，简单之至。本来我也打算苦练这套绝技的，但飞砣太难学、太危险，常常自伤身体，所以放弃了。"

黄汉熙说："黄飞鸿生前常被邀表演，他有一手飞砣，锻炼得颇好，其中一个名堂叫作'朝天一炷香'，这就是将飞砣舞到起劲时，突然飞砣向上一冲，砣绳挺直，停在半空约达一分钟之久。另外一个名堂是'落地连枝'，也是将飞行中的飞砣突然放

图2-1-24 黄飞鸿使用的飞砣（复制品，佛山黄飞鸿纪念馆收藏）

在地上，砣绳直挺，黄飞鸿只用手在砣的一端握住，绳与砣像一支竹竿一样被拿了起来。"

1919年4月9日下午，黄飞鸿应邀参加了广东精武会在海珠戏院举行的成立大会并表演了飞砣，技惊四座。

三、点穴

点穴，在广州和佛山等地通常被称为点脉，因为可以伤人于无形，很难医治，所以在武林各派中均被列为禁术。笔者看过一本佛山某拳派的《点穴秘本》，在开篇时称："看此穴书千祈不可妄传与人，致损阴鸷，若与自己结怨，亦不可任意起手点他穴，情要存心半点，以免绝嗣。学者须谨记先师之言，方不致有负先师之苦心苦口矣，致嘱。"叶问的儿子叶正曾向笔者

提供过一本叶问收藏的秘本，该书在《先师秘传总诀》中有关于点穴术的记载，其中有言："书不可乱传无义无信之人，紧记之。师有诗四句云：'江湖一点红，莫对亲朋说；若对无义说，七孔皆流血。'"可见点穴术在武林中是严禁外传的，能掌握者少之又少。

据传黄飞鸿是点穴大家。黄飞鸿的太太莫桂兰曾对采访她的记者说："黄飞鸿是懂得轻功和点穴法的，照我记忆所及，有一次黄飞鸿见一个摆街档的小孩子常常被衙差们欺负，把他卖马蹄的玻璃缸踢翻，孩子啼哭不已，黄飞鸿看不过眼，便扶起那个小孩子，斥责那些衙差的不是。那些衙差大怒，骂黄飞鸿做架梁子，要拉要锁，声势汹汹。黄飞鸿是一个不好生事的人，打发了那个孩子后，便一个翻身，跳上一家居民的阁楼离去无踪，而避免了一场打斗。至于点穴之法，是存在的，除了解人生全身之穴度外，更有已编成诗歌之要诀，点人穴者要对方只活一年便活一年，只活三年便活三年，故在我学的时候曾下毒誓，不能外传。点穴法是要失传的了。"[1]从莫桂兰起就不再外传，由此看来，黄飞鸿点穴技艺现在已经失传了。

黄飞鸿创制的"通脉丹""通脉泻瘀白蜡丸"，是医治脉门受伤的成药。这些药能行销，说明这类患者在当时还是有不少的。

四、狮艺

黄飞鸿武艺高强，狮艺也十分了得，他所舞的狮是黑狮，但对狮头进行了改造，特色是青鼻、铁角、长须，狮被黑白相间，使用七星鼓法。黄飞鸿认为铁角有利于打斗，长须显得斯文些。黄飞鸿舞狮以擅长表演狮子出洞、狮子上楼台等套路著称，而飞砣采青是他的拿手绝技。

《黄飞鸿之子黄汉熙口述黄飞鸿传奇》中提道："关于舞狮，黄飞鸿有

---

① 林润强：《黄飞鸿之遗孀述黄飞鸿》，香港《真功夫》，1973年，第42页。

独特的修养，他从狮子睡醒时开始，一直表演到这只狮子偷食被逐，后来醉倒复醒的过程，每一动作都非常生动。"①

黄飞鸿擅长飞砣，他在舞狮时较好地融入了飞砣绝技，任何高青都难不倒他，只要他从狮口中把手一扬，飞砣便笔直而上，砣绳转一圈能采到挂在四楼的青，拉回到狮口中。

图2-1-25　黄飞鸿所舞的黑狮复制品（李灿窝演示，朱培健摄）

① 孙毅：《黄飞鸿之子黄汉熙口述黄飞鸿传奇》，香港《新晚报》1957年3月15日。

第四节　黄飞鸿的医术

　　黄飞鸿不但是一个杰出的武术家，也是一个医术超凡的大夫。据传，佛山武林医药博大精深，在佛山的医药秘籍主要分两大系统：一是多年来已经在佛山扎根的，包括琼花会馆，被称为"班中"的洪拳系统，对外自称少林，黄飞鸿属这一系统，传下来的医药秘籍内容有相似之处；二是鸿胜馆系统，是张炎[①]于1851年到佛山后发展起来的，从医药秘籍内容看也有一定的识别度。

　　黄飞鸿宝芝林大堂正中有一个牌匾，上有"医艺精通"四个大字，这个木匾在广州商团暴乱时被烧毁，但文字内容登载在莫桂兰将宝芝林迁回广州太平南路晏公街公信巷的开业宣传单上，成为研究黄飞鸿生平特别是医术的重要实物资料。

　　"医艺精通"牌匾，是刘永福请两广总督张之洞题写的。据黄汉熙介绍，黄飞鸿与刘永福有很深的交情，缘起于黄飞鸿为刘永福医治腿疾。有一次刘永福追贼时摔伤了腿，造成麒麟骹（髋关节）脱臼，伤处奇痛，请了很多跌打名医诊治都未治好，原来刘永福极怕痛，不准医生用手碰伤处，如医治过程导致疼痛则治重罪，使众多名医束手无策，纷纷躲避。以致一再延误，病情十分严重。后来，刘永福的先锋罗德谦[②]介绍黄飞鸿为其医治。一开始黄飞鸿了解刘永福的病情后，知道治病不难，难的是施治过程不可能没有痛楚。后来，经过深思熟虑，黄飞鸿还是想出了治疗方案。他先是通过沟通稳定刘永福的情绪，又和罗德谦商量好治疗的步骤。随后，黄飞鸿先为刘永福敷药止痛，趁刘永福有些紧张的身体有所放松之时，突然发力向刘永福患部一拍，大声说："刘将军，我看没有问题了，现在脱臼的关节已接

---

　　①　佛山鸿胜馆创办人。

　　②　朱愚斋称此人为陈泰钧。

驳回原位，敷药后很快就会痊愈，你就可以行走了。"虽然刘永福痛得死去活来，但看到黄飞鸿确是专心为其治疗，而且痛楚慢慢减轻，就不但没有责备，反而称赞黄飞鸿有胆识。刘永福受伤的腿就此慢慢痊愈。事后，刘永福称赞说："你的跌打医术了不起，西人说医术如何高强，对于跌打方面他们再过数十年都不及我国，遇到我的情况，如果给西人医，西人就可能把我的脚锯断了。"为此，刘永福特别请上司张之洞书写了"医艺精通"木匾赠送给黄飞鸿，以示感谢。黄飞鸿为刘永福治疗的事，莫桂兰、朱愚斋等在有关文章和书籍中也有提及。

后来，黄飞鸿在刘永福手下做过探员、炮台指挥、技击总教习等职，两人的友谊一直延续了近三十年。

黄飞鸿仅读过一年书，文化水平不高，其医术除传自黄麒英外，还得到林福成的"少林"医术真传。在制药方面，黄飞鸿也有很高的造诣，这在莫桂兰将宝芝林迁回广州太平南路晏公街公信巷的开业宣传单上，可看到一些端倪。传单上共介绍了四种由黄飞鸿传给莫桂兰秘方配制的成药：一是"通脉丹"，治点伤、误伤脉门，气门受伤昏迷失音，调理五脏六腑，气血受伤等

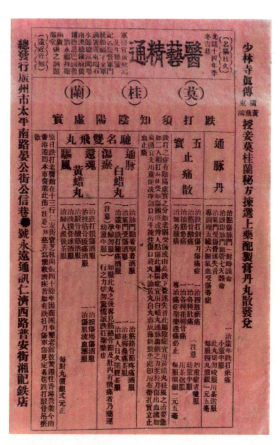

图2-1-26　莫桂兰将宝芝林迁回广州时的开业宣传单（李灿窝提供）

症；二是"五宝止痛散"，治跌打创伤刀伤痛症、筋骨酸痛、抽筋急痛、无名肿痛、四肢瘀痛，各种肚痛，各种花柳骨痛；三是"通脉泻瘀白蜡丸"，治脉门点着击着、气门受伤、远年跌打肿痛；四是"还魂驱风黄蜡丸"，治跌打损伤、挫筋骨酸痛、驳骨续筋、跌扑昏迷、担伤劳伤、伤肌流血。点伤误伤脉门、气门受伤昏迷失音、五脏六腑气血受伤等都不是一般的小伤小病，即使在今天也不见得有能治这些伤病的成药，而且上述几种成药仅是黄飞鸿创制的成药中的一小部分。

事实上，黄飞鸿自开办宝芝林之后，主要还是靠行医维持生计。那个年代，纵使有一身高强的武艺，鬻技谋生也是很难的。

第二章　黄飞鸿武术的传承

黄飞鸿的武艺分别传自陆亚彩、黄泰、黄麒英和梁坤（铁桥三）、林福成。

黄飞鸿的徒弟分别有陆正刚、梁宽、凌云阶、陈殿标、帅老郁、帅老彦、林世荣、冯学标、伍文琚、伍铨萃、夏重民、吴仁湖、邓秀琼、禤镜洲、邝祺添、简民英、邓芳。

黄飞鸿家传的有其夫人莫桂兰，儿子黄汉林、黄汉森、黄汉枢、黄汉熙。

第一节　主要传人

陆正刚

陆正刚是黄飞鸿的第一个徒弟，年龄比黄飞鸿还要大。陆正刚原来是个染布工人，因故被雇主辞退，流浪街头。后结识在街头卖武的黄飞鸿，拜年仅十五岁的黄飞鸿为师，跟随黄飞鸿出外卖武。

学成之后，陆正刚去香港谋生，在香港荷李活道开设武馆，在教拳的同时兼营跌打。

梁宽

梁宽，原是广州昌隆铜铁器店的学徒，因为家里贫穷，交不起束脩，只能到黄飞鸿的武馆偷师，被黄飞鸿发现。黄飞鸿看到他有很高的

学武天赋，就免费收他为徒，并将他收为入室弟子。梁宽在当时的师兄弟中较为突出，深得黄飞鸿器重，尽得黄飞鸿真传。后来，黄飞鸿还将无影脚、飞砣等绝技传给梁宽。梁宽狮艺亦极为精湛，有黄飞鸿八九成功力。

黄飞鸿担任"三栏"（果栏、菜栏、咸鱼栏）行武术教练，梁宽也追随黄飞鸿前往"三栏"担任助教，后来还出任主教。在他如日中天的时候，突然因病去世，年仅二十五岁。

凌云阶

图2-2-1 凌云阶

凌云阶是黄飞鸿的亲戚及早期弟子，年纪比黄飞鸿小几岁，是黄飞鸿的得意弟子之一，以棍法出名。在清末时，凌云阶因为在墟场代人出头，惹来仇人登门寻衅，打斗时杀伤来犯者，被迫逃到香港，在红磡黄埔船坞做搬运、打铁等工作，居于横头磡老虎岩（今称乐富），并于横头磡一带授武。

当时黄飞鸿因担心凌云阶势单力薄，派了弟子简民英和邝祺添从广东来港照顾他，后来简民英和邝祺添亦跟随凌云阶习武。凌云阶门徒有梁林及梁础良等，至今在香港仍有传人。

陈殿标

陈殿标，别名陈锦泉，是黄飞鸿的得意弟子，也是为数不多的得传黄飞鸿"无影脚"绝技的弟子。陈殿标受刘永福赏识，被推荐到广西提督苏元春部任技击教练。因陈殿标到广西时，苏元春已不再任职，陈殿标未能任职，只好在广西开设武馆授徒。后官府怀疑陈殿标是三合会同党，聚众图谋不轨，就下令缉捕。陈殿标只好逃往越南，改名为陈锦泉。直到民国年间，陈殿标才返回广东，最后定居在香港油麻地，设馆授徒。

帅老郁

黄飞鸿的早期弟子，与其侄帅老彦都是故衣商人，两人同时拜黄飞鸿为师，均为黄飞鸿得意弟子，晚年又一起开设武馆，门人众多。

帅老彦

黄飞鸿的早期弟子，帅老郁之侄，叔侄同拜黄飞鸿，同开武馆。

林世荣

林世荣（1861—1943），武术家，1861年出生于广东南海平洲平北西河村，幼随祖父习家传武术，少年曾在屠猪店里当伙计，后师从钟洪山等名师，并师从黄飞鸿二十余载。

林世荣祖父林伯善是武技人家。祖父疼爱世荣，将自己学到的"行月刀""流金铛""蝴蝶掌"悉数教给他，后又让世荣拜自己的好友、洪拳高手胡金星为师，学习"六点半棍"及"箭掌算盘拳"等诸法。林世荣臂力锐进，能背数百斤沙袋，以大力闻名于乡间。

林世荣虽然有力气，却始终难找到一份满意工作，后偶然经过广州源记屠场，屠场老板见他生得牛高马大，体力充沛，便将他纳入店中帮忙。

由于林世荣干活很卖力，不满一年他就升为主屠，不用亲自杀猪，专门管理屠场工作。其间，"猪肉荣"的绰号也被流传开来。后来，林世荣又遇见黄飞鸿，拜其门下。

林世荣在广州陈塘设馆授徒，曾任福军武术总教练，并于清末参加广州大型武术比赛，获第一名。1921年，广州孤儿院发起慈善筹款，林世荣到场表演武术，受到孙中山先生称赞，孙中山以大总统名义向他颁发银质奖章。

林世荣在广州开过三家武馆，20世纪20年代迁居香港以传授武术为业，并在当时开广东拳师公开刊印拳谱、武术套路写作的先河。1930年以后，先后刊行《工字伏虎拳》《虎鹤双形拳》《铁线拳》等拳谱，在海内外产生了很大影响。

宣统年间，广州乐善戏院护卫李世桂嫉妒林世荣的声名，伺机偷袭。一天，林世荣携徒弟前往看戏，不料一进门对方就大打出手。林世荣以石子击碎院内的大光灯，趁黑暗突围出去。戏院主事出花红悬赏捉拿林世荣。林只好远走他乡，后辗转来到香港。

林世荣到香港后，依然设馆授徒，晚年时和徒弟朱愚斋等人立下决心，著书立说，写下《工字伏虎拳》《铁线拳》《虎鹤双形拳》等书籍，公开发行。此举开了拳术套路写作之先河，为广东武术界之创举。之所以称为"创举"，是因为当时武术界大多故步自封，不以技示人：三更起练，五更收场，生怕人家偷看；教六留四，生怕人家全学去了。千百年来，广东武术套路书籍更是凤毛麟角，纵使有书，也被视为秘本。

其亲侄林祖，尽得叔父真传。另有门徒朱愚斋等，协助出版拳谱。朱愚斋还出版了《粤派大师黄飞鸿别传》，使黄飞鸿扬名于海内外。林世荣在香港沦陷期间回家乡南海平洲，1943年于平洲病逝，享年八十三岁。

林世荣的主要徒弟有林祖、车江、胡立峰、邓义、朱愚斋、张士标、何燕棠、欧阳宙、韩聪、吴少泉、黄文启、毛庚、林子实、韩开、黄长、陈伯祺、王生、谭耀邦、刘湛、李彰德、陆镜荣、廖伟、李松江、梁永亨、钟关令、陈伟杰、刘象恩、欧阳文、黄丽云、黄香、陈道生、麦阳辉、陈汉宗、梅炎秋、郑麟书、李坚、车志雄、李学进、白学、陈达龄、袁景光、李海明、陈进福、黄永庄、赵雪从、高锦容、邓衍才、白玉堂、陈佑芝、孔怀、赵教、潘贵一、关坤、韦少白等。

图2-2-2 林世荣（林镇成提供）

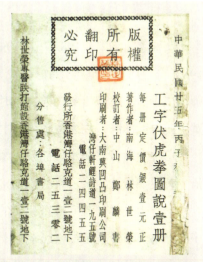

图2-2-3 林世荣著作《林世荣工字伏虎拳书》版权页（佛山黄飞鸿纪念馆收藏）

冯学标

黄飞鸿的成名弟子。冯学标乳名阿灿，因在鱼栏做伙计，故人称卖鱼灿。他原来同林世荣一起随钟洪山学武，后又拜黄飞鸿为师，学成后在广州、香港设馆，有众多门徒。

冯学标曾遭歹徒勒索，幸得黄飞鸿派徒弟凌云阶等出手相助才脱险。自此，冯学标拜入黄飞鸿门下。

图2-2-4 冯学标

莫桂兰

莫桂兰（1891—1982），广东省高要县人，生于1891年10月15日，殁于1982年11月3日，享年九十一岁。莫桂兰自幼习武，十六岁时已成为跌打医师，二十多岁时嫁给黄飞鸿，当时黄飞鸿已经接近六十岁了。莫桂兰此后随黄飞鸿习武学医，成为黄飞鸿的主要衣钵传人之一。

莫桂兰对黄飞鸿由敬而爱，婚后一改从前刚猛的性情，夫妇二人感情融洽。黄飞鸿授武之余，精心挑选接近妻子性情的武艺，倾囊相授。黄飞鸿以女子的腕力较弱，难发挥重兵器的长处，便授以"子母刀"。黄飞鸿又以妻子的体格和胆量，传授铁线拳、十字梅花剑、五郎八卦棍和虎鹤双形拳等。

莫桂兰领悟力极强，学习勤奋用心，在黄飞鸿的悉心训迪下，武技亦不下于黄飞鸿门下的各个出色弟子，同样享有盛名。

图2-2-5 莫桂兰（原载香港《真功夫》1976年第1辑第6期）

黄飞鸿去世后，莫桂兰一度将宝芝林迁到香港，之后又迁回广州市太平南路晏公街公信巷。不久，又结束宝芝林业务，在邓芳开设的义勇堂教拳。后在林世荣、邓秀琼的帮助下，莫桂兰偕黄飞鸿的两个儿子移居香港。莫桂兰到了香港后，在高士打道悬挂"黄飞鸿授妻莫桂兰精医跌打"招牌。1936年，又组织开办了"黄飞鸿国术馆"。她在开武馆的过程中遇到了很多困难，她辗转香港多个地方，数易其

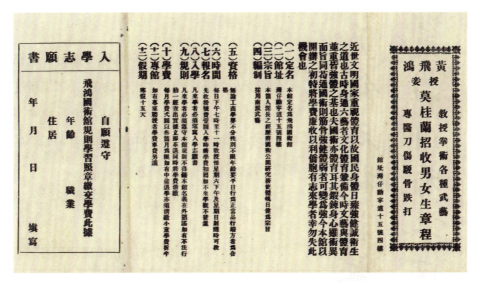

图2-2-6　莫桂兰在20世纪30年代赴香港，并在湾仔菲林明道创办黄飞鸿国术馆，图为招生章程（李灿窝捐赠，佛山黄飞鸿纪念馆收藏）

址，先后在湾仔菲林明道、骆克道、轩尼诗道及铜锣湾、筲箕湾等地设馆，继承并发扬黄飞鸿的武技。

1949年，由关德兴首演、胡鹏执导的第一部有关黄飞鸿的电影《黄飞鸿鞭风灭烛》拍摄，特邀莫桂兰和黄飞鸿的儿子黄汉熙担任顾问。莫桂兰在电影中有过一段表演。

莫桂兰在香港传授黄飞鸿的武艺近五十年，前后授徒约千人，直至1980年，年近九十岁时才退休。她主要的徒弟有陈南、陈华、尹应槐、马炽江、陈北雄、陈灿枝、李吉初、何淑英、李瑞甜、李灿窝、李瑞好、胡锡洪、刘维昌、黄中汉、林社炳、梁桥、黄胜祥、何楚泉、梁细、林新荣、李恒义、王苏、何然、姜贤、彭兆、胡柏勤、周苏、苏子俊、彭振声、苏永耀、何锦棠、陈荫、陈超荣、曾浩祥、陈卓彬、林汝滔、林炜坚、陈铭炎、李志强、温志佳、陆伟强、周月明、陈子平、陈子硕、彭祥带、尹松庆、尹杨基、欧阳惠慈、袁启光等。

图2-2-7 伍文琯书法

图2-2-8 伍铨萃

伍文琯

伍文琯，原名汝桐，字凤轩，佛山市顺德区水藤乡人。清光绪十六年（1890）庚寅恩科进士，清光绪十八年（1892）补应朝考，取列一等，改翰林院庶吉士，任四川仪陇知县等职。后辞职回粤，其间拜黄飞鸿为师。

伍铨萃

伍铨萃（1863—1932），清末民初学者、书法家、官员。字选青，号叔葆，室名葆庵，广东新会人。光绪十八年（1892）壬辰科进士，散馆授编修。光绪二十七年（1901），充广西乡试副考官。官至湖北郧阳知府。精通医学，创办广东光汉中医专门学校，任校长。

伍铨萃在广州曾拜黄飞鸿为师。伍铨萃在随黄飞鸿习武时专门为宝芝林撰写了一副对联，联曰"宝剑凌霄汉，芝花遍上林"。

夏重民

夏重民（1885—1922），广东省广州市花都区人，中国近代民主革命家，黄飞鸿晚年时所收的弟子。夏重民早年东渡日本，加入中国同盟会，1911年回国任上海《天铎报》撰述，1912年任中国同盟会广东支部长。护国战争期间，孙中山委任夏重民为中华革命党加拿大联络委员，并任该地《新国民报》主笔，组织华侨义勇团及航空队回国，率部进取山东。1917年9月，夏重民离穗赴港创办《香港晨报》。1918年1月4日凌晨，孙中山直接指挥同安、豫章两舰炮轰观音山（现广州越秀山）广东督军署，夏重民跟随孙中山，参与决策。1919年，夏重民赴上海组办《上海晨报》。1920年粤军回粤，夏重民被任为第二军别动队司令，参加讨伐桂军，后任广三铁路局局长。1922年，孙中山回粤，任

图2-2-9　夏重民

夏重民为广三铁路警备司令。同年6月16日，夏重民被叛将杨坤如捕获，6月19日被害，遗体被投入河中，时年三十八岁。1924年，被国民政府追赠陆军中将。孙中山先生命建纪念碑于石围塘。

吴仁湖

吴仁湖为李福林的福军（后改编为国民革命军第五军）统领，与其妾邓秀琼同拜黄飞鸿为师。是黄飞鸿的好友，后又聘林世荣为福军教练。

邓秀琼

邓秀琼是佛山市顺德区人，为黄飞鸿唯一的女弟子。因其夫吴仁湖经常与黄飞鸿来往，邓秀琼结识了莫桂兰，并拜黄飞鸿为师，学习武术和狮艺。邓秀琼和莫桂兰组成女子狮队，由邓秀琼舞狮头，莫桂兰舞狮尾。其狮队在广州和香港颇有名气。

图2-2-10　邓秀琼（李灿窝提供）

禤镜洲

禤镜洲，黄飞鸿晚年时所收的弟子，是较为出色的后期弟子之一。学成后在澳门设馆授徒，是第一个在澳门传授黄飞鸿武艺的人，也是白鹤派名家吴肇钟的开山师父。

邝祺添

邝祺添是黄飞鸿晚年时所收的弟子，学成后受黄飞鸿指派，赴香港协助凌云阶开办武馆，以后一直在香港授徒。

图2-2-11　禤镜洲（阮有钱提供）

图2-2-12　邝祺添（李灿窝提供）

简民英

简民英是黄飞鸿晚年时所收的弟子，后来受黄飞鸿指派，赴香港协助凌云阶处理武馆事务，又协助凌云阶授徒，以后一直在香港定居。

图2-2-13　简民英（李灿窝提供）

邓芳

邓芳（1879—1955），广东省三水县（现佛山市三水区）白坭镇人。邓芳自幼在乡中跟随父亲学习武艺和医术，成长后到广州长寿里的德星里黄佑武馆习艺，随后到华林寺①跟随冼灵大师习艺。

图2-2-14　邓芳（阮有钱、黄国斌提供）

据邓芳的徒弟何立天、周永德及阮凌的弟子曾照明、彭贵荣、阮有钱介绍，邓芳与林世荣是好朋友，两人常在一起交流技艺，邓芳看到林世荣练习虎鹤双形拳，就想向林世荣学习。林世荣说这套拳暂不能外传，就将邓芳推荐给资历较老的师兄帅老郁、帅老彦叔侄，请他们引荐邓芳拜黄飞鸿为师学艺。当时，黄飞鸿由于种种原因心灰意冷，暂不想再教拳，就让其随师兄林世荣习武。后来，黄飞鸿见邓芳学得不错，就亲自教导并传其跌打医术，学成之后，经黄飞鸿允许在西关带河路设馆授徒，创立义勇堂，择徒授技，名震一时，有"西关老虎"之誉。

邓芳技艺高超，有一次，在上西关财神庙举办首炮活动，翁和堂帅老郁与锦纶堂袁开因争夺头炮而大打出手。刚巧林世荣以及邓芳、邓二、关坤也来凑热闹，见翁和堂的人被困，便上前相助。邓芳如初生之犊，毫不畏怯，独力应付袁开，不到一回合便把袁开击倒在地上，而袁开的首徒也被关坤重创，一时令邓芳声名大噪。还有一次，林世荣在乐善戏院被围攻，邓芳也在场并协助林世荣等人冲出。这一战死伤无数，因而邓芳被清政府通缉，其后邓芳去了南洋吉隆坡发展，在宋溪山的锡矿场管治矿工两年。清政府被

---

① 念佛山人在《莫桂兰发扬黄飞鸿洪拳》中称之为长寿寺。

推翻后，邓芳重回西关，与邓二在广州带河路设馆授拳。当时男女平等风气已开，有不少女子想学拳和舞狮，邓芳就把义勇堂扩充，设立女子部，由莫桂兰、邓秀琼任教，组建了女狮子团，开女子在社会上公开表演舞狮先河。

邓芳的徒弟有很多，较著名的有何立天、周永德、吴发、古锦、阮凌、刘启东、陈新发、黄祖、张瑞贵等。

林祖

林祖，字冠球，南海平洲人，生于1910年。林祖的父亲是清廷的官员，时值兵荒马乱，林祖刚出生时其父亲就离开家庭，随后其母也出走了，自此皆杳无音信。林祖的姐姐无力抚养，就把刚出生一两个月的林祖送给亲叔林世荣抚养。林祖过继给林世荣几年后，林世荣的亲生儿子出世，但不久夭

图2-2-15　林祖在1998年接受笔者采访后留影

图2-2-16　世界各地传人为林祖贺寿（林祖在1998年提供）

折。林祖在年幼时虽也被送去戏班学艺练武，但不久就被林世荣接回家中。自此一直随林世荣生活和习武，尽得真传。到林祖十六岁时，林世荣又将他带到香港，任林世荣武馆的助教。林祖二十一岁自立门户，在香港授徒六十余年，徒弟遍布全球六十多个国家和地区。2012年3月去世，享年一百零二岁。

　　林祖继承了黄飞鸿及林世荣的超群技艺，还融会各家各派武术，归纳入林氏拳术系统，大大丰富了洪拳的内容，并自创多套对拆套路，如双刀对枪、单刀对枪、虎鹤双形拳对拆等，在原有的战拳、虎鹤双形拳、工字伏虎拳等核心武艺上添加了蹦步、刘家拳、行者棒等内容。先后设馆于中环石板街（砵甸乍街）、湾仔石水渠街（今蓝屋）、九龙弥敦道等地，桃李满园。

朱愚斋

朱愚斋，别号斋公，广东省南海县人。朱愚斋世居广州，父亲是读书人，以教书为生。朱愚斋三岁丧父，十二岁进入广州永福寺当杂役并习武。1911年，朱愚斋前往香港谋生。林世荣在香港设馆授徒，朱愚斋拜林世荣为师。

朱愚斋文武双全，深得林世荣器重，成为林世荣的得力战将。后来，朱愚斋又得到黄飞鸿的直接指导，技艺更为精进。

据1950年出版的《岭南奇侠传》附录的《朱愚斋先生二三事》介绍：

某岁，世荣师黄飞鸿拳师偕友来港小游，飞鸿之名，早已蜚声港九，纵非武术中人，亦撮瞻仰一代拳王之丰采。故行踪所至，到处俱受人热烈欢迎，盛会之多，可称空前。惟每次筵饮之余，众均要求飞鸿表演其生平绝技，用饱眼福，且使后生小辈先行试演助庆，便求飞鸿训诲。一夕，飞鸿应某团体之邀宴，酒兴甚豪，众以机会难得，观愚斋在座，唆使献其身手，以为抛砖引玉之计。愚斋为众逼，借机表演"铁线拳"，求其指正。既毕，黄飞鸿审知愚斋为世荣之徒，正容谓之曰："铁线拳中有要点四：一曰左右分级；二曰分流手脚；三曰退马穿桥；四曰地脚龙。四者皆拳中经纬，如缺其一，则精彩已无，何况尔并四者而忘之，是乌呼可？"愚斋闻语骇然，拜乞教益。飞鸿遂演铁线拳以压观众，每至愚斋脱略处，则大声疾呼，促使注意。名家身手，的是不凡，观者未待终场，已拊掌如雷。愚斋自经其师祖补授铁线拳后，时向之讨教，艺乃日进。[1]

黄飞鸿晚年时在香港居住了一段时间，其间，朱愚斋一直陪同，既学习了许多武学知识，又直接了解到黄飞鸿许多生平事迹，包括黄飞鸿本人

---

[1] 企图：《朱愚斋先生二三事》，《岭南奇侠传》附录，香港通俗出版社1950年版，第121页。

对武术的理解、在实战中的运用等，为日后写作黄飞鸿传记作品打下良好的基础。

朱愚斋一直都没有开武馆授徒，他在香港威灵顿街与陈柳一合伙开设安和堂药局行医。朱愚斋虽没有进过学堂，但自幼勤奋好学，有较强的写作能力。20世纪30年代至50年代，朱愚斋致力写作、说书。最初，他协助林世荣整理《虎鹤双形拳》《工字伏虎拳》《铁线拳》等拳谱。以后，他陆续编撰《陆阿采传》《粤派大师黄飞鸿别传》《黄飞鸿江湖别纪》《林世荣正传》《岭南奇侠传》《广东四大侠》《岭南武术丛谈》《南派拳术》等武林专著。朱愚斋是第一个对黄飞鸿的生平事迹进行详细、生动描述的作者，为后人了解和研究这位武术大师留下许多珍贵的史料，为文史界、影艺界创作黄飞鸿传记、电影、电视剧等提供了丰富的素材。朱愚斋不但擅长著书，而且擅长编书、说书，他把黄飞鸿及其他武林高手的事迹编成故事，自编自说，成为闻名全港的"讲古佬"（说书人）。今天，黄飞鸿的名字传遍世界各地，朱愚斋立了大功。

图2-2-17　朱愚斋（李世辉提供）

图2-2-18　林世荣和朱愚斋（林镇成提供）

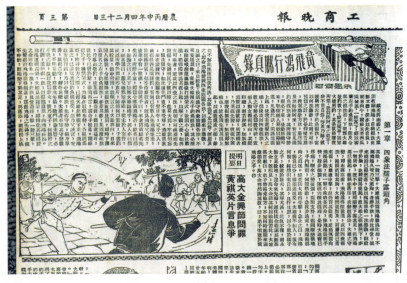

图2-2-19 《黄飞鸿行脚真录》（朱愚斋著，1956年香港《工商晚报》连载）

第二节 在世界各地的传承

洪拳在佛山源远流长，名家众多，清代有梁坤、陆亚彩、黄泰、李文茂、黄麒英、林福成、黄飞鸿、林世荣等名家，习武者以洪拳为多。由于洪拳的习武者多是反清志士，平时行事隐蔽，事迹多只见于传说。佛山的洪拳习武者在清代多参加了天地会组织，参与了咸丰四年（1854）爆发的广东天地会起义，幸存者本已不多，在清末民初又受到新兴拳种的影响，学习洪拳者逐步减少。佛山镇兴义堂的教头招锡、杨三才教授洪拳，在民国末年已逐渐式微。是黄飞鸿及其传人的出现，使洪拳得到振兴，在广州和香港有较大的影响。

目前流传的洪拳大多是由黄飞鸿、林世荣所传。洪拳传人国内主要分布在广东、香港、澳门、台湾等地，国外主要分布在美国、加拿大、澳大利亚、以色列、南非、意大利、新加坡、马来西亚、墨西哥、德国、瑞士、英国、波兰、荷兰、比利时、捷克、斯洛伐克、希腊、阿根廷、巴西等地。

一、亚洲

洪拳的传承主要在中国的广东省和港澳台地区。新加坡、马来西亚、文莱等国家也有洪拳流传。在佛山武术史上，洪拳的发展举足轻重。琼花会馆内流传的拳种被称为少林拳，有不少属洪拳，比较著名的武术名家有李文茂等。当时佛山社会上习武者也多数是学洪拳。洪拳名家在禅城和南海有黄飞鸿、林世荣、招锡、杨三才、阮凌、梁新、谭标龙、彭南、陈生、颜振华等，顺德有潘六等，三水有陈金釭、郑绍忠、陈飞凤、陈武烈、邓二、邓芳等。

目前佛山各区均有洪拳流传，林世荣的侄孙林镇成于2011年回佛山南海家乡授徒，与弟子一起成立了洪拳协会。此外，南海还有孔祥辉国术体育会、里水北沙武馆、梁氏洪拳国术馆及多个颜振华洪拳武馆。三水则有清代全胜堂的传人。

图2-2-20　2011年起林镇成回家乡南海平洲传艺（林镇成提供）

图2-2-21 佛山石湾洪拳传人林沛在1999年表演虎鹤双形拳（邓光民摄）

图2-2-22 陈念恩随谭标龙、潘六学习洪拳多年，2000年作为广东省人民政府侨务办公室委派的援外专家前往文莱，传授舞狮和武术（陈念恩提供）

图2-2-23　南海区洪拳协会成立仪式（南海区洪拳协会提供）

图2-2-24　洪拳弟子在佛山功夫角（南海区洪拳协会提供）

图2-2-25　洪拳代表在"2017佛山功夫电影周"（林镇成提供）

　　黄飞鸿传艺授徒主要在广州，1877年黄飞鸿设武馆于广州回澜桥附近，收徒授艺兼治刀伤跌打，黄飞鸿武馆的名称是"务本山房"。林世荣在广州陈塘设馆授徒，门人众多。邓芳是三水人，在广州带河路设馆多年，门徒众多，颇有影响力。林世荣徒弟吴少泉传人黄达生、黄达雄，在广州市也有众多传人。

图2-2-26　林世荣授徒时留影（林镇成提供）

图2-2-27 林世荣徒弟吴少泉（右三）及家人（黄国斌提供）

图2-2-28 吴少泉去世后，其夫人萧燕珍在武馆中与吴少泉的徒弟黄达生（前排右二）、黄达雄（前排左三）等合影（黄国斌提供）

图2-2-29　吴少泉高徒黄达生（黄达生提供）

图2-2-30　1974年黄达雄（右）参加散打比赛（黄达生提供）

图2-2-31 广州洪拳传人在美国驻广州领事馆举行的招待会上表演舞狮（黄达生提供）

图2-2-32 2018年黄飞鸿传人团拜会（黄国斌提供）

　　香港是洪拳传承得比较好的地区，黄飞鸿曾到香港授徒，林世荣在20世纪20年代迁居香港，在骆克道设馆以传授武术为业，门徒有林祖、刘湛、黄文启、陆镜荣、胡立峰、赵教、陈汉宗等。

　　抗日战争胜利后，黄飞鸿的妻子莫桂兰到香港，组织"黄飞鸿国术馆"，她较有名气的徒弟有王苏、彭兆、马炽江、黄胜祥、李灿窝等。

　　黄飞鸿的亲戚及早期弟子凌云阶在香港红磡船坞教拳授徒。黄飞鸿的徒弟邝祺添，世居广州，后赴香港设馆，擅长五郎八卦棍。黄飞鸿的女弟子邓秀琼在香港教授狮艺及拳术。

　　邓芳在香港门人众多，何立天、周永德、吴发、阮凌等都有相当影响力。阮凌是佛山禄丰社人，在港授拳行医多年，弟子也较多。

　　林祖十六岁时任林世荣助教，林世荣去世以后继承其武馆，教拳行医生涯八十多年，弟子传人不计其数，堪称武坛常青树。

　　澳门很早就有洪拳武馆。黄飞鸿的徒弟襌镜洲，是最早在澳门传授黄飞鸿技艺的人，也是澳门白鹤派名家吴肇钟的开山师父。

图2-2-33　莫桂兰在香港（载香港《真功夫》1976年第1辑第6期）

图2-2-34　1932年香港林世荣国术团全体同人合影（林镇成提供）

图2-2-35　1934年香港林世荣国术团全体同人合影（林镇成提供）

图2-2-36 1936年林祖国术社同人合影（林镇成提供）

图2-2-37 1954年邓芳七十五岁寿辰与嘉宾及门徒合影（阮有钱提供）

图2-2-38　1957年11月23日，何立天的徒弟钟灿辉（右）在台港澳地区国术选拔赛中击败对手，获轻量级冠军（曾照明提供）

图2-2-39　1957年12月18日，由莫桂兰发起主办，各同门长辈协办的祝贺钟灿辉获台港澳地区国术选拔赛冠军联欢大会（曾照明提供）

图2-2-40　祝贺钟灿辉获台港澳地区国术选拔赛冠军联欢大会花牌（钟灿辉提供）

图2-2-41　1958年黄飞鸿门人合照（香港黄飞鸿健身院提供）

图2-2-42　1971年黄飞鸿健身院同门合影（香港黄飞鸿健身院提供）

图2-2-43　刘湛，林世荣徒弟。传子刘家良、刘家荣及养子刘家辉，皆闻名武坛和影坛（1998年香港中国国术总会提供）

图2-2-44　林世荣徒弟陈汉宗（1998年香港中国国术总会提供）

图2-2-45　赵教、邵英夫妇（赵国基提供）

图2-2-46　赵教在1957年参加全国武术观摩大会时在天安门前作示范表演（赵国基提供）

图2-2-47　林世荣徒弟朱愚斋（右）是著名作家，其徒弟钟伟明（左）被誉为香港"播音皇帝"（钟伟明提供）

图2-2-48　邓芳的徒弟何立天表演青龙偃月刀第五式"关公捋须"（曾照明提供）

图2-2-49　阮凌，佛山禄丰社人，邓芳得意弟子，在港授拳行医多年（阮有钱提供）

图2-2-50　阮凌（右一）和徒弟们合影（黄晨光提供）

图2-2-51　李灿窝，自幼随莫桂兰习武，长期任香港黄飞鸿健身院院长（原载香港《真功夫》1976年第1辑第6期）

图2-2-52　2001年1月14日黄飞鸿传人刘家良（中）在佛山（佛山黄飞鸿纪念馆筹建办公室提供）

图2-2-53　右二为电影《功夫》中饰演裁缝的黄飞鸿传人赵志凌，专门为黄飞鸿纪念馆送来实物和资料（佛山黄飞鸿纪念馆筹建办公室提供）

洪拳在台湾也有传承，赵教的再传弟子、武打明星戚冠军从20世纪70年起就扬名于影坛，后在台北市开设武术研习班教授洪拳。

图2-2-54　戚冠军（右一）在台北开设武术研习班（戚冠军提供）

　　黄飞鸿第四代传人宋超元，是新加坡岭南国术健身学院创办者，授拳数十年，门下弟子遍布新加坡、马来西亚各地。

　　新加坡冈州会馆致力于弘扬中华武术，以教习黄飞鸿传下的洪拳为主。

图2-2-55　新加坡冈州会馆演武厅（新加坡冈州会馆提供）

图2-2-56　陈念恩（中）率文莱国家队在2003年第七届世界武术锦标赛中取得优异成绩（陈念恩提供）

二、欧洲

　　林祖之子林镇成先后在意大利、英国、捷克、斯洛伐克、希腊设馆授徒。赵教之子赵志凌在意大利、瑞士、德国设馆授徒。江沛伟在德国、英国设馆授徒。

图2-2-57　意大利洪拳馆（林镇成提供）

图2-2-58　国际洪拳赵志凌国术会瑞士分会（赵志凌提供）

图2-2-59　英国洪拳馆（林镇成提供）

图2-2-60　林镇成（前排左一）在捷克比尔森市与门徒合影（林镇成提供）

图2-2-61　林镇成和他的斯洛伐克弟子（林镇成提供）

图2-2-62　希腊洪拳馆（林镇成提供）

三、美洲

洪拳在美国较有影响力，主要的教头有林祖之子林镇成，林祖的徒弟黄耀桢、邝铁夫，他们早年已在美国设馆授徒。阮凌弟子余志伟，1973年在美国纽约设立洪拳馆，又在北美、南美、欧洲各地设有分馆，并从1996年起组织"纪念黄飞鸿宗师美国武术锦标赛"。

近年，林镇成又分别在阿根廷、巴西开设洪拳武馆，门徒众多，有较大影响力。

图2-2-63　林祖徒弟黄耀桢（中）与美国波士顿门徒合影（1998年林祖提供）

图2-2-64　林祖徒弟邝铁夫（后排中）与美国旧金山门徒合影（1998年林祖提供）

　　图2-2-65　2018年11月，余志伟率来自世界各地的弟子和香港同门一起到邓芳家乡三水区白坭镇邓氏大宗祠拜祭师祖（邓光民摄）

图2-2-66　阿根廷洪拳馆（林镇成提供）

图2-2-67　巴西洪拳馆（林镇成提供）

附录

第三编

第一章　黄飞鸿生平事迹的考证

第一节　黄飞鸿的生卒年

黄飞鸿原名黄锡祥（1856—1925），字达云，是广东省佛山市南海区西樵岭西禄舟村人，生于清咸丰六年七月初十（1856年8月10日），逝世于民国十四年三月二十六日（1925年4月18日）。

关于黄飞鸿的生卒年一直以来都有不同说法，1957年香港《新晚报》记者孙毅采访黄飞鸿的儿子黄汉熙的文章提到：

对于黄飞鸿享寿几何的问题，他订正过来了，他打开一本小日记簿给记者看，第一页就写有黄飞鸿的生辰和死忌。他说，这些生、死的日期都是从黄飞鸿的神主牌下翻出来抄下来的。黄飞鸿生于清咸丰丙辰年七月初十日，死于民国乙丑年三月廿六日。经过查对，前者即咸丰六年，公历一八五六年，后者是民国十四年，即一九二五年。[①]

图3-1-1　香港《新晚报》1957年3月15日刊登采访黄飞鸿的儿子黄汉熙的文章

---

① 孙毅：《黄飞鸿之子黄汉熙口述黄飞鸿传奇》，香港《新晚报》1957年3月15日第4版。

作为黄飞鸿的儿子，在报刊上专门说明父亲的生卒年月日，应比较可信。此外，还有一种说法，黄飞鸿太太莫桂兰的谊子李灿窝向笔者介绍，从与莫桂兰闲谈中，得知黄飞鸿享寿75岁。2024年8月11日，李灿窝先生在香港主持举办宗师黄飞鸿宝诞173年纪念活动，黄飞鸿逝世于1925年，如按此推算，黄飞鸿生于1851年。民间有一种习俗，就是在介绍去世者享寿时，习惯上会加上天地人3岁，莫桂兰说黄飞鸿享寿75岁，不知包含了这3岁没有。

到目前为止，这两种说法是最权威的了。

第二节　宝芝林医馆

黄飞鸿的"宝芝林"随着黄飞鸿系列电影家喻户晓，可以说是史上最有名的武医馆，但"宝芝林"的真面目却鲜为人知，很少有人对其进行深入研究。事实上，真正的宝芝林与电影中的宝芝林大相径庭。

一、宝芝林主要是医馆

黄飞鸿十六岁时就开设首家武馆，黄汉熙说设在东莞石龙，后迁到广州。朱愚斋所说黄飞鸿设在广州第七甫水脚的武馆，有可能是黄飞鸿解散东莞石龙后到广州开设的。后来"三栏"行的人很仰慕黄飞鸿的武技，重金请黄飞鸿为行中教练，黄飞鸿就解散第七甫水脚的武馆。几年后，黄飞鸿增设武馆于回澜桥附近，收徒授艺兼治刀伤跌打，这个武馆的名称是"务本山房"，不叫"宝芝林"。

宝芝林是黄飞鸿开设的医馆。黄飞鸿开办宝芝林时，事业处于低谷，家庭又出现变故，开办宝芝林是以行医来谋生。宝芝林面积不大，主要用作医馆对外营业，黄飞鸿有时也会在宝芝林内指点一下徒弟练武。宝芝林迁回广

州太平南路晏公街公信巷的开业宣传单张上，有这样一段话："原日跌打老医馆在十三行仁安街宝芝林，开张四十余年，因商团事变，老馆被焚迁往香港营业，今由香港迁回本市复业。"这也说明了宝芝林主要是跌打医馆。

二、宝芝林的开业时间

关于宝芝林开业时间，林世荣的徒弟朱愚斋曾说过："梁宽死，其父麒英亦染疾卒，飞鸿大创于怀，伤感不已，月余后，吴全美又罹病去世，所任技击教务亦以是解去，环境恶劣，无有如飞鸿此时者，惘怅欲死，不得已复为跌打医师，悬名于仁安街，以支目前。"据查，吴全美逝世于光绪十年（1884）十月。黄飞鸿在吴全美逝世后被辞退，为生计开设宝芝林。这样宝芝林开业的时间就较为明确了，即1884年底至1885年初。另外，宝芝林迁回广州太平南路晏公街公信巷的开业宣传单张上登载了由张之洞题字、刘永福赠送给宝芝林的"医艺精通"木匾文字内容，落款日期是"光绪十四年（1888）季冬吉旦"。这说明1888年之前宝芝林已经开业，从而也印证朱愚斋所说的宝芝林开业时间是可信的。

三、宝芝林真貌

宝芝林位于广州西关仁安街，门前原来有一对联，由黄飞鸿的弟子、光绪十八年（1892）壬辰二甲十二名进士伍铨萃撰写："宝剑凌霄汉，芝花遍上林。"后来黄飞鸿另一位弟子、同盟会骨干夏重民认为下联用"芝花"二字不妥，芝只可称草，不可称花，于是将对联改为："宝剑出匣，芝草成林。"上联意为行侠仗义，锄强扶弱；下联意为凭灵丹妙药，起死回生。后来黄飞鸿为陪刘永福返乡辞去军中职务，回广州为生计经营宝芝林，经过人生几次大起大落的黄飞鸿心灰意冷，在门前挂出"武艺功夫难以传授，千金不传求师莫问"的对联，以示不再授徒。宝芝林大门两侧放了一对大石锁，表明医馆主人的武者身份。

宝芝林大厅上挂有刘永福赠送的"医艺精通"木匾，厅正中供有"前传后教白鹤先师"神位，两旁伴有对联"百载前传仙武术，千年后教佛功夫"。

莫桂兰说过，宝芝林上方为阁楼，厅内陈设有一杠床，黄飞鸿常在杠床上休息。据莫桂兰回忆："当他名声最响的时候，水师提督（即海军）慕名聘请黄飞鸿为拳术教官和军医官。水师提督送给他的一幅肖像，是穿清朝官服的，威风得很，他把这幅大照片挂在宝芝林门外，两旁辅以一对对联，名为'宝剑出匣①，芝草成林'，宝芝林之名亦是源自此联的。"②

图3-1-2　佛山黄飞鸿纪念馆内的宝芝林医馆复原陈列（佛山黄飞鸿纪念馆筹建办公室提供）

---

①　有一说是"宝剑出铗"，"铗"意为剑柄；"匣"为剑匣。"宝剑出匣"可解释为把宝剑从匣里拔出。

②　转引自林润强：《黄飞鸿之遗孀述黄飞鸿》，香港《真功夫》，1973年，第41页。

图3-1-3 1924年10月广州商团暴乱后，仁安街一带房屋被抢掠焚毁后的情景，位于仁安街的"宝芝林"也在这场大火中毁于一旦（佛山黄飞鸿纪念馆筹建办公室提供）

第三节 黄飞鸿照片之谜

黄飞鸿是佛山知名度很高的武术家，但要找他的照片却十分困难，原因是黄飞鸿一直认为拍照片会折寿，据说一生只拍过一张照片。据莫桂兰回忆，黄飞鸿生相怪异，寿星公头，有一副罗汉眉，眉长至垂下，瓜子口面，耳大而长。身材肥壮而高大，要穿三尺六寸的长衫，走起路来自由淡定，两手总摆在后面，性情和顺，总是笑脸迎人，为人甚为谦虚和蔼，常称自己为"豆腐教头"，即武功并不怎样的意思。据黄飞鸿的儿子黄汉熙介绍："原来黄飞鸿是有薄薄的豆皮[①]的，乳名叫作阿祥，诨号是豆皮祥，他排行第四，尊之者称之为四哥。"[②]

① 豆皮，即麻子。

② 孙毅：《黄飞鸿之子黄汉熙口述黄飞鸿传奇》，香港《新晚报》1957年3月15日第4版。黄飞鸿原名黄锡祥，乳名阿祥，作者原写为"亚长"。

一、黄飞鸿照片的来历

在佛山黄飞鸿纪念馆内有一张黄飞鸿照片，这张照片自2000年展出以来一直争议不断，黄飞鸿太太莫桂兰的徒弟李灿窝和林世荣的侄子林祖指出，这张照片不是黄飞鸿本人，而是黄飞鸿儿子黄汉熙。

这张照片的来历是这样的：1999年，笔者在黄飞鸿纪念馆筹建办主持文物征集和布展工作。当纪念馆临近开幕，大家千方百计寻找黄飞鸿的文物又无太大进展时，笔者突然接到香港武术家梁挺先生的电话，说他找到了黄飞鸿的照片。他还说该照片是1976年与朋友开办《真功夫》杂志，专访莫桂兰时由莫桂兰提供的，当时由于未来得及落版付印，就一直收藏至今，等等。笔者把这事告知黄飞鸿纪念馆总顾问余慕云，余先生说他在1979年拜访过莫桂兰女士，问起过有没有黄飞鸿的照片，莫桂兰说曾有一张，当年借给《真功夫》杂志的记者后没有归还。笔者听后对余先生说这就对了，梁挺就是当时《真功夫》杂志的主编，这张照片或许就是莫桂兰所提供的。

二、黄飞鸿照片的鉴定

当笔者拿着照片给莫桂兰的谊子、徒弟李灿窝求证时，李灿窝认为这是黄飞鸿儿子黄汉熙的照片。李灿窝对黄飞鸿纪念馆的建设一直以来都给予大力支持，捐赠了一批珍贵的文物和资料，有许多都属于镇馆之宝。对于他的意见，笔者十分重视。为此，笔者提出将梁挺提供的黄飞鸿照片和黄汉熙的照片拿到公安部门进行鉴定和辨认。在佛山市公安局的支持和协助下，照片很快被送到公

图3-1-4　送检的黄飞鸿照片（梁挺提供）

安部并作出鉴定。公安部专家认为送检的黄飞鸿照片和黄汉熙的照片，"分别为不同个体所摄面像"。

　　黄飞鸿之孙黄源德生产了"黄飞鸿活络油"，将黄飞鸿的照片作为注册商标并注明"黄飞鸿像"。在2010年11月29日佛山祖庙全面修缮竣工庆典晚宴上，笔者刚好坐在黄源德旁边，席间问起黄飞鸿照片的事，黄源德说当年他母亲说过这是他爷爷（黄飞鸿）的照片，叫他拿去电视台介绍。

图3-1-5　送检的黄汉熙照片，摄于1958年，时年57岁（李灿窝提供）

图3-1-6　黄汉熙青壮年时期的照片（佛山黄飞鸿纪念馆提供）

图3-1-7　1950年黄汉熙与《黄飞鸿传第三集：血战流花桥》演职员合照时的照片，时年49岁（关汉泉提供）

图3-1-8　1957年56岁时的黄汉熙（原载香港《新晚报》，1957年3月15日第4版）

图3-1-9　黄飞鸿活络油包装盒（邓光民摄）

三、黄飞鸿照片的新发现

2005年，佛山市博物馆的工作人员又收到了一张由香港次文化堂出版社社长彭志铭提供的黄飞鸿照片。这张照片背后还写着"黄飞鸿像　邝祺添"。邝祺添是黄飞鸿的徒弟，后来遵黄飞鸿的嘱咐赴香港协助凌云阶开武馆。这张照片上的黄飞鸿脸上还有些麻子，符合黄汉熙所说的黄飞鸿面上有薄薄的豆皮（麻子）的特征。

近年来，笔者与香港不少黄飞鸿的传人接触，主要有凌云阶、邝祺添的传人，他们一直收藏并供奉着这张由凌云阶、邝

图3-1-10　新发现的晚年黄飞鸿照片（彭志铭提供）

祺添传下来的黄飞鸿照片。

黄飞鸿终年69岁，这张照片似为晚年所拍摄，与年龄67岁的黄汉熙有较大差别（见图3-1-11）。

图3-1-11　1968年黄飞鸿门人合影，左为黄汉熙，时年67岁（载香港《真功夫》1976年第1辑第6期，第44页）

第四节　黄飞鸿在世时有关他的新闻报道

黄飞鸿于1925年逝世。黄飞鸿还健在时，新闻媒体极少，黄飞鸿作为武林人士，见报的机会也少。目前，仅找到两则有关黄飞鸿的报道，均是介绍广东精武会成立大会的报道。

1919年4月9日下午，广东精武会成立大会在海珠戏院隆重举行，到会嘉宾来自军、政、商、学各界。仪式结束后，上海精武会教员、会员为嘉宾们现场演示精武武术。随后，应邀出席大会的本地各门派名家上场表演。

据1919年4月10日出版的《中华新报》报道①：

来宾中有熊长卿家族子女等分演棍棒各种，熊氏教师温伟琴（温生才子）、朱振昌分演拳棍，各擅其胜。演毕，福军技击团运动：刀拆扒（帅大佳、邓林）；双头棍（邓日初）；东阳剑（邓伟英）；单软鞭（关少伸）；挑刀②（帅文佳）；拆拳（帅坚、帅尧）；双刀（周龙辉）；白手拆刀（周标、李昌）；双软鞭（林世荣）；双钩刀（李洪恩）；双刀（吴仁湖）；快扒（周海）；棍（谢亭）；拳（甘标）；拆八卦刀（邹敬、黄昆）；拳（黄礼）；飞铊（黄飞鸿）；快扒（龚华）；拳（王凤冈、叶显荣）；快扒（胡中贤）；拳（陈耀池）。

以上各技各擅其长，众均鼓掌，可谓到底不懈。当该团开始运动并有鼓乐相助，尤显精神，故是日到会数千男女均乐观至五时乃散云。

同日，《粤声报》也对广东精武体育会在海珠戏院成立大会的活动进行了报道，但撰写该报道的记者粗心大意，在介绍飞砣的表演者时张冠李戴，将"黄飞鸿"误写为"黄汉荣"，但即使这样，这篇报道仍有一定的研究价值。原文如下：

精武体育会开会详情（粤声报）③

昨九日（四月九日）广东精武体育会假座海珠戏院开成立大会，各界赴会者数千人，后至者俱无座位，虽演最著名剧本，观者亦无如是之众，社会注意此事已可想见。各处所来祝词亦共十数通，查其布置，男女两路，门前均悬生花横额，文曰：广东精武体育会成立。其生花联一曰"昆仑万派、

---

① 转引自《精武本纪》，1919年12月，第221页。
② 挑刀，也称为排刀。
③ 转引自《精武本纪》，1919年12月，第221—222页。

吴越一家"，一曰"精神尚武、吾道其南"，种种点缀均甚大观。午后一时，鼓奏军乐开会，由军署参谋长林虎主席报告开会理由毕，该会主干卢炜昌即将在沪办理精武体育会过去情形从详缕述，并言学习技击须于生理学方面兼顾，方获实益，又宜注重武德云云。继由林森、魏邦平等相继演说毕，遂行授盾礼，盾者隐存足以护身之意，当由陈公哲代表该会将铜盾一具授与主席，并以魏邦平等赞助甚力，各皆授以小铜盾一具。授毕，开始运动。先演潭腿，系以口令指挥，与体操无异，故虽集百数十人，亦可操练。该会授艺首重潭腿，故先演之，观其作动，长幼咸宜，与所谓扎马者诚有难易之别。随复开演各技，计凡四十四种，又由福军技击团继续运动，直至五点后始散。

又一访函云，日昨精武体育会假座海珠戏院开成立运动大会，十二时座为之满，几无立足地。所演技击，上海会俱演北派，福军部兼演南北派，尤以李占凤、叶凤岐合演双扫子串枪为最出色，卢炜昌、姚蟾伯之刀拐串枪、陈公哲、卢炜昌之合战，精神技术二者均称，杨琛伦之醉八仙居然有酒醉态度，令人解颐。小童二珠，李镇守使之二公子也，所运之刀几与身高相埒，运动颇为灵活。其余李莲村之达摩剑、黄汉荣之飞铊、林世荣之双鞭，均极可观。是日演技击者约有百余人，干戈戚钺各演所长，直至五句余钟方始散会。闻上海入会者不下数千人云。

第二章 洪拳与天地会历史考证

黄飞鸿是洪拳大家，洪拳与洪门又有着密不可分的关系，那么，洪拳与洪门起源于哪里？何时起源呢？这是一个非常复杂的话题。

洪拳和洪门都称源自火烧南少林，故事大概如下：清康熙时期（亦有说在乾隆时期），有西鲁番人作乱，攻入甘肃，清廷派出大军作战，失败而回。于是康熙挂出皇榜，布告天下，打败西鲁就封为万代公侯。福建九连山少林寺长老知道后，率领一百零八名僧人进京，揭了皇榜前去退敌，结果西鲁大败，少林僧人归回后，不接受官职，仍然返回少林寺诵经修法。不久，有奸臣在康熙面前谗言诬告少林寺众僧人，说他们既然能够打败西鲁国，就有实力推翻清廷，是心腹大患，并提出血洗少林寺。康熙采纳了这个建议，于是派兵火烧少林寺，全寺僧人只有十八人逃出，又被官军围追阻截，最后只剩下五个人。这五个人是蔡德忠、方大洪、马超兴、胡德帝、李式开，就是后来的洪门五祖，也是南少林五祖。

在广东有关火烧南少林的传说中，至善禅师、洪熙官、方世玉、胡惠乾、三德和尚、童千斤、李锦伦以及五枚、冯道德等人物是主角。洪拳由至善禅师开始，传至洪熙官，再经陆亚彩等人传至黄泰等人，传至黄麒英等人又传至黄飞鸿。

清末民初，广东民间习武成风，尤以佛山为甚。坊间流传不少南少林的武术秘籍和传说，还有众多以介绍南少林反清事迹为题材的小说，至善禅师、洪熙官、方世玉、胡惠乾的事迹家喻户晓。

历史上是否真的有南少林寺？岭南功夫是否多传自南少林寺？这些问题对研究岭南武术及洪拳的历史源流有重要意义。

第一节　南少林寺传说

追根溯源，火烧少林寺的传说最早出自清代民间的秘密团体天地会[①]内部传抄的"会簿"中，为会众所熟知。清末小说《万年青》使南少林的故事广为传播，其后的广派武侠小说及更后的港台电影、电视剧使南少林家喻户晓。此外，岭南武林自清代起也一直流传着火烧南少林的传说。

图3-2-1　相传因火烧南少林导致天地会创建，图为天地会会簿所载的天地会创始人陈近南和朱洪竹（李子峰编《海底》，1940年，第17页）

天地会主要活跃在广东、广西、福建、台湾、江西等省，也称为洪门。一百多年来，许多史家都在寻找有关天地会的史料，试图对其进行考证。天

---

① 天地会也称为洪门、添弟会、三点会、三合会等。

地会在传会过程中，其传会者大都会有一本神秘的"会簿"。不同版本的会簿除载有天地会成立的历史、宗旨、暗语、歌诀外，还载有详略不同的"西鲁①故事"。西鲁故事，指的就是西鲁进犯，清兵不敌，朝廷招少林寺僧人抗敌得胜，后清政府反而火烧少林寺，致逃生的少林寺僧创立天地会的故事。现存的天地会会簿中，最早提到火烧少林寺的是嘉庆十六年（1811）广西东兰州知州董储在办理武缘县姚大羔等人结拜天地会案所发现的会簿（简称《姚大羔本》），其后发现的版本，按形成年代排序如下：

1. 1986年广西田林县第一中学教师王熙远在本县杨再江家中发现的一批杨氏先人遗留下的天地会会簿（简称"田林本"），为道光八年（1828）抄本。

2. 1933年广西贵县修志局在该县覃塘附近发掘地窖时起获的会簿（简称"修志局本"），是同治三年（1864）以前的抄本。

3. 1936年公开的"守先阁本"。

4. 清史专家萧一山所编《近代秘密社会史料》中所收的天地会文献（简称"萧本"）。

民国年间介绍天地会历史的还有朱琳所编的《洪门志》、戴巍光所编的《洪门史》、李子峰所编的《海底》、刘联珂所编的《中国帮会三百年革命史》等，这些书混合了史实与传说，但始终都离不开"会簿"的影子。中华人民共和国成立后，出现过大量的研究天地会的书籍，不少作者参考了清代宫廷档案中有关天地会的文献资料，使天地会的研究有了很大的突破，亦有作者作出西鲁故事是杜撰的结论，更有人在苦苦寻找南少林寺的下落。笔者认为，天地会的出现有诸多特殊的背景，并与武术的发展有莫大关系，如立足于佛山这座武术历史名城，结合武术发展历史去解读，或会拨开历史迷雾，发现一片不同的天地。

---

① 指西部与中国接壤的国家。

一、不断加工成型的西鲁故事

姚大羔本是我们现在能够看到载有"西鲁传说"的最早的天地会会簿，这里将其不同时期的几个版本的会簿的主要内容介绍如下：

（一）姚大羔本

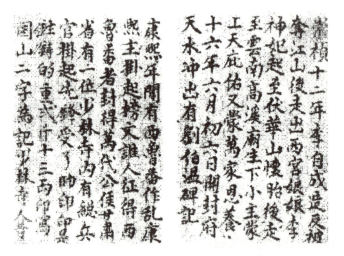

图3-2-2　姚大羔本原件（载《清史资料丛刊·天地会（一）》，中国人民大学清史研究所、中国第一历史档案馆合编，中国人民大学出版社1980年版，第1页）

姚大羔本发现于嘉庆十六年（1811），会簿形成时间会早一些。姚大羔本被清政府搜获之前，清政府已抓获不少天地会成员并搜获一些会簿，但只有会众的名单和住址。此外，从一些被捕的天地会成员供词中也得到一些零碎的情节，如提到"在河南少林寺中偶遇朱洪竹，愿结拜同盟"[①]。姚大羔本西鲁故事内容较为简单但完整，是迄今能见到该故事的最早的版本，后来

的会簿抄本，内容与情节多是在此基础上衍生而成。

姚大羔本所提到的少林寺在甘肃，其后的内容出现了吴天成（又有称吴天佑）、洪大岁、李色地、桃必达、林永招即后来的"五祖"。摘要如下：

崇祯十二年，李自成造反被夺江山后，走出西宫娘娘李神妃。起至伏华山，怀胎后走至云南高溪庙，生下小主，蒙上天庇佑，又蒙万家恩养。十六年六月初六日，开封府天水冲出有刘伯温碑记。

康熙年间，有西鲁番作乱。康熙主挂起榜文，谁人征得西鲁番者，封得万代公侯。甘肃省有一位（座）少林寺，内有总兵官，挂起先锋，受了帅印。印是铁铸的，重二斤十三两。印写圆山二字为记。少林寺人等就领先锋，就去征西鲁番，不用一兵将，只得寺内一百二十八人，就与西鲁番交战对垒。西鲁番败走，死者不计其数。少林寺人打得胜鼓回朝。康熙主赏，寺内不受官职，仍归少林寺诵经、说法、修道。后来奸臣一时兴兵追赶，惨极。一十八人，走越四年，走至海石连天，长沙汉口。海水面上浮起一个白石香炉，重有五十二斤。香炉底有"兴明绝清"四字。众人就取一百（白）锭香炉，当天盟誓。正（止）剩师徒六人，师尊万提起，法号士曰云龙，与兄弟再集一百零七人。有一位小子，亦来起义，共凑成一百零八人。甲寅年七月廿五日丑时聚集，当天结义，指洪为姓，插（歃）血拜盟，结为洪家。众兄弟拜万师传（傅）为大哥。至九月初九日，云龙择日与清兵交战。云龙阵上死去，少（小）军报知五位兄弟，保驾小主。兄弟得知，即日出军，与清对垒交战。清兵败走，后来兄弟将万大哥尸首收回，向东烧化。万大哥云（魂）上九霄而去，尸首葬在高溪庙三层楼脚下，粪箕湖子山午向。五位兄弟回来，不见小主，不知下落，身无依靠。[①]

① 中国人民大学清史研究所、中国第一历史档案馆：《清史资料丛刊·天地会（一）》，中国人民大学出版社1980年版，第4页。

（二）田林本

田林本文内标明是道光八年（1828）抄本，也属早期版本，但不会早于姚大羔所藏会簿版本，因其故事内容较姚大羔本的内容丰富得多，但错别字较多，故事结构散乱，或是口述抄录的产物，因抄录者文化较低所致。田林本提到的少林寺仍在甘肃，更具体一点是在河水县太白山[①]。

（三）修志局本

修志局本是咸丰至同治年间的产物，历史学家、太平天国史研究专家罗尔纲认为是陈开[②]占据贵县时所遗留，修志局本与之前的版本相比故事更完整，但所述的少林寺未说明在何处。

（四）守先阁本

民国二十五年（1936）发表于《广州学报》的守先阁本，由收藏者罗汉的表兄收集，会簿中所述的少林寺所在地为福建省福州府九连山。

像许多文艺作品一样，西鲁故事经历了一个由简到繁、不断加工的过程。经过一百多年的演变，少林寺所在地由河南、甘肃变为福建，成为通常所说的南少林。笔者还收集到一个鲜为人知的版本，这个少林寺竟然在广西，西鲁故事的发生地在中越交界！

这版本是蔡李佛拳名家伦枝先生的手稿，记述他在1924年听到师父谭三及师伯公谭立等前辈所谈论的蔡李佛拳历史源流。节录如下（录入时有修改）：

---

① 应是合水县太白山，位于甘肃、陕西交界处。
② 陈开，广东天地会首领，1854年7月在佛山起事，后在广西贵县木格被俘遇害。

清朝乾隆皇帝时代，当时广西省八排地方，接近越南边境之地区，盗贼披猖，截劫抢野明目张胆，治安极端混乱。当地政府无法控制，经常反遭贼匪袭击，图谋推翻政府动基。政府常感受到甚大威胁，贼匪日渐增强，政府无法应付，结果被迫迁离。该地区全部陷入贼匪控制，当地居民受尽贼匪凌辱抢劫，生活痛苦及恐怖之极。

当地政府向朝廷请求援救，朝廷接得紧急求救票书后，由乾隆皇帝亲自立即召集文武群臣会议，决定速即派大将多员，率领大量精锐官兵南下，联合当地政府军征讨贼匪，但广西八排地方全属险恶高山区域，而且与越南国边境接近相连。在该时代交通工具极之落后，只靠骡马为主要工具，故运输甚困难。贼匪利用险恶山区地形，使用有利游击战术，向清军突袭攻击，使南下清军损兵折将。

贼匪势力越来越强盛，沦陷入贼匪控制地区更为广阔。清兵军事毫无进展，只有退缩防线，再请求朝廷增兵添将救援，依然有败无胜利的结果。如是朝廷派救兵数次之多，持续战争数年之久，而致使乾隆皇帝极度惊忧及感不安，经常召集文武大臣商议设法应付对策。结果由一位大臣献议，最好邀请少林寺主持大师派员协助，是因少林寺的弟子武艺精强超卓、骁勇善战，地理形势熟验，而且当地居民甚为爱戴。如有少林寺弟子帮助，定当收复失陷之土地矣。

故乾隆对该提议极之赞扬，立即选派大臣前往少林寺，敦请老主持帮助朝廷剿匪。为着地方太平、除暴安良宗旨，更须要让当地人民得到安居乐业。

本属出家人不理世事，尤为政治关系更不应该理会，谓着以上各种问题起见，虽然表面朝廷派员以礼敦请，实则有些命令式在内。

后来得老主持方丈等同意应允考虑，召集全寺和尚商议，结果决定通过派弟子协助朝廷剿匪。由寺内选派出八名弟子，个个英勇善战，临时充当清朝将领，各位少林弟子率领官兵一队，全部由八位少林弟子领导指挥作战，

分八路围攻进剿贼匪。

结果的确不负所托，每战皆胜，势如破竹，使贼匪无法阻挡及抵抗。数月之间将贼匪八面包围，八位弟子胜利会师，将贼匪全部消灭净尽。

从此之后使广西八排地方甚为太平，日渐恢复繁荣，人民得到安居乐业。万众腾欢，全国人民都知少林寺八位弟子骁勇善战。剿匪胜利成功，完成责任之后，八名少林弟子遵守寺规则，定必要返回少林寺中向主持报告，交代清楚，深居不出寺门，服从规例，保守弟子之礼。

但系当地政府根据实情案告朝廷，此次幸赖少林寺派出八位弟子协助剿匪胜利，确属英勇可嘉，如此劳苦功高，值得封赏之极，朝廷收得禀告书。乾隆皇帝闻报如此快捷就将贼匪消灭，极为欢喜，龙颜大悦，因谓乾隆皇帝对于边防地域极之关怀。乾隆皇帝立即派亲信大臣带领圣旨，邀请少林寺主持及各位有参战和尚上京受封。

谁料出家之人万念俱灰系看破红尘矣，对于功名俸禄等一切置于道外，尤为少林寺寺规一向更为严肃，确实更不愿意接受朝廷俸禄功名富贵，故此关闭寺门拒绝接受圣旨，更不欲上京受封做任何官职。

该位大臣用尽所能方式，毫无办法进见得主持，甚至一个小沙弥都不见到，唯有返回京上朝禀告……乾隆再派另一位大臣带领多礼品，如金银珠宝等，前往少林寺封赠，但系少林寺仍然关闭门户。

……

乾隆皇帝不顾念到此种寺规系传统之美德，而是怀疑少林寺将来会对清朝叛变，更想到那次八排事件，我派数万大军名将都失败，但系尔少林寺派八位手，就征复失地，将贼匪全消灭，如此英勇善战，若果将来全部弟子作叛攻打朝廷之时，就不堪设想矣！少林寺可轻而易举推翻我清政府。想到此点，乾隆皇帝把心一横，就立不良之意动起杀机，以迅雷不及掩耳方法暗中秘密进行。暗派数万大军将少林寺重重包围，方横数里道路都派兵把守戒严，策划安排妥八面进攻，准备将少林寺放火焚毁，要将所有和尚全部歼杀，一个不得留存，铲草除根以免后患。当时各和尚毫无准备，突然间不知发生什么事情，在半夜从睡梦中惊醒，闻见四周围火焰冲天、火势炽烈，只有狼狈惶忙逃生。不料逃出寺外时亦被各方面埋伏清朝官兵杀戮净尽。

是晚由半夜发动喊杀连天，直至天明，少林寺所有建设物品完全焚烧为平地，被杀戮的和尚尸横遍野。

但系最后结果有三位和尚非常英勇，从纷乱当中杀出重围，逃往八排隐居深山，谓着同门惨被杀戮，要报此不共戴天之仇，为同门申冤雪恨。三位和尚秘密研究一种新式武术来对抗清朝，定当要比现目清朝所用之武术优越……由三位和尚传授烂头福……由烂头福传授张亚炎，即张鸿胜，由张鸿胜传授雷灿，雷灿传授谭三。

这个传说，说的是蔡李佛拳源流，但其主要故事，也是另一个版本的西鲁故事。

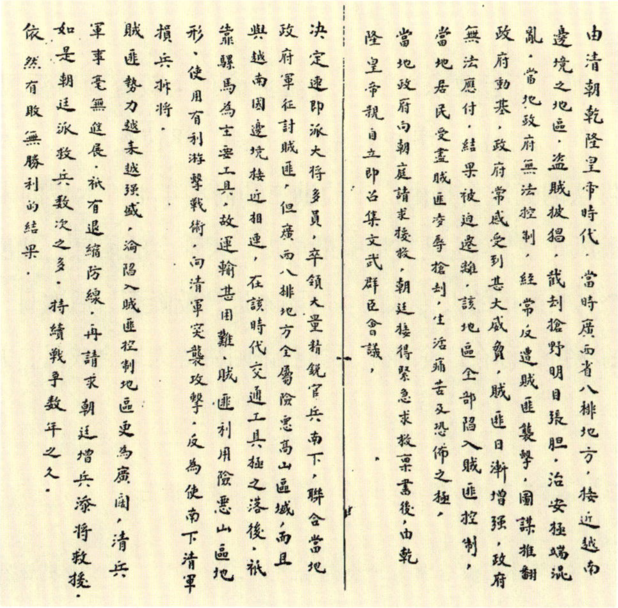
由清朝乾隆皇帝時代，當時廣西省八排地方，接近越南
邊境之地區，盜賊披猖，截刦搶野明目張胆，治安極端混
亂，當地政府無法控制，經常反遭賊匪襲擊，圖謀推翻
政府動基，政府常感受到甚大威脅，賊匪日漸增强，政府
無法應付，結果被迫逃離，該地區全部陷入賊匪控制，
當地居民受盡賊匪虜辱搶刦，生活痛苦又恐佈之極，
當地政府向朝庭請求援救，朝廷接得緊急求救稟書後，由乾
隆皇帝親自立即召集文武群臣會議，
決定速即派大将多員，率領大量精銳官兵南下，聯合當地
政府軍征討賊匪，但廣西八排地方全屬險惡高山區域，而且
與越南國邊境接近相連，在該時代交通工具極之落後，祇
靠騾馬為主要工具，故運輸甚困難，賊匪利用險惡山區地
形，使用有利游擊戰術，向清軍突襲攻擊，反為使南下清軍
損兵折將。
賊匪勢力越來越强盛，淪陷入賊匪控制地區更為廣闊，清兵
軍事毫無進展，祇有退縮防線，再請求朝廷增兵添將救援。
如是朝廷派救兵數次之多，持續戰爭數年之久。
依然有敗無勝利的結果。

图3-2-3　伦枝先生的手稿（伦枝提供）

二、清宫档案关于天地会起源的记载

虽然较完整的火烧少林寺故事最早见于嘉庆十六年（1811）查获的姚大羔本，但从一些清宫档案看，比姚大羔本更早的一些天地会会簿早已被清政府掌握。通过清宫档案，我们可以直接看到南少林故事的演变，了解南少林的真相。

乾隆五十二年（1787）正月初六日，闽浙总督常青在抓获台湾天地会起义副元帅杨振国后，经审讯知道有一个原来并不知晓的反清秘密组织天地会。常青报乾隆的奏折中称：

据杨咏①、杨轩同供：这天地会是五十年十二月里，有漳州平和县人庄烟即严烟过台来兴起的。小的们听得严烟说及起会的根源，是广东有个姓洪的和尚，叫洪二房，同一个姓朱的人起的。洪二房和尚居住后溪凤花亭，不知是何府何县地方。那姓朱的年才十五六岁，不知叫什么名字，也不知住在哪里。②

乾隆阅后即日下旨要求严查："著传谕孙士毅查明后溪凤花亭究在何府、州、县，即将和尚洪二房并朱姓严密踩缉，迅速查拿。"③从这以上文件看，杨振国供认的天地会是由广东的洪二和尚和年十五六岁的朱姓青年起会的，并出现了凤花亭④。这是文献中最早提到天地会的信息，并反映出台湾天地会是由一个名叫严烟的人传入的。时隔不远，乾隆下旨后次日，又收到两广总督孙士毅的奏折，称在广东饶平县抓获许阿协等天地会成员，并盘问出"木

① 即杨振国。

② 《闽浙总督常青奏杨振国供天地会根源片》，载《清史资料丛刊·天地会（一）》，第64页。

③ 《谕两广总督孙士毅查拿天地会起会人洪二房等》，载《清史资料丛刊·天地会（一）》，第65—66页。

④ 后来演变为红花亭。

立世斗知天下、顺天行道合和同"等天地会隐语。对许阿协案乾隆十分重视，在二月初六至初八日三天连下三道圣旨，要求各地全面铺开严查天地会。

从当时清政府审问天地会成员的情况看，天地会内部还未出现火烧少林寺的故事，起会相关地点仅出现了凤花亭。二月二十七日，《闽浙总督李侍尧奏台湾官员将杨光勋案内天地会改写添弟会缘由折》称查获的添弟会会簿"又卷内有照抄该犯登记入会姓名之号簿……既非原本，难以凭信"。[①]不久，两广总督孙士毅在奏折中提道："据李侍尧奏，搜出贼匪书稿内，有广东凤花亭、高溪庵、马溪庙洪姓结盟之语……"[②]可见当时清政府已查获天地会会簿，并知道"凤花亭""高溪庵""马溪庙"等与起会相关的地点。

四月，案情有重大突破，钦差协办大学士福康安在台湾拿获天地会义军首领林爽文，随后又将介绍林爽文入会的严烟抓获。在审问时严烟供称："这天地会闻说是朱姓、李姓起的，传自川内，年分已远。有马九龙纠集和尚四十八人，演就驱遣阴兵法术，分投传教。后来四十八人死亡不全，只有十三人四处起会。那在广东起会的是万和尚，俗名涂喜。"[③]严烟作为天地会的"重要案犯"，逮解至京师之后，大学士和珅会同刑部曾多次"严切事究，加以刑讯"，详细记录了严烟供词，严烟再次确认：

至此教起自何年，我实不能知道。但听得陈彪说，此教年代久远，从前有个朱姓、李姓同起的。朱姓叫朱鼎元，李姓实不知名字。后来有个马九龙，纠集和尚多人，演就驱遣阴兵法术，分投传教。近年又有个万和尚，俗名涂喜，都是传教的人。陈彪曾教我两句口语：三姓结万李桃红，九龙生天李朱洪。这就是天地会的根由。至李姓、朱姓起会，传说在四川。万和尚传

---

①　《清史资料丛刊·天地会（一）》，第79—80页。

②　《两广总督孙士毅复奏并无洪二和尚及朱姓等情折》，载《清史资料丛刊·天地会（一）》，第90—92页。

③　《清史资料丛刊·天地会（一）》，第97页。

教，闻说在广东。即陈彪告诉我的时节，他亦不能记清年份、指定地方，我更无从晓得。此外又有赵明德、陈丕二人，亦同陈彪在福建各处传教，都是陈彪说的。我后来听见陈丕也到过台湾传教，但并未与他见过。同会所称洪二房和尚，并非实有其人，乃暗隐朱、李二姓及万和尚的总称。①

乾隆五十三年（1788），万提喜弟子陈丕被捕，使清政府在追查天地会根源方面有了突破性进展。据《清高宗实录》记载：广东巡抚"图萨布奏，拿获天地会匪犯陈丕，讯供究出传会之僧人提喜，籍隶福建漳浦县，住在高溪乡观音亭"②。清吏根据陈丕供词，于乾隆五十三年十二月到漳浦县高溪观音亭去捉拿提喜。此时提喜早已故去，只捕到其子僧人行义。魁伦奏："据漳浦县报称，于该县高溪地方拿获僧人行义，供称伊师父提喜，即系父亲，因乳名洪，排行第二，故多称为洪二和尚，已于四十四年身故。"③不久，又抓获介绍严烟入会的陈彪，不过陈彪提供的供词没有新的内容。

纵观所有涉及天地会的清宫档案，乾隆皇帝及众大臣最初知道有天地会及起会传闻都十分紧张，着力追查，但逐步发现都是编造的故事。最早提到少林寺的是嘉庆十一年（1806）《护理江西巡抚先福奏告示民人天地会渊源俾免为煽惑片》，称"嘉庆五年粤省拿获匪徒仇大钦，搜获闽匪何其昌所给盟书内，有从前在河南少林寺中偶遇朱洪竹，愿结拜同盟之语"。先福还称："似系沿习旧闻，假托哄骗。而乡曲愚民，信以为实，听从入会。殊不知朱洪竹本无其人，而万提喜久经身故，现将例禁綦严，节次破获，有犯必惩，从无疏脱。及朱洪竹、万提喜并无其人，历系会匪假借捏说，希图哄骗银钱备系缘由，用粗浅俗话告示，遍行晓谕，以期愚氓易晓，幡然觉悟，免致再为煽惑。"④这里提到的是河南少林寺，但清政府再也不会像刚发现凤花亭那样立

---

① 《清史资料丛刊·天地会（一）》，第110—112页。
② 《清史资料丛刊·天地会（一）》，第137页。
③ 《清史资料丛刊·天地会（一）》，第138页。
④ 《清史资料丛刊·天地会（一）》，第148—149页。

即去少林寺查处，而称之为"沿习旧闻，假托哄骗"。从《护理江西巡抚先福奏告示民人天地会渊源俾免为煽惑片》的内容中也可看到，嘉庆五年（1800）搜获的盟书已提到河南少林寺，但河南少林寺并未受牵连，这说明清政府至少在嘉庆五年时已不把这些传说当真。嘉庆十六年（1811）查获天地会会簿（姚大羔本），所说的少林寺位于甘肃，清政府就更不理会了。

从乾隆五十二年起到嘉庆十六年查获天地会会簿（姚大羔本）的20多年间，朝廷已通过审讯和搜出的各种会簿中知道天地会所有的"秘密"，并基本上将所有查到的目标人物都——抓获，还采用了极为残酷的镇压手段，但始终未查清起会根源，也未真正抓到天地会的核心人物。天地会一直以清政府不为所知的方式发展，最终在推翻清王朝中发挥了重要作用。

三、正史无南少林寺的记载

至于南少林寺是否存在，其实不难得出结论：第一，一般来说，所在地历史上的各种地方志，在"古迹"的条目中，都不会遗漏少林寺这样具有规模和影响的名胜古迹，但所有的正式的志书都没有关于福建泉州少林寺的记载；第二，西鲁进犯和火烧南少林寺这样重要的一个历史事件，清史及清宫档案都没有记载，甚至出自清代的野史也没有提及，如果历史上确有其事，不可能没有一点痕迹；第三，从清宫档案中我们可以看到，清代的皇帝和重臣都非常重视天地会的各类案件，从一开始发现天地会的存在就极力追寻天地会的起会根源，后来从收缴的会簿中也知道了起会与少林寺有关的信息，但无论是最初提到的河南少林寺还是后来虚构的甘肃、福建少林寺，清政府都没有对其进行查处，足见清政府早就知道这只是虚构的事件，并将此传闻作为"沿习旧闻，假托哄骗"处理；第四，天地会提到火烧南少林的"当事人"乾隆皇帝在批阅各种涉天地会案文件时，十分重视查究天地会起会渊源，若真有他（或康熙、或雍正皇帝）一手策划的火烧南少林事件，就不必对此苦苦追究了。

在历史上，除河南嵩山少林寺外，在福建、广东都有过称为"少林寺"

的寺院，如明代弘治年间刊行的黄仲昭著《八闽通志》记载了福建福清新宁里有过一座少林寺，当时已废，明正德年间《福州府志》还有相似记载。

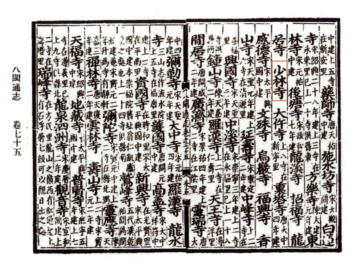

图3-2-4 《八闽通志》关于少林寺的记载

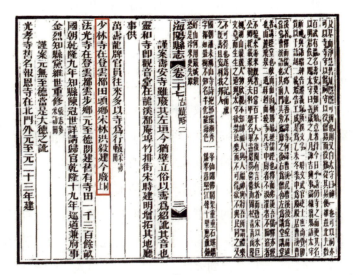

图3-2-5 光绪年间广东《海阳县志》①也有本县"少林寺在登云都田头乡，宋林洪毅建，今废"的记载

---

① 海阳县即古潮州四阳（海阳、揭阳、潮阳、葵阳）之一。

除了上述两座少林寺外，估计还有一些地方有少林寺，不过，这和传说中的南少林毫无关系。同一名称的寺庙在很多地区都有，如开元寺，在厦门、泉州、福州、潮州等地都有；又如能仁寺，在南昌、广州、桂林、重庆以至日本都有。

四、怎样看待南少林故事

著名武术史学家唐豪在1941年发表的《少林拳术秘诀考证》中称天地会的少林，实际即影射登封少林，但天地会为什么要编造南少林的故事，这一故事是什么时候形成的，仍有待进一步探索。

（一）天地会的创立早于西鲁故事的出现

根据天地会会簿的记载，西鲁故事的发生导致天地会的创立，这一观点一直被民间乃至不少专家学者所接受，绝大多数武林人士对此更深信不疑。实际上直到乾隆五十一年（1786）台湾天地会起义，西鲁故事还未形成。天地会创于何时目前虽难以定论，但可以肯定的是，它的出现不因某一突发事件，不特定于某时某日，而是有一个由虚到实、由小到大的渐进过程。在明王朝大势已去时，被天地会视为始祖的傅山、顾炎武、黄宗羲、王夫之以及方以智、陈子升、屈大均等著名学者，就竭力举兵抗清，明亡后又互有交往，秘密筹组反清组织，他们可视为反清秘密组织的播种者。清初反清武装起义此起彼伏，多以光复明皇室为旗号，并以拥戴明皇室后裔朱三太子等为号召。雍正皇帝称："从前康熙年间，各处奸徒窃发，动辄以朱三太子为名，如一念和尚[①]、

---

① 一念和尚（？—1708），清江苏苏州人，康熙年间从事反清复明活动，散发委任信札，称大明天德年号。康熙四十六年（1707）聚众起事，头包红布，竖大明旗号。次年被捕，解至杭州遇害。

朱一贵①者，指不胜屈。近日尚有山东人张玉，假称朱姓，托于明之后裔，遇星士推算，有帝王之命，以此希冀鼓惑愚民，现被步军统领衙门拿获究问。从来异姓先后继统，前朝之宗姓，臣服于后代者甚多，否则隐匿姓名、伏处草野，从未有如本朝奸民，假称朱姓摇惑人心若此之众者！"②

直到乾隆五十一年（1786）台湾天地会起义时，反清势力仍沿用这一做法，只是"朱三太子"早已在康熙年间被杀害，后来被拥戴的是真假莫辨的朱姓小孩。这一时期是大地会创立期和成型期。从现有文献看，天地会最早提出少林寺的传说约在嘉庆初年。嘉庆五年（1800）三月，广东阳江县仇大钦等结拜天地会，拟于闰四月十五日起事，在准备起事时被该县缉拿。仇大钦家中藏有天地会盟书一张，其盟书内"有从前在河南少林寺中偶遇朱洪竹，愿结同盟之语"③。从中可看到少林寺故事的雏形，不过此时所说的少林寺位于河南，即登封少林寺，故事又极为简单。

毫无疑问，西鲁故事是天地会根据反清形势的需要虚构出来，并逐步完善、细化、加工而成的。

（二）西鲁故事幕后的玄机

纵观历代农民起义或一些教派的发轫，发起者大都会编造一些神话、传说，在清代也毫不例外。清代教派众多，其中离卦教内流传的故事与天地会的传说相比，尽管人物和地点都不同，但斥责清统治者奸臣当道、恩将仇报、残害忠良的套路基本一样，并都将现实与虚构故事混为一谈，能轻易打

---

① 朱一贵（1689—1722），于康熙五十二年（1713）迁台湾，是清代自称亡明宗室起兵反清第一人，后失败被俘遇害。

② 雍正《大义觉迷录》，沈云龙主编：《近代中国史料丛刊》，台湾文海出版社1966年版，第11—12页。

③ 《清史资料丛刊·天地会（一）》，第148页。

动人心，激起民众愤慨。相对而言，天地会的传说与现实生活结合得更为紧密、更为巧妙。

第一，天地会的骨干中有不少就是僧侣及武艺高强的人物，有些人的武功与少林寺和尚相比毫不逊色。这些人物贴近现实，这使西鲁故事很容易被民众接受。

第二，传授武术是天地会吸纳会众、提升队伍战斗力的重要手段。天地会内流传的武术极为庞杂，将其出处纳入知名度极高的少林寺有利于提高号召力。西鲁故事的出台非常契合宣传的需要。

傅山、顾炎武、黄宗羲不仅是文坛领袖，也精于技击，武学修为极高，经历过武装抗清，他们对武术的钻研和传播更为重视。傅山常与顾炎武切磋技艺，其拳法至今仍有流传。黄宗羲在抗清失败后，返归家乡，在宁波城西的白云庄讲学，结识了武当派名拳师王征南，两人成为好友。王征南去世后，黄宗羲写下《王征南墓志铭》，是现存最早记述内家拳名称概念、历史源流、风格特点的历史文献，也反映了作者在武学方面的造诣。黄宗羲的儿子黄百家成为王征南唯一的传人，并著有《内家拳法》传世。由此可见，明季的抗清志士就已经十分重视武术的挖掘、整理和传播，将训练有素、精于技击的民众作为未来反清斗争的基石。作为中国最大的反清秘密组织天地会，奉行的也正是这一路线。在岭南地区特别是佛山，传统武术流派无一不和天地会扯上关系，那些经过千锤百炼、风格各异的优秀拳种，深得爱武、懂武的佛山人喜爱，这也是南少林故事在佛山最为丰富、最为盛行的原因。佛山武林以及洪拳的历史源流，仍为不解之谜。

五、广派武侠小说

自古以来，各种方志对民间武术的记载都非常少。特别是清代以来，武林人士的活动几乎处于秘密状态，绝大多数的武林事迹，只能通过民间传说流传下来，而武术千百年来一直是备受关注的热门题材。《史记》中的《游侠列传》和《刺客列传》，记录了荆轲、朱家、郭解、聂政等游侠刺客的故事。唐代《虬髯客传》《红线传》《聂隐娘》《昆仑奴》等武侠名篇，塑造了一批本领非凡的侠客。元代、明代的《三国演义》《水浒传》中，武艺高强的赵云、武松可谓深入人心。清代公案小说《彭公案》《施公案》《七侠五义》《小五义》等除了破案情节颇具吸引力外，北侠欧阳春、南侠展昭等一批侠士高强的武功更为人津津乐道。不过，大部分小说作品所载事迹史无可考。

清末至民国年间广派武侠小说出现，多描写南少林一众英雄的事迹，与武林中的内部传说十分接近，这些作品对研究武术历史有一定的价值。

（一）广派武侠小说作家多是佛山武林中人

所谓广派武侠小说是指杂以"广府语"行文，作者大多为佛山人的武侠小说。这类作品主要介绍福建莆田少林寺至善、五枚以及洪熙官、方世玉、胡惠乾、三德和尚的逸闻轶事，还有近代佛山武林的成名人物张炎、梁赞、黄飞鸿等的事迹。

最早出现的广派武侠小说应是光绪年间的小说《乾隆游江南》（又名《万年青奇才新传》《圣朝鼎盛万年青》《乾隆巡幸江南记》），该书虽作者不详，但大量采用粤语方言写作，而且前半部褒、后半部贬少林英雄，是一部同样留下很多谜团的武侠小说。民国以后，大量歌颂南少林的作品相继出现。1931年，邓羽公（笔名是佛山人、忠义乡人、邓九公）出版《至善三游南越记》及《少林英雄血战记》，引起较大反响。多位佛山籍作家亦以南少林为主线写出了一批有影响力的作品，如许凯如（念佛山人）撰写的《三德和尚》；陈劲（我是山人）的《三德和尚三探西禅寺》《洪熙官大闹峨眉山》《洪熙官三建少林寺》《洪熙官血战罗浮山》《方世玉正传》等。此外，朱愚斋（斋公）、杨大名（笔名同是佛山人）、区瑞芝（笔名我是忠义

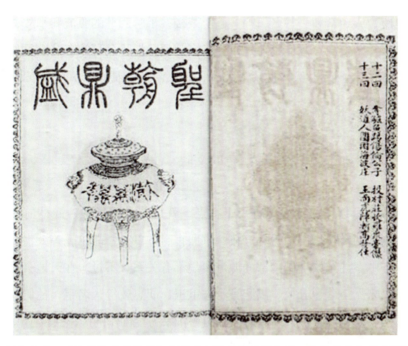

图3-2-6 《圣朝鼎盛万年青》内页［上海英商五彩公司，清光绪十九年（1893）］

乡人）、黄威凤、区慵斋等也写过许多与南少林有关的作品，在20世纪40—50年代产生过很大的影响。这些小说中的主要人物多以广东人为主，或与广东人有所关联，故事发生的主要场景以广东为主，技击描写的真实性较强，并且以南方的武术流派为主，时常夹杂广东方言。后来，不少作品被改编拍摄成电影、电视剧集，产生了巨大影响。可以说，广派武侠小说让南少林家喻户晓。

这些佛山武侠小说作家多为报人，常在报刊上连载武侠小说，天天往

图3-2-7 陈劲（我是山人）著《三德和尚三探西禅寺》书影（《广东商报》，1948年）

武馆里跑，或经常和一些名拳师一起上茶楼，了解武林的源流和掌故，与武林关系非常密切。有些作家还拜一些名家为师，如陈劲拜咏春名家吴仲素、叶问为师。朱愚斋曾从林世荣学艺，为黄飞鸿嫡传徒孙，并曾得黄飞鸿的指导。

（二）武侠小说是现实社会的反映

佛山作家创作武侠小说有一个特点，就是非常注意采访武林前辈，相信武林内部的传说，而至善、五枚、洪熙官、方世玉、胡惠乾等人物，与佛山洪拳、咏春甚至蔡李佛内部的源流传说都有关系。不过，在天地会的会簿中，从来未见至善、五枚、洪熙官、方世玉、胡惠乾等人名字，他们仅出现在自《圣朝鼎盛万年青》开始的以佛山籍作家为主创作的广派武侠小说中。

陶成章在《教会源流考》中说："南方之人智而巧，少迷信而多政治思想；北方之人直而愚，尚武力而多神权迷信。何以知之？曰凡山东、山西、河南一带，无不尊信《封神》之传；凡江浙闽广一带，无不崇拜《水浒》之书。故白莲教之盛于北，而洪门之会遍于南。"陶成章是一名反清志士，也是清末洪门（天地会）的重要人物，他的话多多少少透露了一些玄机。

明清时期，佛山是中国经济重镇，即所谓"天下四聚"之一。经济发达、人口众多，表面上，佛山在明末清初似乎并没有发生太多壮烈的反清斗争事迹，但实际上，佛山人具有非常强烈的民族意识。明末的陈子壮、陈邦彦、张家玉被称为"岭南三忠"，其中的陈子壮、陈邦彦就是佛山人。还有坚守广州到最后一刻、抱琴殉国的爱国诗人邝露，继承其父陈邦彦遗志、坚持反清斗争的陈恭尹等。在清政府统治大局已定的情况下，佛山的反清志士很早就开始组建反清秘密组织，开展了非常隐蔽又适应当时情势的地下斗争。琼花会馆的出现，充分说明佛山反清斗争的"智而巧"。

清政府对民间结会一直采取高压态势，连老百姓的普通聚会都会严厉打击，但在琼花会馆，以伶人为身份的反清志士，不仅可以聚会，还可经常在一起练武，甚至可利用到各地演出的机会联络反清志士，伺机起义。另外，清政府在剃发易服方面对伶人也有所迁就，伶人可以在演出时保持汉人发式和穿汉人服装，实际上就是保存明代的发式和服装，对于志在反清复明的人士来说，除了出家，这也是一个选择。琼花会馆长期秘密开展反清活动，而清政府一直都未能察觉，直至到咸丰四年（1854）爆发陈开、李文茂起义。

佛山武侠小说作家生活在佛山这样一个具有反清斗争传统、各大门派高手林立的环境中，各种武林传说自然反映到其作品中来，虽然不可当史书去读，但对了解当时的武林还是很有价值的。

第二节 传说与史实

武林传说中的至善禅师、五枚师太、苗显、洪熙官、方世玉、胡惠乾、童千斤，还有陆亚彩等人物，都曾出现在广派武侠小说中，又因后来香港电影、电视剧的演绎家喻户晓。虽然火烧少林寺的故事是虚构的，但武林传说中的南少林人物和事迹却不能据此都被定为虚构。我们不妨看看不同地区的一些相关传说。

一、来自广东的传说

武术有源流、有传承，这是毋庸置疑的。清代岭南武林由于多有反清的背景，行事隐蔽，授徒慎重，其事迹仅能通过口头传说流传下来，但传说大多已经走样，有刻意隐瞒真相的，也有经过主观臆测和艺术加工的，甚至还有捏造事实的。这样一来，要探索这些历史之谜确是难上加难。不过，有相当一部分的传说来自武林名家，如林世荣、叶问、伦枝等，也有些既来自武术家，又被文人记录的，如我是山人、朱愚斋、唐栋臣等，他们都如实将前辈的口述或亲身经历记录下来，有些人还在民国年间就对这些传说进行了研究和考证。

据林世荣在《工字伏虎拳略历》中说："唯至善禅师逃落粤东广州河南海幢寺栖身，遂于寺内教授国技，有陆亚彩者，至善之首徒也，得传其秘，而传与黄泰（南海西樵陆洲乡人），黄泰传其子麒英再传其子黄飞鸿，是三代之祖传。"[1]

梁赞后人梁丽娥在2007年12月给笔者的信中称："梁赞掌劲于拳，尤以双飞蝴蝶掌最有名，此掌由至善仅传于胡惠乾一人，其十大少林弟子如方世玉、洪熙官、黎伯符等也没有传授。"笔者曾问过梁丽娥女士这些传说的出处，梁女士说均是祖母及九姑婆所述。梁女士的祖母是梁璧（梁赞长子）的长媳游氏，1963年逝世。

由新会著名武术家陈享之孙陈耀墀编著的《蔡李佛历史》自序中有："且闻李公为少林寺至善禅师入室弟子，技击异乎常所见闻，踢打之术尤为精绝。"他在《李友山公始源》中更详细介绍了李友山如何认识至善及学艺的过程。他还介绍广东少林之武术源流，记述如下：

而至善亦离粤他去，唯吾粤之少林五大家乃至善禅师所授。至善固泉州少林寺僧徒，该寺大后[2]，间关抵粤，卓锡于光孝寺丛林，得洪刘蔡李莫五人为徒分授其技，五人虽同事一师，然所学之技各有不同，盖至善就五人之身形体魄而授以相当之技也。迨后五人各立门户，将所学传于后世，学者日众，其道大行，后人乃称之为五大派。少林拳术得至善来粤传授系统，传流其术乃盛行于岭表[3]，唯粤人或于数部《万年青》所记，谓少林寺为清乾隆

---

[1] 林世荣：《工字伏虎拳略历》，《林世荣工字伏虎拳书》，1936年。

[2] 大后，指某个事件之后。

[3] 岭表即岭南。

帝所灭，其说殊谬，未敢信也。至泉州少林寺之技亦为河南省嵩山少林支派矣，时至善离粤。

陈耀墀徒弟陈华灿手抄的《蔡李佛始创人历史》也称："青草僧是当时少林寺掌门至善之师弟，亦与五经僧有密切之联系。"

岭南最负盛名的洪拳、咏春拳、蔡李佛拳三个门派都声称其源流与至善有关。1957年香港《新生晚报》发表署名宝官、题为《龙吟虎啸香港武坛》的连载文章也称：

根据广东国术馆一九四〇年所辑成之《广东国术源考》内载："广东派拳术，清以上无可考，清高宗以后，有少林僧至善者，流亡到广东，以技传人，遂为广东少林拳之祖。然至善在粤传技时，未敢称为少林，因少林寺僧当时有反清关系，故不敢自鸣少林，而称之为'佛家拳'。其后，佛家拳甚盛，清官忌之，上禀清室，下令严禁，至善为避耳目，将佛拳冠一俗名于上，称为'蔡李佛'。经此一变，清室逻者乃不注意，技乃得传。"

由于史料匮乏，笔者还不知广东少林拳之祖至善是否确有其人，但不宜将其简单地列为虚构人物，随着近年越来越多的武术史料的发现，笔者认为至善、洪熙官以及杏隐和尚、清草和尚等都很可能是真实的历史人物。另一位与至善地位相当的传奇人物五枚[①]师太，除小说外，有关五枚的记载不算多，有一位叶问的门人称多年前曾在青城山见过某庙宇供奉五枚用过的拐杖。

由叶问撰写的《咏春拳源流》，节录如下：

---

① 五枚，又称为五梅。

先祖严咏春氏，原籍为广东，少而聪颖，行动矫捷，磊落有丈夫气，许字福建盐商梁博俦。未几母殁。父严二事被诬，几陷于狱，因是远徙川滇边区，居于大凉山下，以卖豆腐为活，此清代康熙年间事也。其时河南省嵩山少林派，武风甚盛，招清廷忌，派兵围捕，攻而不下。适有新科状元陈文维者，邀宠献议，设法勾通寺僧马宁儿等，四处纵火，里应外合，少林寺被毁，僧徒四散。由是五枚法师与至善禅师、白眉禅师、冯道德、苗显等五人亦分途出走。而五枚止于大凉山（又名栖霞山）白鹤观。每日下如市，因与严二父女贸易，渐且作稔熟。

时先师年已及笄。有当地土霸涎其姿色，恃势迫婚。父女二人日有忧色。为五枚法师洞悉其由。因怜其遇，许以传技保身，使该土霸俟能除，梁氏婚约后始赋于归。由是即随五枚返山日悉勤修苦练。技成，乃约土霸比武，卒将土霸击倒。自此五枚云游四方，颇行殷殷诚以严守宗风，等婚后发扬武术，同佐反清复明大业。综合过去事迹，知咏春派拳术，实宗于五枚法师也。[①]

笔者通过多年调查考证，可以确定严咏春、梁博俦、黄华宝、梁二娣等都是真实的历史人物。由于这些人物与黄飞鸿关系不大，不再展开介绍，只不过有关五枚法师的史料实在太少，无法下结论。

二、来自台湾的传说

十多年前，香港著名导演王家卫在台湾发现三主宫内供奉着"伍梅圣祖"，给笔者发来有关照片。

---

① 梁挺：《咏春根源及各支流考》，香港良仕出版社1998年版，第33页。

图3-2-8　台湾三主宫（王家卫提供）

图3-2-9　台湾三主宫的
伍梅圣祖神位（王家卫提供）

　　台湾三主宫供奉的"伍梅圣祖"与五枚师太有什么关系，目前也找不到更多的资料。台湾是天地会活动最为活跃的地区之一，至今仍有不少古迹供奉着传说中的天地会早期的创办人。伍梅属正史甚至是天地会相关史料也无记载的人物，而另一位是明末抗清名将陈永华，在天地会相关史料中及民间被称为陈近南。台湾民间现在还有供奉白鹤道人、鹤母的习俗，据说陈近南在白鹤洞修炼，故被称为白鹤道人。

　　这里特别要提一下的是，佛山有些武术流派如洪拳、咏春拳等认为师祖正是白鹤先师或白鹤仙师。

　　陈永华是天地会会簿中经常提及的人物，但作为历史人物的陈永华与传说中的陈永华有较大的出入，甚至不像是同一个人。

　　天地会会簿最早提到陈近南的是贵县修志局本，但仅提到众僧"拜陈近南为军师"一语。守先阁本则提道："后来有位和尚陈近南，题（提）起明朝一事，兄弟尊他为先生。""有陈近南先生，未知去向何方，后来闻知在福建省，招集英雄。"

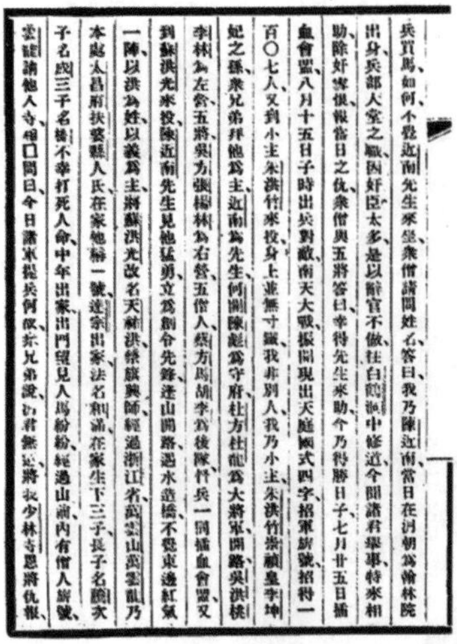

图3-2-10　萧本《西鲁序》（载萧一山《近代秘密社会史料》卷二，文海出版社1971年版，第7页）

图3-2-11　陈近南像（载萧一山《近代秘密社会史料》卷一，文海出版社1971年版，第7页）

萧本《西鲁序》对陈近南作了更具体的介绍：

> 近南先生来坐，众僧请问姓名，答曰：“我乃陈近南，当日在清朝为翰林院出身，兵部大堂之职，因奸臣太多，是以辞官不做，往白鹤洞中修道。今闻诸君举事，特来相助，除奸雪恨，报当日之仇。”众僧与五将答曰：“幸得先生来助，今乃得胜日子，七月廿五日插（歃）血会盟。”

1947年正式出版、朱琳著的《洪门志》，是系统记载洪门历史的著作，称：

> 陈近南原名陈永华，湖北人，清翰林院学士。因清廷焚少林寺，谏议被黜，乃附身卖卜，寄迹江湖，雍正十二年（一六七三）癸丑①，在四川的雅州，以“汉留”组织，开立“精忠山”，以后，回至湖北乡里，居于白鹤洞研究道教，自号“白鹤道人”，与万云龙交往，得五僧蔡德忠等会商举义，但以白鹤洞狭小，遂就附近下普庵后堂的“红花亭”为谋事地点，由陈近南主持。

① 原文有误。雍正十二年应为1734年，癸丑年应是1733年。

多年来，陈近南都被认为是天地会的主要发起人，"白鹤仙师"的图像即为汉留组织[①]的标志。但是，历史上的陈永华与天地会有关文献所介绍的陈近南大不相同，仅有"军师"的身份相似，前者是天地会的军师，后者是郑成功的军师。

天地会一直宣称始创自清甲寅年，如会簿（姚大羔本）《年庚》诗："兄弟出世在何辰，本岁年庚是甲寅。月是孟秋二十五，时逢丑未添庚寅。"贵县修志局本《问你乜时到》诗："义兄查我何生辰，岁次年来是甲寅。孟秋吉月二十五，但逢好时便生人。"守先阁本《问八字诗》："义兄问我几时辰，岁次年来是甲寅。孟秋月逢念五日，时交子丑生我身"。清代甲寅年有四个，分别是康熙十三年（1674）、雍正十二年（1734）、乾隆五十九年（1794）和咸丰四年（1854）。陈永华逝世于康熙十九年（1680），即康熙甲寅年六年后。而这六年里陈永华为"东宁（即今台湾省）总制使"[②]，在台湾全力处理军政事务，根本不可能到内地当天地会的军师。

第三节　武林前辈缘何出家

佛山各武术流派几乎都称传自某某和尚或道人，据笔者多年的调查考证，这里面有很多都是真实的，是有历史依据的，这要从明末清初的特殊社会环境说起。

清兵入关，明王朝众多文臣武将或战死沙场，或慷慨就义，或自杀殉国，但更多的文臣武将、反清志士却忍辱负重，期望重振旗鼓，有朝一日反清复明。清王朝统一中国大势已定之后，他们坚拒出仕，有的隐居著书，还

---

① 汉留组织，据说是天地会的前期组织。

② 连横：《台湾通史》卷二十九《列传》，商务印书馆2010年版，第565页。

有很多选择逃禅。所谓逃禅就是出家当和尚，实际上也不是真正遁入空门，而是利用清政府推崇佛教、对佛寺的管控相对宽松这一点，在寺院中联络各方义士，继续坚持反清秘密斗争。

一、剃发改服逼明遗民出家

清顺治二年（1645）六月江南沦陷。清政府为削弱汉族的民族意识，就迫不及待地推行剃发改服政策，规定：凡清军所到之处，限十日之内，尽行去前大部分头发，后半部依满族习俗，削发垂辫，废弃明朝衣冠。实行"留发不留头，留头不留发"的残酷政策。

汉人十分重视发式与衣冠服饰。《孝经》有言："身体发肤，受之父母，不敢毁伤，孝之始也。"汉人成年之后，除了必要修剪，不可随意剃发。清初满族男性发式是"金钱鼠尾"，后脑仅余金钱大小的一小撮头发，辫子也只有鼠尾般细小。这引起全国上下的强烈反抗，一纸剃发令，被汉人视为奇耻大辱，许多人宁死也不剃发，结果惨遭屠戮。而清政府不仅杀不剃头者，剃头剩发过多、辫子过大

图3-2-12　清初画家金农自画像，发式是"金钱鼠尾"（故宫博物院藏）

者也杀。那些具有强烈的民族意识的学者和身怀绝技的武林高手当然不会甘愿就范，不愿整天带象征着奇耻大辱和臣服的发式生活。幸好自古沙门不礼王者，清政府也没有破例，据说当时降臣金之俊提出"十从十不从"政策，其中有一条就是"儒从而释道不从"，即在家人降，出家人不降。在家人必须改穿旗人的服装，并剃发留辫。出家人不变，仍可保持原来的发式，穿明朝汉式服装。虽然"十从十不从"政策不见于正史，但事实上在剃发改服方面，清政府对出家人确是网开一面的。屈大均的《秃颂》反映了许多明季社会精英的心态："毁伤之罪，我今复罹。剥肤之痛，人皆患之。羡子之秃，不见刀锥，无烦髻结，不用辫垂。"最终，屈大均到番禺海云寺出家做和尚，取法名今种，字一灵。但他仍以化缘为名，四处联络反清志士，冀求推翻清政府的统治。

图3-2-13　19世纪中期发式的真实写照（广州外销画，大英图书馆收藏）

二、避祸守节，伺机反清

屈大均将逃禅作为迫不得已的一种选择，他从来就没有真正遁入空门，而是想方设法联络反清志士，这实际上也是大多逃禅的明末遗民的写照。明末遗民逃禅多数是为了避难和表示不降，不愿受剃发之辱，并借此机会聚集力量，谋求举义，这是中国佛教史上的独特现象。据统计，明遗民中比较知名的逃禅者有300多人，如方以智①、屈大均、金堡②、刘湘客③、管嗣裘、印司奇、王化澄、胡一青等。胡一青是一名武艺超群的名将，"胆不逊于赵子龙，堡常新于李光弼"。虽然正史中记载的以武艺著称的逃禅者不多，但可以肯定，在中国武术发展处于高峰期的明代，身怀绝世武功的明遗民及逃禅者绝不会少。

《清稗类钞·技勇类》有很多记载，仅录几则：

煎海僧用铁刀

江阴有煎海僧，初为名诸生，所用铁刀重八十斤，力能举之。大兵围江阴，率壮士五百人守城。其妇亦能诗画，至是，乃自杀，曰："不贻君内顾忧也。"典史阎应元命其率五百人突围求救，往返数四，少三十人，独提刀引之出。城破，披剃居小岛，五百人从之，煮盐自给，因以煎海僧自号。尝担盐出卖，盐重四百余斤。大吏遣使招抚不降，遂自杀，五百人皆从死。

三山和尚勇力绝人

和尚，铜仁人，姓吴，名以幻，明故将军无锡何以培家将也。勇力绝人，豪侠尚义，避仇袭僧服，顺治初栖止无锡之三山，故人字之曰三山

---

① 方以智，著名哲学家、科学家，反清志士。

② 金堡，崇祯十三年（1640）进士。永历二年（1648），金堡赴广西，任礼科给事中，以"直臣"而著称。

③ 刘湘客，字客生，陕西富平人，明末诸生。清兵入关后佐南明唐王、桂王，任礼部侍郎。

和尚。

……

明总兵黄蜚屯军湖中，曾分兵攻无锡南门，与大兵战。和尚适以事过其地，仓猝无所得兵器，乃入民居，得切面刀及板扉各一，左手持扉作盾，捍刀矢，右手舞刀大呼，突阵助蜚兵，横截马足，马仆截人，所向披靡，大兵遂奔避入城。

僧定因用铁钯

康熙庚辛间，泉州有僧定因者，膂力绝人，精拳棍，弟子数百人。……时郑成功方据台湾，定因弟子精拳勇者多渡海从之。或劝定因往，定因曰：

"老僧闲散久矣，此诸少年事也。且吾在此，为之训练勇士，所得顾不多耶？"

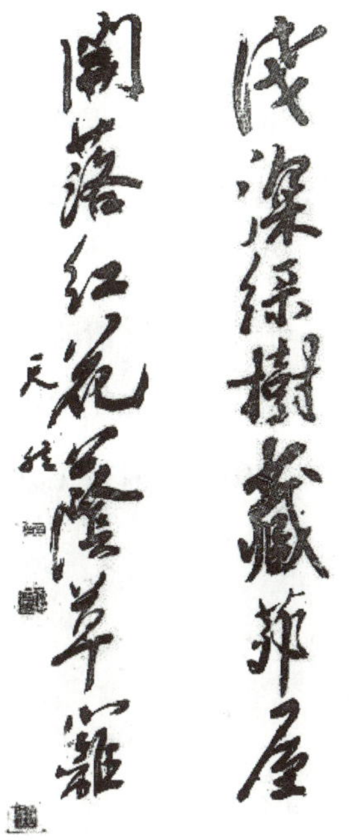

陈寅恪教授为陈垣先生作《明季滇黔佛教考序》时称："世人或谓宗教与政治不同物，是以二者不可参互合论。然自来史实所昭示，宗教与政治，终不能无所关涉……明末永历之世，滇黔……以边徼一隅之地，犹略能萃集禹域文化之精英者，盖由于此。……其地之学人端士，相率遁逃于禅，以全其志节。今日追述当时政治之变迁，以考其人之出处本末，虽曰宗教史，未尝不可作政治史读也。"[1]相比于滇黔地区，岭南地区的明遗民逃禅现象更为突出，一方面是岭南地区在王朝末年多出忠烈节义之士，宋末有文天祥、陆秀夫，明末有"岭南三忠"——陈邦彦、

图3-2-14 天然和尚墨迹（载《广东文物》卷二，1940年）

---

[1] 陈援庵：《明季滇黔佛教考》，弥勒出版社1983年版，序第1—2页。

陈子壮、张家玉，成为士子楷模，剃发改服将无颜见先烈和列祖列宗。另一方面，清兵在广东遭遇多处顽强抵抗，随之的屠戮和残暴行径即更加疯狂。生活条件和政治环境极其恶劣，明遗民要生存下去，要"不降其志，不辱其身"，逃禅是一个出路。且当时平南王尚可喜显示出佞佛的姿态，频频铸佛修寺及恭敬高僧，客观上有利于遗民们逃入佛门。当然，多数逃禅者并非真正皈依佛门，但保全了性命，保存了名节，或移情于山水诗文中，或练武授徒，并方便联络各方义士，逃禅实是最好的选择。在当时的广东佛教领袖大然和尚门下，就云集了不少明代的名士。

天然和尚（1608—1685），名函昰，字丽中，别字天然，年轻时曾行走江湖，精通搏击之术。[1]由于天然和尚学养深厚，研修有得，其讲说及著作颇得追随者推崇。其处世倔强风骨铮铮，同情并庇护明季抗清人士，平时交投者中则不乏节义之士，如陈邦彦、陈子壮、张家玉等，最后都因起义而死。天然和尚备受因国变而失落的文人士绅们的崇敬，屈大均、陆圻等名流人士，南明永历朝中"五虎"之金堡、刘湘客及袁彭年[2]也归附在天然和尚的山中。

位于南海和顺的灵洲山金山寺中曾有多位名僧，都与广东的反清志士有密切交往。明崇祯年间名僧月涛，被称为月涛上人，与明末反清志士何准道[3]、陈恭尹[4]交往甚深。何准道有《同业师傅震园重宿灵洲山楼步月涛上人

---

① 曾昭胜、黄鉴衡等编著：《广东武术史》，广东人民出版社1989年版，第39页。

② 袁彭年，湖广公安人。崇祯七年（1634）进士，历仕崇祯、弘光、隆武三朝。南明时官左都御史。

③ 何准道，字旦兼，号茜园。香山（今中山）人。吾驺长子。崇祯十五年（1642）举人。官至吏科给事中。清兵入粤，吾驺督师三水，准道从父军中。国势瓦解，遂遁迹不出，与屈大均、高俨、谢长文、陈子升多酬和，并多方外交。著有《玄英阁稿》《棕山诗集》。清陈伯陶编《胜朝粤东遗民录》卷二有传。

④ 陈恭尹（1631—1700），字元孝，初号半峰，晚号独漉子，又号罗浮布衣。广东顺德县（今佛山市顺德区）龙山乡人。著名抗清志士陈邦彦之子。清初诗人，与屈大均、梁佩兰同称"岭南三大家"。又工书法，时称清初广东第一隶书高手，著有《独漉堂全集》。

韵》诗。陈恭尹有《祝小金山月涛师》诗二首。

明末清初灵洲山金山寺名僧敏言上人，与岑徵①、何绛②有较深交往。岑征有《寄答敏言上人》诗，何绛有《寄小金山敏言上人》诗。

清初灵洲山金山寺僧人不退和尚，与何绛交往。何绛有《小金山留别不退和尚》诗。

武术何时在金山寺盛行，暂时无太多资料，相传洪熙官曾在金山寺传授武艺，这个当然还须考证，但可以肯定的是，南海金山寺在清代确出现过不少武术高手。虽然现在金山寺已毁，已无法寻找到金山寺武术的传承人，但从民国《佛山忠义乡志》的记载中得知，佛山名医李广海的父亲李才干，曾得到南海金山寺智明和尚的赏识，传授他武术和跌打医术。笔者有幸认识一位曾拜金山寺主持持幻和尚为师的刘心灵老先生，但他学艺时，金山寺已破败，持幻和尚流落乡村，以行医谋生。刘心灵学到的主要是医术。

由此可见，岭南武术流派与释道关系密切，确有历史依据。

---

① 岑徵（1627—1699），字金纪，号霍山。南海人。明思宗崇祯间诸生。年二十遭鼎革，弃诸生，隐西樵。沧桑事定，乃入粤西，泛三湘，走金陵，复北游燕赵间，所至多凭吊寄怀之作。性方介，不受人怜，人亦罕怜之者。所与为友者，惟高僧、野人及二三知己。坎坷以终。著有《选选楼集》。清陈伯陶编《胜朝粤东遗民录》卷一有传。

② 何绛（1627—1712），字不偕，号孟门。顺德人。布衣。明末动乱，隐于罗浮、西樵山中。南明隆武二年（1646），闻张名振起事抗清，遂疾趋南京，至则事败，乃已。南明永历十二年（1658），与陈恭尹同渡铜鼓洋，访遗臣于海外。又闻桂王在滇，复与恭尹北上，西济湘沅，不得进，乃东游长江，北过黄河，入太行。尝历游江浙及燕、齐、鲁、赵、魏、秦、楚间，终无所就。晚年归乡，隐迹北田。

第三章　文献资料

虎妻——黄飞鸿之遗孀述黄飞鸿
林润强

"虎妻"，并非指莫桂兰师太为恶妻，而是黄飞鸿乃响当当的广东十虎之一。①黄飞鸿既是虎，其妻当然是"虎妻"了。

说莫桂兰是虎妻并不言过其甚。莫师太武功之了得，性情之刚劲猛烈，绝不让须眉。而六十多年前年青时的莫师太，已经开始教授拳术，医治跌打，更以打得闻名，遇有不平事，必挺身而出，不畏强权，以暴制暴。

现今已八十多岁的莫师太，仍是精神饱满，双目炯炯有神，谈吐坚定有力，依稀隐约显露着她以往刚烈性格的痕迹，犹有余威，不禁令人肃然起敬。

小桂兰秘密练功，黄飞鸿席上谈亲

莫老师太是广东高要齐海百排人（高要位于桂江下游，邻近珠江口，是在广州附近的一个市镇）。未懂人性时已由其伯爷教授其家传的莫家拳术（她仍记得当时学过一套名叫"拗碎灵芝"的功夫，便是莫家的）。但为伯娘所阻止，理由是女孩子学功夫像男人婆一样，粗鲁得很。于是莫师太只有偷偷地学习，时光飞逝，莫师太已学到精湛的莫家拳术外，更学到家传的跌打术。十六岁时的莫师太，已成为职业的跌打医师了。

莫师太是（养）在她伯爷伯娘家的，因为他们没有儿女，所以莫师太的

---

① 此处有误，黄飞鸿不是"广东十虎"之一。

父母便把她过继了给他们。而莫师太的伯爷与黄飞鸿更份属老友，黄飞鸿常常到莫师太的伯爷家中吃饭谈天。有一天，他们的谈话中，无意中说到莫桂兰。黄飞鸿透露：他对莫桂兰很有意思，希望能娶她过门。两人份属老友，既然黄飞鸿亲口提出，莫桂兰的伯爷亦一口应承。但莫桂兰的伯娘却有微言，她说道："你把莫桂兰嫁给一个伯爷公，你对得起你的弟弟吗？"她的伯爷答道："嫁给黄飞鸿，很失礼她吗？"当时黄飞鸿已有三位太太，但都已不幸过身。此事由黄飞鸿提出后两年，莫桂兰便嫁到黄飞鸿的宝芝林处。

寿星公头罗汉眉，双耳垂肩瓜子面

莫老师太自入门后，便成为黄飞鸿的一名得力助手。莫桂兰在宝芝林的事务极之繁重，除负责日常事务外，更助理馆中医务和教授拳术，从朝到晚，忙个不停。"我一身兼掌柜、制药、医师、教练、煮饭五职，单是处理一餐两桌伙计饭菜，已忙个不亦乐乎。而有时要赶制药寄运檀香山，更要造至通宵达旦，是名副其实的一脚踢。"她回忆着当时宝芝林之生涯，"因为我已经有家传的跌打医术，所以我跟黄飞鸿学习大都是他的拳术，当时我是福军的拳术教练，晚间我跟黄飞鸿学习了拳术后，第二朝便把学来的教给学生们了。"

"黄飞鸿生相怪异，是寿星公头，有一副罗汉眉，眉长至垂下，瓜子口面，耳大而长。身材肥壮高大，要穿三尺六寸的长衫，行起路来滋油淡定，两手总摆在后面。他性情极和顺，老少皆好与之亲近，总是笑脸迎人，人缘极佳。他平日最爱饮茶，城中著名酒楼茶肆，常见其踪影。有时一日到茶楼数次之多。这个徒弟叫也去，那个徒弟叫也去。而每次他叫我一同去的时候，因我事务繁忙，故常说'你先去吧'以作推辞。故我们一同外出品茗的机会不多。"莫桂兰回忆起数十年前的往事，大有感叹时光飞逝之感。

"黄飞鸿在广州亦曾当过官，当他名声最响的时候，水师提督慕名聘请黄飞鸿为拳术教官和军医官。水师提督送给他的一幅肖像，是穿清朝官服的，威风得很，他把这幅大照片挂在宝芝林门外，两旁辅以一对对联，名为

'宝剑出匣，芝草成林'，宝芝林之名亦是源自此联的。"

豆腐教头常自谦，飞砣入埕艺高强

"黄飞鸿是一位相当自谦而和蔼的教头，常称自己为豆腐教头，即唔打得之谓，更好与徒弟们开玩笑。宝芝林之大厅摆着一张杠床，黄飞鸿喜欢睡在那里休息，林世荣每一进门，必经黄飞鸿睡的杠床跟前，叫一声'西'父（师父），然后问这问那，那招怎样消，这招怎样拆，黄飞鸿不胜其烦，便一掌把林世荣打出门外去……黄飞鸿虽然自称豆腐教头，但他的飞砣入埕、采高青、杨五郎八卦枪、无影脚等，均是登峰造极，无人可及。他玩的飞砣（一块尖的铁锤，用绳连着），有百步穿杨之妙，能在远距离把砣打入一个横放的酒埕里，把放在酒埕内之目的物打中而不接埕口的分毫。因为他的飞砣百发百中，是以舞狮采青的时候，任何高青都难他不倒，只要他从狮口中把手一扬（名为朝天一炷香），砣便笔直而上，便能到达挂在高达四楼的青，砣上尽一圈，青便应手而得，简单之至。本来我也打算苦练这套绝技的，但飞砣太难学、太危险，常常自伤身体，所以放弃了。他的一手杨五郎八卦枪，更是出神入化，更有一枝单头棍横扫三十人的辉煌事迹。他的无影脚，变幻无穷，快如闪电，简直难以触摸。无影脚我是得他真传的，但只在危急时应用，因为脚法相当阴毒，出则必中下阴，为夺命奇招。"

"黄飞鸿是懂得轻功和点穴法的，照我记忆所及，有一次黄飞鸿见一个摆街档的小孩子常常被衙差们欺负，把他卖马蹄的玻璃缸踢翻，孩子啼哭不已，黄飞鸿看不过眼，便扶起那个小孩子，斥责那些衙差的不是。那些衙差大怒，骂黄飞鸿做架梁子，要拉要锁，气势汹汹。黄飞鸿是一个不好生事的人，打发了那个孩子后，便一个翻身，跳上一家居民的阁楼离去无踪，而避免了一场打斗。至于点穴之法，是存在的，除了解人全身之穴道外，更有已编成诗歌之要诀，点人穴者要对方只活一年便活一年，只活三年便活三年，故在我学的时候曾下毒誓，不能外传，点穴法是要失传的了。"

吴肇钟登门挑战，莫教头豪气迫人

莫桂兰滔滔地详述黄飞鸿，便开始回忆着他的过去，莫桂兰是一位好胜而又刚烈的女子，与黄飞鸿祥和沉实的性格迥然不同。至于她的事迹，比起其夫黄飞鸿不遑多让。

自莫桂兰嫁过黄家后，协助其夫黄飞鸿之教务，更出任当时福军之教练，莫教头之名不胫而走，成为闻名广州的一名女中豪杰。莫桂兰当时有一女徒弟，生得如花似玉，当地的名伶李筛芳便征询她的家长同意，欲收她入戏行当女伶（据称当时的伶人地位低贱，被人视作妓女一般）。其母一时糊涂，答应了李筛芳，并签了契约，把女儿交给了他。其父得知此事，极力反对，但契约已签，反悔不得，便求助于莫桂兰，莫桂兰便教其父带自己的名刺到李筛芳处要人，因莫教头的威名，李筛芳无可奈何，便把那女孩子放了，但李筛芳心有不忿，便向吴肇钟求助（因莫桂兰的记忆关系，未能证实其是否为白鹤的宗师吴肇钟）。另一天，吴肇钟便偕同李筛芳的兄长和父亲到宝芝林兴师问罪。

当三人进入宝芝林后，黄飞鸿正在厅中杠床打瞌睡，而莫桂兰与众人在阁楼干活。他们大声地问道："莫教头在吗？"莫桂兰见有人找她，便匆匆从阁楼而下，见三个素未谋面的大汉在厅中站着，不禁愕然。便问："找我何事？"

"我们是来领教领教的！"吴肇钟说道。

"领教？你们要领教什么？"莫桂兰莫名其妙。

他们把来因道明后，莫桂兰才明白是什么一回事，好个莫桂兰，毫不畏怯地说："那么？谁个先上！"

"我先来！"吴肇钟与李筛芳的兄长争着说。

"就你先上吧！"莫桂兰指着吴肇钟道。"不过，就是要打困笼的（意即闭门决斗，必须待某一方被打倒后才能算作胜负），其余的请到外面等候。"当时气氛极之紧张，大有恶斗一触即发之势。而李筛芳的父亲（是一

盲公）认为莫桂兰豪气不凡，不愧为威震羊城的武林英雄，不禁肃然起敬，于是便有和解此事之意，说道："大家都是武林一家人，何必如此伤和气，不若大家玩一套功夫看看就算了罢！"

莫桂兰亦同意道："见见功夫也是好的。"

于是吴肇钟先"玩"。"玩"了二三十点后便轮到李筛芳的兄长盘膝而坐玩了几下，便结束了这场武林大恶斗。

后来，吴肇钟才知道原来他的师父，竟是跟黄飞鸿习技的，照辈分而论，黄飞鸿就是吴肇钟的师公了！吴肇钟大惊失色，于是有一天，预备了一些手信礼物，走到宝芝林去，在黄飞鸿的跟前叫了一声师公。黄飞鸿举头一望，莫名其妙："我是你的师公？""师公，是真的。"吴肇钟便把他的师父名字道出来，黄飞鸿才恍然大悟。

空手入白刃，痛惩狗强盗

莫桂兰不单只在省城以教拳出名，亦以舞狮闻名遐迩。据闻她是省城女子舞狮的第一人，而气力更属惊人，舞狮全节而无需转手回气，而舞罢更能一口气表演五套拳棍功夫才罢。故黄飞鸿每有表演功夫，必少不了莫桂兰那一份儿。

一天，适逢盛日，黄飞鸿在省城搭棚表演，那时有一种军队，头扎红布，人称之为"红头军"，纪律甚差，动辄抢夺民间财物。当时邓芳之媳妇小产不足一月，亦随队协助处理刀剑等杂物，身带甚多金饰，为一名红头军所觊觎，静静地潜进后厢，向她突袭，打得她遍体鳞伤、倒地大呼，当时莫桂兰表演完毕，正在邻厢更衣，闻声赶至，当时形势已相当危急，那名红头大汉已拔刀在手，准备刺向邓芳之媳妇，莫桂兰立刻大喝一声"住手！"那名红头军吓得魂飞魄散，但见入来的亦是女流之辈，于是顺手在刀剑架中取一枝棍向莫桂兰刺去，莫桂兰看准来势一拿一拖，便把棍夺了过来，而顺势向那红头军当头一劈，那大汉应声倒地，血从额角涔涔而下，慌忙抱头而逃，莫桂兰一个箭步追前，一脚把他踢倒在台下。

此时，众人已闻声赶至，追问缘由。莫桂兰怒容满脸地指着那班红头军骂道："兵是你们；贼又是你们！"然后指向那头扎纱布被她打伤的红头军道："他是我打伤的！这无赖抢我们的东西！"那班红头军见自己理亏，虽然被骂，但却噤若寒蝉，后来更交回抢走的金饰了事。翌日，城中报章大字标题写道：莫教头痛惩抢匪，大快人心。自此，莫教头之名气大盛。

路见不平拔刀相助，莫桂兰怒棍打狂徒

话说自黄飞鸿与莫桂兰从内地到达香港后，居住于湾仔大佛口附近，一日黄飞鸿卧病在床，莫桂兰到附近街市买菜煮饭，见一卖鱼的贩子名为卖鱼泰，被四名身穿制服的大汉欺负，把他的鱼倒满一地。莫桂兰看不过眼，上前与之理论，一言不合，大打起来，大汉们用担挑欲把莫桂兰殴打，莫桂兰一个不客气，便把担挑夺过来，一棍在手，所向披靡，四大汉动不得她分毫，被她扫得如滚地葫芦，哇哇大叫，此时围观者挤得水泄不通，拍手叫好，四大汉见对方如此了得，唯有负创而逃。这时莫桂兰打得性起，继续拾起地上的石头，掷得他们没命地逃窜，无影无踪。此事轰动整个大佛口，连躺在床上的黄飞鸿也听闻此事，待莫桂兰归来后，便半开玩笑式地对她说："你如此好打，待我们回省城摆个擂台给你打吧！"

不知不觉间与莫桂兰谈了两个多钟头了，莫桂兰不单毫无倦意，仍兴致勃勃地希望记者为她与一班徒弟徒孙们拍一些照片，更吩咐徒弟们拿出她六十余年随身出外诊症用的皮制药箱，令记者们大开眼界。此箱虽经历超过半个世纪的风霜，但仍保存得完整无缺，实属难得，莫桂兰更摆了几款家传的莫家拳桩式，给记者造像拍照。仍然是精力充沛的"虎妻"，仍虎虎有威呢！

（原载香港《真功夫》1976年第1辑第6期，个别字词略有删改。）

黄飞鸿之子黄汉熙口述黄飞鸿传奇

孙　毅

黄汉熙酷似黄飞鸿

黄飞鸿的生平事迹，他的第四太太莫桂兰，虽然曾讲述了一段梗概，但是其中有些地方还不够详尽，可能是由于事隔数十年，印象逐渐模糊。同时，她又是一个久病新瘥的人，记忆难保没有遗漏之处。记者特地再往访问黄飞鸿现在仅有的儿子黄汉熙，补述了不少有关黄飞鸿在武功方面的成就。不过，他是一个非常谦谨、老实的人，对于一些与事实有出入的流传，他都指正了。

黄汉熙，今年已是五十六岁了，他的眉毛也有些花白，从谈吐中可以看出他是一个具有爽朗性格的人，生得体格魁梧。莫桂兰曾说，他的相貌酷肖黄飞鸿，但是，黄汉熙却微笑说："有六成相似是真的。"

他现在是做洋务的工作，因为他曾嘱咐不要将他的工作地点说出来，恐怕会有些不方便之处，这里只好不说出来了。这是一个春寒的下午，天阴欲雨，正是促膝谈心的好时候，何况他又像莫桂兰一样，非常健谈，我们的话匣很快就打开了。

对于黄飞鸿享寿几何的问题，他订正过来了，他打开一本小日记簿给记者看，第一页就写有黄飞鸿的生辰和死忌。他说，这些生、死的日期是从黄飞鸿的神主牌下翻出来抄下来的，黄飞鸿生于清咸丰丙辰年七月初十日，死于民国乙丑年三月廿六日。经过查对，前者即咸丰六年，公历一八五六年，后者是民国十四年，即一九二五年。也就是说黄飞鸿在七十一岁那年病逝（十足年龄应为六十九岁，但习俗是加两岁的）。

赌仔回头金不换

黄飞鸿生前有六位太太，黄汉熙同意这个说法。他说，他是黄飞鸿第三位太太生的。不过黄飞鸿的原配在婚后半年就病死，后来娶第二、三两位太太，到年约六十岁时，因为授女徒的关系，又与莫桂兰结婚，至于第五、六两位，黄汉熙说没有看见过。

于是，黄汉熙从黄飞鸿的幼年时期开始说起，并声明这些都是他的父亲生前话家常时常常提到的。黄飞鸿的父亲是一个鞋匠，懂技击，常教黄飞鸿习武，但因家贫，黄飞鸿读了半年私塾就辍学，七岁的时候，开始浪迹江湖，卖柠檬姜之类的凉果，到十六岁便在东莞做教头，后来才分别到过省、佛、陈、龙等地。

不过，黄飞鸿是一个如假包换的回头赌仔，在年幼的时候，曾偷了父亲的棉被，甚至把卖柠檬姜时的锣槌也拿去当了赶注。可是，到了廿多岁时，他决定戒赌，果然戒绝，同时还恶赌如仇，但赌却与他的三个儿子有了不解缘，独黄汉熙除外，颇使黄飞鸿不满。

黄飞鸿医好了刘二

刘黑旗打番鬼（即刘永福，俗称之谓刘二），这是刘永福在谅山击败入侵越南的法军的故事。但是，黄飞鸿却曾是刘永福的下属，并曾帮刘永福医好了一只跌歪了的盘龙骨的脚。黄汉熙说，当时，刘永福因追贼跌伤，伤处奇痛，于是延请跌打名医诊治，可是，刘永福极怕痛，不准医生用手碰伤处，这是跌打医科中最难施展真功夫。

后来，刘永福的先锋罗德谦介绍了黄飞鸿，照理，黄也是束手无策的，不过他颇工于机智，于是和罗德谦商量妥当，到时，伪为替刘永福敷药，然后突将歪骨弄正，刘永福痛至失控，但伤处卒被黄飞鸿医愈。事后，刘永福曾送他一个长三丈多的匾，上写着"医艺精通"①四字，这个匾在商团烧乡时才被毁。

刘永福的助手陈太焜，是"红顶"官阶，对黄飞鸿也很赏识。那是一

---

① 原文为"医艺兼通"。

次很偶然的机会，陈太焜在东堤修发，突然看见黄飞鸿卖武耍艺，便委了他做靖远街、谷埠的探员，后又做太平门的千总、旗定台炮台的指挥。在跟刘永福的一段时期，他因陪刘永福下乡的小故，辞职不干，于是返回宝芝林的医馆，即仁安街廿一号。到辛亥革命后，刘永福时年已七十二岁，再被推任职，黄飞鸿也被刘委为民团教练。

曾做探员收取黑钱

当黄飞鸿任职探员时，也收规①的，那时谷埠的赌档，每摊给他二钱白银，妓艇也每艇收一钱白银。任太平门千总时，在城门关闭后返来的人，每人又收一钱银才放行，那时，黄飞鸿每天收二三百块钱不算一回什么事。

说到黄飞鸿的武功，颇多有趣的地方。黄汉熙说，为了不想引起麻烦，对手是谁，最好不发表，因为恐怕对手的后人看了心里不舒服。这里只好不写对手的名字了。他说，这是他大约十二岁的时候的事。黄飞鸿徒弟凌云楷②授徒卢雄因为转师问题起事，使在广州一个踢馆闻名的拳师不仅要与凌云楷较手，还要与黄飞鸿比试。

一天凌云楷在元昌街与这个拳师相会，凌腕被搭住，但近即拗脱。这位拳师仍不罢手，再到长寿寺黄飞鸿分馆，当时是晚上九时许，这位拳师摸到分馆后便向黄飞鸿取笑。

原来黄飞鸿是有薄薄的豆皮的，乳名叫做阿长③，诨号是豆皮长，他排行第四，尊之者称之为四哥。这位拳师直呼黄飞鸿为豆皮长，使黄反感。可是，这拳师竟又双手执黄腕，考黄的桥手，黄一扭手而脱，于是，这个拳师便连连进拳，黄飞鸿退让到墙隅时，突然一记无影脚，这个拳师的下部便受伤，倒地不起。

---

① 收规，粤语，相当于收保护费。

② 凌云楷，即凌云阶。

③ 阿长，一说阿祥。

打架出人命要走路

黄飞鸿心想这一脚打瓜①了这个拳师，闹出人命，连忙嘱咐门人待他落船返西樵后才可报案。到了深夜一时许，这个拳师逐渐苏醒过来没有丧命。所以，黄飞鸿一直不敢教人无影脚就是这个道理。

这个拳师后来在街头与黄相遇，打招呼时已改称黄为四哥了。可是，其人不怕死，竟又邀黄比棍，就在宝芝林馆内比试，当时，这拳师递给黄飞鸿一支单头棍。所谓单头棍者是比双头棍长约尺半，但黄要短的，拳师要黄先发招，不料，黄一进招将棍从拳师手肘斜插而进，拳师双手被封无法还招，这个拳师仍不服输，又再比试，这回黄飞鸿先发制人，以棍疾削其人握棍的手掌，这样，这拳师才对黄佩服得五体投地。

大笪地打败大狼狗

黄汉熙又说到黄飞鸿打狼狗的事，他说，电影中说与狼狗打了几多回合，都是夸张的。事情的本身是这样：当时有一个花旗佬带了一头狼狗到荷里活道②大笪地向人挑战，胜狼狗的奖金廿两银，但与战者不得持武器也不得起脚，输了给狼狗的，咬伤没有赔偿，这个花旗佬还收门票，收入颇佳，被咬伤的武师已有多人。

到黄飞鸿前往应战时，他先问这个花旗佬，获准他带一条夹边手巾，花旗佬检查后知道不是利器，便让他带了。黄飞鸿暗地将手巾搓成一长条，当中打了一个结，到比武时，大狼狗向他狂冲过来，他不慌不忙将手巾向狼狗一抛，狼狗便张口将有结处咬住，黄飞鸿已进至狗背后，双手各执手巾两截，将巾一勒，把狼狗咀巴缚得紧紧，就这样赢了，所以那时有一句话："赢得抵夹好睇！"这是黄飞鸿的机智。记者紧接着问："这件事发生在什么时候的呢？"

① 打瓜，粤语方言，即打死。

② 即荷李活道。

黄汉熙说，这事发生时，他还未出世，后来听黄飞鸿谈往事的时候得来的。

黄飞鸿的无影脚很少很少使用。几乎是在一个迫不得已的关头才露一下，但是却不容易学。黄汉熙说，他和莫桂兰也学过，虽知其法，却不如黄飞鸿运用之巧，因为这要有好的单头脚（独脚）的基础，像舞狮头的，单头脚不好，舞起来就可能不够生猛了。

有一天，黄飞鸿在十七甫，路过打铜街，有六个"亚泡"（打荷包的[①]）向他"射盔"（箬帽），分左右两路夹击，他不慌不忙先摔了一个下地，然后突起一记无影脚把另外一个踢倒一丈外，其余的亚泡才作鸟兽散，至于这个中了无影脚的亚泡伤势如何，他已不管了。

舞狮独到极为生猛

关于舞狮，黄飞鸿有独特的修养，他从狮子醒时开始一直表演到这只狮子偷食被逐，后来醉倒复醒的过程，每一动作都非常生动。黄汉熙说，舞狮时，狮的动作是跟着一个故事发展的，从一只睡在田野的狮子开始，它睡醒了肚子饿，便四出觅食，跑进一间庙里，食饱了，为大头佛发觉，将狮逐出，狮逃走，大头佛追不上，经过一座桥，在桥畔饮水，饮了水过桥，有点醉意，便睡在地上，吐球为戏，到后来醉倒复醒。所以舞狮时这只狮便有过桥、过三山、采青、饮水、醉青、吐球等动作，而这只狮子是否舞得生猛就要看舞狮的人如何使这种动作生猛地表演出来。接着，黄汉熙又说，黄飞鸿舞完这套狮大约费时达一句钟。

绝技"朝天一炷香"

黄飞鸿不仅是无影脚与舞狮有心得，同时，他的八卦棍也很不错，有一天，他在荷里活道大笪地卖武，当时有些地头友向一个卖马蹄的驱逐，上前

---

① 打荷包，粤语，指偷钱包。

一问，原来这些地头友不准这个卖马蹄的小贩摆卖，于是他做鲁仲连①，不料，就此，被地头友几十人围攻。黄飞鸿手拿一支单头棍左冲右突，杀出重围，那时，大队警察已至，拘捕了好几名地头友，黄飞鸿因恐受株连，乘夜返广州去，所以那时黄飞鸿没有在港设馆，就是这个原因。

黄汉熙又说，黄飞鸿生前常被邀表演，他有一手飞砣，锻炼得颇好，其中一个名堂叫作"朝天一炷香"，这就是将飞砣舞到起劲时，突然飞砣向上一冲，砣绳挺直，停留半空约达一分钟之久。另外一个名堂是"落地连枝"，也是将飞行中的飞砣突然放在地上，砣绳直挺，黄飞鸿只用手在砣的一端握住，绳与砣像一支竹竿一样被拿了起来。当时，黄飞鸿在海珠戏院表演时，孙中山与陈炯明都曾看过②。

收女徒弟邓秀琼经过

到了黄飞鸿六十岁的时候，已在民国初年了。那时黄飞鸿女徒邓秀琼之夫吴仁湖找教头，由林世荣介绍。吴仁湖有妻妾十人，邓是第五的。起初吴颇有看不起黄飞鸿之意，特找他的手下中一个外号铁头陀的拳师与黄飞鸿较手，黄递出桥手，这个铁头陀上前一碰，马上缩手，不肯再比试。吴仁湖是颇懂一些杂拳的，便要亲自出马，三两下使出冲、标之拳，不料，黄转马突进到吴的背后，将吴压住，因此，吴的妻妾十人，都由黄授拳。为了男女之间的避嫌，黄带了刚娶的莫桂兰前往帮助。

黄飞鸿授徒中，桥手方面，凌云楷学了一手"袖里藏花"和"铁门闩"，这都是黄所创的拳术。林世荣虎爪最好。梁宽的狮学了八九成。看来

---

① 鲁仲连，战国时的齐国高士，爱国、清廉、仗义。

② 1919年4月9日下午，黄飞鸿应邀参加了广东精武会在海珠戏院举行的成立大会并表演了飞砣，但当时孙中山与陈炯明并未在场，到会的嘉宾有护国第六军军长林虎、参议院院长兼宪法会议长林森、广惠镇守使李福林、广东警务处长兼警察厅厅长魏邦平、广东商团团长陈廉伯等。

黄飞鸿在拳术中是颇有创作天才的。黄汉熙说，虎鹤相形①拳和铁线拳都是黄飞鸿的杰作，这完全是重视法门的拳术，其中有些动作在出手投足间的一呼一喝，都是如虎施威、如鹤长唳，声威俱发。

黄汉熙拳术门外汉

黄汉熙说，从黄飞鸿一生中，他授拳的时候，必诫门徒不得在外生事，同时他也阐明了学拳是为了锻炼身体，而不是撩是惹非。就是他挟着无影脚之技，也不大肯传人，而是恐怕获传的人不管黑白，随便伤人，所以他就宁愿不教。他授徒也颇选择，有时一些西关阔少，重礼聘之，他也辞而不就。

至于黄汉熙的拳术又如何呢？他很坦白地说，他在十四岁那年就离家来港做洋务工作了，虽然学过黄飞鸿的拳术，但是正如俗语说"拳不离手，曲不离口"，缺少锻炼，情形就不同了。同时，他已经有三女三子，目前的收入也颇能维持生活，他便没有想要挂牌的事。

坊间所传颇多失实

他又指出，现在坊间对黄飞鸿的生平颇多传说附会的地方，像说黄飞鸿有个徒弟高脚七，这都不是事实，同时，那些打什么水老鼠等也是没有这回事的。事实，黄飞鸿的为人，相当和易，尤其在六十岁的晚年，一天早、午、晚都喜欢品茗，只见他双手兜起长衫尾健步登茶楼时的情景，就可想见他是与人无忤，同时那时的健康情况也很好。

到了商团烧乡，宝芝林医馆被毁于纵火，黄飞鸿来了香港。黄汉熙说，当时，黄飞鸿对医馆被焚，忧郁不已，同时，刚好他和他的哥哥又告失业，当时对一个从六七岁就闯荡江湖、白手兴家的人，这个打击是不小的，因

---

① 虎鹤相形，应为虎鹤双形。

此，黄飞鸿一病不起，垂危时还遄返一生居留的广州才溘然长逝。

（原载香港《新晚报》1957年3月15日第4版，个别字词略有删改）

稚年所见的黄飞鸿

胡　雪

黄飞鸿我在前清末年见过他几次，我并不是他的朋友，当我还在稚年，他已经是一个中年以上的人，我看见他，是在广州东园前的沙地。

前清宣统年间，广九铁路将近建筑完成，大沙头附近日渐繁荣，东堤方面有一排大寨（高等妓馆），鸽笼房屋凡数十间，左边尽头有一度桥，过桥就是东关戏院，右边尽头有一间酒楼叫作襟江楼，其傍有一间新式戏院叫作广舞台，这一排房子之后边，有一片很广阔的沙地，走过沙地，就有一间出售门票供人游览的东园，其布置颇有类似于上海的张园，园前的沙地就是走江湖的好汉卖武、卖膏药的所在。

黄飞鸿就时常在沙地开档，他并未有特异之处，先插一支黑色镶白边的旗，上面有班中黄飞鸿五个字，然后伙计打锣，渐渐看客多起来了，黄飞鸿赤着膊，腰系一条绉纱带，下身穿一条黑裤，扎起脚绑，脚蹬板咀鞋，走到场中，拱拱手，很客气地讲了许多客套话，然后一直口里嚷着：何为五大名家？洪刘李蔡莫。何为十大形象？龙蛇虎豹鹤，犀象马猿彪。打锣之伙计，于是打几手拳，卖卖膏药，卖完了，再耍一回软鞭，再卖一轮跌打丸之类就收档。何以收得这样快，闻人说，走江湖的，照例不能同时两人开档，这是一个江湖规矩，那时还有些人等着开档，我依稀记得，跟着开档的很像是一位称为吕龙彪的拳师。

在我的印象中，黄飞鸿中等身材，不高不矮，皮肤作古铜色，相貌生得相当端正，不是一个凶神恶煞，也不是一个惹是生非的人。当时，是前清末

年，也是革命党活动时代，广州地接洋场，更为清朝官吏所注意，宣统年间广东的巡警道是秦秉直，以高压手段，严防革命党活动，冲要之区，巡警便衣密布，实在不容聚众斗殴。所谓黄飞鸿长堤歼霸，我未曾听见过有其事，而且以当时政府防范之严，亦绝对不能发生歼霸之类的事情，至于黄飞鸿打什么水老鼠之类，吾未之闻，未之见，亦未之信也。

（原载香港《华侨日报》1956年10月3日，个别字词略有删改）

跌打伤科述要

朱愚斋

朱愚斋在《粤派拳师黄飞鸿别传》中介绍黄飞鸿为刘永福治疗麒麟髀骨脱落时，写到黄飞鸿看到之前的"设治者于骨节学，未尝致力，则虽延其为治，病必无以愈也。飞鸿既审所创，乃叩其苦，永福言股痛不能行，敷治之，病未少减，言时甚叹世之悬名为人治创者，其盲于术有如是，飞鸿亦为之太息不已"。朱愚斋写到这里，有感而发，单独形成一篇谈论跌打伤科医术的文章（原作无标题，标题由编者添加）。

朱愚斋曾随林世荣学习跌打医术，后又再随步冰道者深造，学成后以行医谋生，以擅长医治麒麟髀骨伤病闻名，后在香港威灵顿街与名医陈柳一合伙开设安和堂药局。朱愚斋武医皆精，较好地传承了岭南武林跌打伤科医学。岭南武林跌打伤科医学，源自明末清初反清志士中的医学专家，一直以秘密的方式传承。黄飞鸿、林世荣等虽然是医艺精通的大家，但都未留下医学著作。朱愚斋这篇文章，是罕有的武医名家谈论跌打伤科的文章，可以窥见博大精深的岭南武林跌打伤科医学之一斑。

全文如下：

世之以精医跌打悬名于市者，汗牛充栋，则所悬之金字招牌，亦举目即是，致其是否精于斯术者，则百无一人，类多稍涉皮毛，或谙二三草头药性，或抄习三数古方，出其所得皮毛，公然而为人治创，悬其名于市，自命为良医矣。求治者又类多平素不搜求谁为良劣，届时一无鉴别，胡乱延之，其病安见有愈乎？虽然，跌打一科，古之号为伤科，即今之所谓跌打也，总称之曰外科。盖其患非人体内之积患而生，是从外跌仆撞打碰拍而有此，故总其名曰外科耳。顾是术虽外科，而实则分为内外二种。外者也，如错骰扭筋断骨诸伤；内也者，则俄顷可致人于死命，而其创乃中于五脏六腑，或血气痰碗等穴，故是术中，乃有内外别焉。世人不察，良多不谙此理，予尝为之摇首太息，即以今所序之麒麟髀而言，此亦可致人于死命者，或疑予有过于言者，以此创伤在骨骰，而非中于五脏六腑，胡能致彼丧命，曾不知人体中骰骨，无论其为肩肢腕膝脚眼麒麟髀等，如久治不愈，则其患处必发疽，下陷者名贴骨疽，不下陷而溃烂者，则为缩筋疽，此种疽必越十数月而始发，当未发之前，其患处必于春夏间或狂风暴雨之日，患处必隐隐作痛，此为其患将发疽之表现也。疽成如以阳和汤内托之剂治之，匪特无功，且恐由此以速其寿，盖是疽乃由瘀血凝积而成者，非由五经六脉所发，焉有内托之剂，而可以奔其病，死于此者，不乏其人。

予内戚梁氏女，跌仆脱麒麟髀，越年余，疽发，治之无功，卒以是去世。挚友冯君其焯，其长公子，亦以是殒其生。呜呼！世之罹此创者，又安可忍乎哉？虽然，麒麟髀之伤，乃为跌打施术中最难治者，故其创为人体骰骨中有第一难治之称，苟施术者，手术不甚高明，于骨节未尝致力，一任其拉之劈之托之按之，其骰骨脱落处必更有甚于未施术之前也，安见其能为汝愈此病哉？病既不愈，迁延时日，疽必由斯以发，其痛苦则与入活地狱者无异。予举一事，以纪罹是疽痛苦之惨状。是年春三月，予挚友黄君镜洹，忽以电话达语，召予过其居聚晤。镜洹君子人也，性豪爽慈爱，有古奇士风，予夙见其人，知其必有事见教者，乃如约往。镜洹引一人入，介于予曰："此为敝友也，今忽罹臂痛甚苦，烦为我视之。"

予审其人，面灰白手颤，呻吟殊苦，叩之，则曰："数年前，偶尔不慎，跌仆脱腕骸骨，延医治愈后越一年，患处每于风雨间，时作隐痛也。初漫不以为意，及今患处骨忽然下陷，奇痛有如针刺，寻肿且及于臂，数治之，未有愈。"予聆已，细察其患，知为跌打贴骨疽，乃告于镜湢，镜湢使予治之，且任其药资之责。予觇其义气凛然，立感动，乃如吾师步冰道者所授治跌打疽之法，穷一昼夜思之，始出术为其友治，仅七日，疽逐奔。镜湢奇予能，叩斯术从何所自者，予以往事助谈，镜湢乃知之矣。

十八年前，予破家来港，佣工自给，越岁，罹咳疾，缠绵十数月，一病几殆。后为谊祖父蔡咏南先生治之，饮予以药，仅数帖，而病霍然（先生医学渊博，抱道自高，非戚友不能求其治者），此为予平生铭感中之第一人也。时予奇贫，病虽愈，无资以补养，清癯瘦削，不复类人形，顾终无法，只任其自生自灭而已。会广东拳师林世荣先生来港设馆，位于上环弓弦巷。予偶从友往观，得与先生面，先生觇予奇瘦，讶而询，予不讳，具告之，先生怜予所遭，恻然曰："病后补养之法，莫良于习拳以畅其血气者，予既厄于贫，吾愿不受值，而授汝技。"予顿首谢，遂游于先生之门，先生授予以铁线拳法，且告以斯术如有恒心造去，当反弱为强也。予再拜受教，于是悉其心以习，基年而体魄渐复，至于今，已易吾体为痴胖矣。嗟夫，德泽被人，莫斯为甚，予刻骨铭心，除死方灭，至今书之，犹欲感极而泣者也。

乃游于先生之门者凡八年，后以虽略谙武技，而无跌打术辅之，终不能成为全技，乃再请于先生，求跌打术。先生亦慨然不靳，如是者又二年，先生谓己罄其技矣，予思更益之，密侦世之良是术者，再从其学，岂意士有志竟成，萍水中乃与步冰道者遇。步冰道者，世之奇士也，精跌打伤科术，遁居玩世，抱道自高，与流俗有别，独往独来天地间，身心泰然。六岁，鬻身为何道者道童，道者俗姓何，讳兵部，少从军征发贼，积功至记名提督，其后以不善逢迎大吏，摘顶去职，愤而出家，出其跌打术以泽世，足迹几遍中原。步冰从之，至廿五岁时，始与兵部别，航南洋群岛中，亦出其积学以泽世，治人无创不愈，后倦游南返，结庐于九龙半岛，爱青山幽静，多往游之。予于青山归途中，得与步冰遇，与语，皆微妙可喜，遂叩其址，彼亦欣然以告，予遂得叩松关，拜聆妙诵，由是师事之。凡七年，步冰授予书十有六卷，皆手抄本也。上者为生熟药性，中为人体中骨骸图形，下为穴法饮方，及疗治各创诸法，予拜而受之，视同至宝，此为予再师步冰之始末也。

第跌打一术，其最重要者，则莫如望一诀，盖跌打诸患，是由外而得，非由五经六脉所发，良于斯术者，多不诊其脉，仅以望字而决患者之轻重也。望也者，乃先观患者之精神体魄老少强弱，并审其五官有无异色之表示，盖患者有诸内，必形诸外，如患者印堂现黑色者，则必经受伤；鼻部尖黑色者，则督脉受伤；山根黑色者，脾经受伤；人中黑色者，胆经受伤；坎宫黑色者，骨经受伤；右腮黑色者，肺经受伤；左腮黑色者，肝经受伤；鼻下横纹黑色者，丹田受伤；左脸红色者，则大便不通；右脸红色者，则小便不通。又如伤皮者，面色带红；伤骨者，面色带青；伤内脏者，面色带黄，诸如此类，非竟日不能穷其说。以此论之，则望之一字，宁非为斯术中之重要乎？然望之一字，不独能鉴别患者伤在何处，且能知其患能治与不治，能治者则治之，不能则却，方不致药石乱投，杀人不操刀斧，兹将不治及难治之诀再录下，如患者伤腰腿骨之处难治；伤腿骨大筋，血流不止者，两日必死；伤脊尾穴者，一日外死；伤大小肠下屎水者死；伤足底涌泉穴，血流不止者死；妇女伤乳者难治；伤天灵破骨入肉者不治；伤后眼闭者不治；伤后自伤者不治；伤后服药不纳者难治；伤左右太阳穴，两眼角血流者不治；伤耳尖穴，血流不止者不治；左伤天柱阳明经，右伤天穴少阳经者极危；伤后不能言语，瞪目直视，喉内时有沸声，口角流涎，两手时作微举者必死；伤后口喷臭气者不治；罹创后，越日而牙齿现黑色者危；舌黑心惊将绝，以上所述，非穷数纸不为功。由是观之，习斯术者，又安可不悉心研求，而后问世，古人谓按症施药，其言真金石论也。吾愿世之自矢有拊膺之能者，其深长思之。

世人多迷于未习拳术，先习跌打之说，此为莫大错误，盖伤科与拳术，为艺既异，旨亦不同。一则以技创人，一则以术治人之创，是其术不能并道而治，观世之精于拳术者，十九不谙跌打术，精于跌打术者亦然，即间有并能之，亦浅浅耳。世人不察，以为久习武技者，其治跌打术必良，遇祸求治，不独患不能去，贻害其身，更有迷信所谓金字招牌者，其施药确未能愈，委为人事已尽，而不知病之不起，实为其伪术所欺，乃一无鉴别，而为此无聊之言，真可哀也。至于跌打所用药，其浅于术者，类多以红花、归尾、当归、大黄、朴硝、乳香、末药、土鳖、田七、桃仁、碎补、泽兰、姜活诸类为主，而曾不一审患者体强弱若何，胡乱投之，而患者又多不解药性，亦胡乱以纳，此中危害，何可胜言。在少壮者服之，或无所毒，而老者服之，则可立殒其生，盖老人血气已衰，更饮以凉散之去瘀新生剂，安有不立速其生命。吾又常见施术者对于患者，虽极轻微之创，亦必恫以危言，使其有所慑，则任我需索毋敢拒，顾患者此时之神思，已感不适，更益以危言，则必彷徨无主，药虽或有效，然有畏死之心横其间，虽效亦不觉其功也。尤有甚者，如患者怵其危言，因而发生悸栗，其疾必加亟，每每以此偾事者。

予友戴君季扬之弟，客岁创肋，来香港求医，求治于某跌打医生（姑讳其名）之门，医者甫视，即恫以危言，谓其创能呕血疴饭，不速治之，将必死。戴君之弟大惧，求其治，则索价千五百金，取价过奢，不敢决，归诉于兄。戴君聪明多智，闻之，立伪作创者，踵某医居求治。某医漫不察，即以危言临之，谓此创亦能呕血疴饭以死者，戴君狂笑出门，归语其所遭于其弟，其弟恐怖之念始释，此一事也。

而跌打医生之不肖者，其售奸之技，又有所谓洒火粉者，凡遇患者踵门求治，无论患者为何创，必饮以药散，其取价视患者衣饰华朴而后定。如患者狐疑不欲服，则又示以阳色物，以坚其信。其所谓阳色物者，乃以芥末粉调热酒为敷患处，敷后语之曰："汝创蕴瘀甚伙，故予以药散先清体内积瘀也。今汝不欲服，吾又不能强汝服，无已，吾为汝先表发于外，使汝知吾言非谬者。翌日，汝敷处肌肉上，必有黑色斑，黑色者，即汝体内之瘀血也。"越日，一如其言，患者多由是深信而不疑，然以热酒芥末粉敷肌肉上，虽无罹创，敷药亦必现黑色者，然欲审辨之亦非难，如敷药后，其肉现黑色处，有淡白色蒙盖其上者，是为真有瘀血，盖淡白色之物，乃为肌肉之皮，凡体内蕴瘀，只能呈现于肌肉上，不能表发于肌肉之皮之外，如无淡白色蒙诸黑色之上者，则为芥末药力所至而已，非真有积瘀也。凡此琐事，或智者不及察，予甚嫉其能害人也，故为书之，甚愿世人其思之也。

跌打诸创，类多伤在筋骨，世人每以为疥癣之疾，等闲视之，多不以为意，而不知跌打一症，如日久蕴患不清者，其患能由斯而成邪风瘫软，及残废半身不遂麻木无力等疾，此中危害，何可胜言？既以骨骸而言，世人必目断骨重于脱骸，曾不知断骨，易治也，如骨中有中断者，则先以手拉离断处，徐徐以阴力送回，使断处犬牙交错之骨，于徐徐送回时，得以相接合，然后涂以驳骨药，敷药后，则用杉树皮或桑树皮，夹而紧扎之，十日后，其断骨自接矣。惟脱骸与错骸则不然，施术后，其骨臼内接位，有黍米不正者，亦不为功，苟任意委为痊愈者，百日后，其骸处筋络必缩，缩则筋络牵拉，其患处骨骸之枢纽处，不能活动不止。以此论之，脱骸一患，重于断骨矣。世之悬名问世，而盲于学理者，何可数计，吾人又安可不慎其所择，致为若辈所毒，而残废以终乎。虽然，跌打一患，此中危险，胡能一一为读者告，徒以一时感喟，乃缕缕略述之矣，今当走笔复入本文。

闲话黄飞鸿

如　是

本文作者如是，是黄飞鸿的徒弟简民英的邻居，作者将简民英平时介绍有关黄飞鸿的事迹整理成文，对了解黄飞鸿的生平事迹颇有参考价值，文章撰于1993年6月3日。

一

人有生前行运，有死后行运，黄飞鸿即属于后一种。黄任广东民团教练，似乎是李福林时代，但因时甚暂，仅两年左右。中年以后，黄在广州设宝芝林药局，医跌打刀伤，卖生草药。后广州商团事变，宝芝林毁于火，黄以半生经营，毁于一旦，郁郁成病而终，年龄大约是八十二三岁。

清末民初在广州享盛名的拳师，前有铁桥三、王隐林等，后有黄满荣、吕龙山等，然能享盛誉于死后而历久不衰的，仅黄飞鸿一人，亦可谓异数了。但任何事都有来由，黄之行身后运数十年，直到此时此刻又因李连杰重拾黄飞鸿片集余唾而勾起人们的回忆，非无原因。首先是黄后继有人，徒子徒孙有能文的、有能武的，将黄生平事迹铺张扬厉，进而引起电影界注意，为黄捏造了许多故事，拍成电影集，妇孺皆知，里巷传诵，而黄乃成为方世玉之外广东最有名气的武林英雄了。

五十年代以来，关德兴演黄飞鸿片集，前前后后怕不有三四十集，为黄飞鸿塑造了固定形象。……在关德兴停演黄飞鸿片集十多二十年后，又由李连杰接手，黄不啻"咸鱼翻身"，而且还福荫徒弟，不独梁宽、林世荣事迹以前拍过电影，现在连鬼脚七也拍起来了，黄死而有知，亦当掀髯而笑了。

黄晚年有一徒弟，名简文英，四十年代初与笔者有同屋之谊，那时笔者只是少年，简已是五十以上的人。曾见其与一精壮木匠搭桥手，不到半分钟即将对方压下，足见腰马沉雄有力。他晚上有空，禁不住笔者兄弟斯缠，先后讲了不少有关黄的事迹，喜欢看黄飞鸿电影的，相信都有兴趣一知。

李连杰在影片中自称佛山黄飞鸿，不知其何所本。其实黄是南海西樵陆舟村①人士，发迹地是广州，佛山只有过一段短时期勾留。父黄麒英，出自少林，是清末所谓"广东十虎"之一。飞鸿十三岁即随父在街头卖武为生，敲响锣鼓后，父子两人即唱出开场白："家有千金白玉楼，不如学艺在

———————
① 应为禄舟村。

心头，日间不怕人来借，夜间不怕盗来偷，风吹雨打无伤损，两手揸拳荡九州。鄙人黄麒英……"

黄飞鸿似有克妻命，先后娶妻妾四人，嫡室罗氏，婚三月病死。继娶马氏，生汉林、汉森二子后病卒。续娶岑氏，生汉枢、汉熙，不久又病卒。最后娶莫桂兰为妾。莫面上有薄豆皮，性泼辣，与飞鸿年龄相距三十岁以上。归飞鸿后，获授"子母刀"法及"虎鹤双形拳"法，后莫在香港高士道一木材店天台授徒，即以此两套功夫为教材，直至八十年代始过世。

黄飞鸿以医跌打、教拳脚为生，故门徒甚众，首徒梁宽，身材不高，而两臂特长，得飞鸿所传特多，廿二岁即任果栏、菜栏、鲜鱼栏"三栏"教头。"三栏"中人，多谙武技，梁宽少年即能任总教头，其有过人之处可知，惜早死。

黄门下徒众，享盛名的除梁宽外，以棍法出名的有凌云阶，擅"五郎八卦棍"法，当时广州有一拳师，以卖豆腐出身，故名豆腐兴，与一以卖鱼出身的拳师名卖鱼灿者交恶，灿不敌，遍请同门与兴斗，皆不敌。最后请凌云阶，以"八卦棍"败豆腐兴之"左手钓鱼棍"，凌云阶以此名震一时。

黄飞鸿擅"无影脚"，得其真传者为陈殿标，而不是现正有电影上映的鬼脚七。李连杰在电影中一脚踢出，其高过顶，旁边有人大叫"无影脚"！据简文英说，"无影脚"是在贴身搏斗时使用，以对方双脚胫即上下五寸处为目标，由脚至中鹄，过程全长不逾二尺。因起脚快，过程短，目不能及，故称"无影"。上下五寸是人体最敏感部位之一，以指稍稍扣之即痛，故一旦中脚即战斗能力尽失。简当日所言，及今记忆犹新，所言亦十分合理。像李连杰的一脚过顶，过程长，不论你动作如何快，总能看到，哪能以"无影"称之？电影的编剧者太缺乏基本武术常识了。

得飞鸿拳法精髓的为林世荣，林为南海平洲乡人，卖猪肉出身，身材健硕，虽从师飞鸿较晚，而禀赋过人，于拳技造诣特精。飞鸿有拳法名"铁线拳"，传自铁桥三，各徒中以林世荣领悟最深。又有"虎鹤双形拳"，世荣亦独有心得。辛亥革命后，林世荣任第五军拳技教师，后迁居香港，在上环弓弦巷设馆授徒，门人有刘湛、谭就、关坤、朱愚斋，及其侄林祖等多人。朱愚斋能文，历年在港穗报章撰文述陆阿采、黄飞鸿、林世荣等人轶事甚多。林世荣著有《工字伏虎拳》《虎鹤双形拳》谱，亲自演式，由名画家绘成图形，笔者少年时曾见其书，画工非常精致。林祖在湾仔石水渠街设馆，七十年代尚存，今不知如何。至于刘湛则属在黄飞鸿片集中饰林世荣一角，其哲嗣今尚时在香港武术电影中露面。

飞鸿门下弟子卓著声誉的尚有帅老彦、帅老郁、禤镜洲、陆正刚、吴仁湖、伍铨萃等人，而黄特喜梁宽，所学远较其他同门为多。梁宽从飞鸿最早，而出身寒微，为铁匠学徒。归飞鸿门下后，勤奋好学，日夕不辍，冀能摆脱贫寒命运。飞鸿嘉其志，故指点不遗余力。但梁宽任"三栏"教头时，却闯了一祸，如非飞鸿处理得当，则不知后果如何。此事亦是简文英先生所述，录之如下：

有一年，"三栏"神诞生会，梁宽照例率徒众往附近街坊之社团商号舞狮贺诞，而区域范围内之武馆，亦有例须往拜会，有交情的武馆，更会陈设烧肉、生菜、利是等，供狮子来时"采青"。当时武林老前辈王隐林的武馆亦在附近，王隐林精侠家拳，是"广东十虎"之一，较黄飞鸿且高一辈，梁宽当然非前往拜候不可。但不知如何，竟大意忘却，没有往王馆问安。王认为梁不给面子，次日自携原已具备的采青物品，往宝芝林找黄飞鸿，着他转交梁宽。黄知梁闯了祸，大惊，立向王谢过。王说，过两天，阿宽会在水月宫前"晒标"（武馆出狮后将所获礼品公开展示，同时演武艺、舞狮，庆贺一番，谓之"晒标"），我会去看看他威到如何程度。黄一再道歉谢过。但王却是姜越老越辣，不为所动。最后飞鸿只好说："叔台宁不闻'拳怕少壮'乎？你今年已七十过外，阿宽才廿余岁，你难道真的和他动手？"王说："七十衰翁，手疏眼慢，当然不是我和他动手，是叫阿荣和他较量。"

王隐林所说的阿荣，是其高足亦是当时名拳师的黄汉荣（黄原名满荣，民国后改为汉荣）。黄飞鸿闻言又是一惊，他深知黄汉荣之能，其人身材高大，精通"抛盅"拳法，一拳抛高时，能使台前灯焰随拳风扯高尺许；一拳盅下时，灯焰亦随拳风四面射开。便时对隐林说："教出一个好徒弟，绝非容易，我不能眼看爱徒被汉荣兄打死，便唯有在这两天内将绝技尽量教给阿宽，到时绝有可能演成两败俱伤之局，这又何苦？"

劝了多时，隐林才意转，飞鸿立命梁宽率徒众到王馆斟茶谢罪，并摆酒席欢筵王隐林师徒，其事才告寝息。

有关黄飞鸿轶事，下期尚有充分资料可谈。

二

据简文英先生说，他从师黄飞鸿时，黄已六十岁以上，但身体仍硬朗如四十许人。动作稳定，反应敏捷，倘经常与他接触，会发现黄举手投足之间，身体形态都保持平衡，很少出现太大倾侧。亦即身体各处都保持相互照应，不出现破绽、弱点。简先生说，一言以蔽之，黄师傅纵使在日常生活中，一举一动自然而然符合武术原理，这是功夫已臻化境的表现。

简又说，黄为人很谦抑，常自称为"豆腐教头"；亦不好斗，少壮时如何非其所知，中年以后即很少和人动手。生平打"群架"，据所知只有两次，一次是清末，在广州乐善戏院与门徒凌云阶、林世荣两人与闹事的清兵混战，清兵闻讯而集的凡三营之多，黄以一条软铁鞭掩护凌、林两人杀出重围，安然抵家。闯祸后逃往香港，不久又在上环水坑口因仗义救友被大群地痞歹徒围攻，黄以一枝单头棍，使出"五郎八卦棍"法，打得各人不敢近身，安然突围而出。

简说，有些人问黄生平有什么"绝技"，黄必说并无绝技，运用纯熟了，则一切平凡招数都是绝技。虽则如此，黄有几种招数，可能因为使用惯了，故威力特大。拳法方面，黄自创一招名"上中下三门守命"，以两手分取敌双目（上），左或右胁部（中），下则从脚勾其马步。三种动作同时发

出，敌方鲜能化解。脚法方面，除"无影脚"外，又精"三星勾弹脚"法，在"上中下三门守命"中即使用之。

长兵器方面，棍法自属出色当行，又擅"瑶家耙"法。"耙"即俗语所说的"三叉"，有大小两种，"瑶家耙"所用的是大耙。此耙法传自广西瑶族，以"盖"（自上压下）、"挑"（自下向上）、"锁"（锁拿对方兵器）为特色。有盛会时，先由徒众舞狮演武，最后飞鸿亲自出场，作压轴演出，所演者多为"耙"，故俗称"师傅耙"。

四五十年代，以黄飞鸿故事撰写小说，出版单行本的，有念佛山人、大圈地胆两人，他们所述十居八九是穿凿附会，甚至向壁虚扬。比较上可信的是太平洋战争前，在香港《成报》副刊连载的《黄飞鸿正传》。作者署名为"林世荣师口述，忠义乡人①笔记"，则作者可能为林世荣门人。林世荣为人老实，述飞鸿事迹时，夸张容或有之，杜撰则恐不至于。该作品刊至一九四一年十二月，日本进攻香港时才停止，可惜没有单行本面世。

有关"五郎八卦棍"及"瑶家耙"法，该书有两则记载，都饶有趣味。

"五郎"传即北宋杨家将中的杨五郎，兵败后落发五台山为僧，棍法即传入佛门。"八卦棍"原是"八卦枪"，在战场上使用，杨五郎出家后，不再使用凶器，即将枪法改为棍法，故所用之棍不是"齐眉棍""行者棍"，而是长八尺的"白蜡杆子"，即单头长棍。

"八卦棍"传于俗家人罗茂兴，罗传于"广东十虎"中邹泰，邹泰传谢达朝，谢传其子侄辈，由是开枝散叶，纽约武术中人现尚有能操此技者。但黄飞鸿的"八卦棍"法则不是传自邹泰，传自何人不详。民国初年，东莞有一教头精"五郎八卦棍"法，人以"五郎化身"称之，其姓名反而湮没。五郎化身以一枝单头棍称雄远近，未逢敌手，与飞鸿本不相干，但当地好事

---

① 忠义乡人，名为邓羽公，佛山作家，近代著名办报人，世居佛山古洞直街，笔名有是佛山人、忠义乡人、邓九公等，著有《至善三游南越记》《少林英雄血战记》《黄飞鸿正传》等作品。

之徒因知飞鸿亦擅此棍法，故多方设法嗾使之与黄一较。五郎化身本无意于此，禁不住闲人诸多造谣挑拨，逼得下不了台，唯有挟棍登门，要求与飞鸿"度棍"（即量度彼此棍法孰长孰短之意）。

飞鸿稳重，便说，君以"八卦棍"驰名，而现在又要求本人以"八卦棍"法较量，不知彼此之"八卦棍"法是否同源，不如各演一次，如确属同源，较量才有意思。五郎化身同意，即各演棍法一遭，果然同一机括，虽小异而大同。飞鸿目光如炬，在五郎化身演武时，已瞧出其棍法长短，心中有数，及至正式比武，即舍长取短，把握其棍法中略有破绽的一招，发棍以棍尖最得力之八寸左右位置，压住对方最难发力的与棍尖相距二尺左右位置。化身心知不妙，闪展伸缩翻滚，一连用九种手法要将棍抽出，但飞鸿的棍总是如影随形，紧急缠住不放，而棍尖则始终指住化身身体各处要害，只要向前一吐，便能使对方受伤。黄飞鸿即瞋目大喝道："五郎化身，服未？"五郎化身额汗涔涔而下，无法可施，唯有弃棍认输。

简文英先生说，关德兴主演的黄飞鸿片集中，有一部名《黄飞鸿一棍伏三霸》，即是脱胎自黄与五郎化身度棍的故事而来。

对于黄"瑶家耙"法的描写，则有下述故事。据《黄飞鸿正传》所载，黄生平与人比武，战无不胜，只有一次打和，即是以下一役：

有一走江湖卖武拳师钟耀华，年轻力壮，要抢夺黄飞鸿老友胡其标教头的地盘，两人比武，钟耀华以一招"双龙逼洞"，使胡双臂脱臼。又知胡与黄稔熟，便对胡说："叫黄飞鸿来，为你抢回地盘可也。"

胡其标找黄驳骨，并说出钟耀华大言不惭情形。黄细询钟"双龙逼洞"使出过程，即有计较。次日，到地盘找钟比试，钟果然又使出此招，伸臂抓住黄左右两肩肩窝之处，一直前推，推到一株大树，将黄紧压树上，情形便如当日与胡其标比武时一般。黄知其中计，便左右辗转，诈作奋力抗拒状。钟不知是计，双臂尽量伸直，紧压黄肩，黄趁其旧力已尽，新力未生之时，双掌向上一托，此招名"举案齐眉"，"啪"的一声，击在钟左右肘关节

处，立时脱臼，无力再战。黄说："我是以其人之道，还治其人之身，你以后走江湖，不要再罔发大言了。"便放下两枚跌打驳骨丸而去。

钟耀华的师父是佛山名拳师梁振雄，钟败后，向之投诉，坚要乃师代其找回面子。梁说："对黄飞鸿，我亦无把握，说不定师徒尽败阵，则广东虽大，亦无立足之地了。"但梁的徒众对师父功夫素有信心，认为必能击败黄飞鸿，现在正是扬威立万、开拓地盘的好机会。一再起哄之下，梁心知若再坚拒，难免被徒众视为胆怯，说不定一哄而散，在佛山便再无地位可言，唯有硬着头皮出马。各徒大喜，十余人一伙，次日齐到广州，直趋宝芝林，说明来意，向飞鸿挑战。梁知飞鸿拳技精通，便避重就轻，要求在武器上较量。

黄见梁生得短小精悍，目光灼灼，其门徒又持有藤碟和大尾刀，知其必擅下三路功夫。便说："梁师傅是否以刀碟为武器？"梁说："不错。"飞鸿便在兵器架上绰大耙在手，说："如此，我便以大耙陪你玩几招可也。"

言毕，两人便在大厅活开脚步。梁振雄下三路功夫果然犀利，将身体藏于碟后，在地上滚来滚去，灵活处便如走路一般。大尾刀亦藏于藤碟中，不稍露，必要滚到近身，刀锋才现，却不知是从哪个角度刺出，确是防不胜防。飞鸿以"瑶家耙"法应战，脚走"七星步"，尽量不使梁近身。战了近10分钟，两人虽各出了五六招，刀与耙才接触过一次，其余都被避过。梁渐感不耐烦，突发力，以藤碟着地，全身向右一滚，似乎无心恋战，脱出战圈，想不到却是别有妙用，滚出数步后，角度忽然一转，以绝快速度向飞鸿左侧滚来。

黄见梁向右翻出，以为其有意停战，心神稍一松懈间，突见刀光一闪，梁已滚到眼前，迅捷处如烈风乍起，狂涛骤涌。正是说时迟、那时快，梁一刀从碟底穿出，因只有寸余空隙，故刀刺出时，不是直立，而是平置，直取飞鸿足部。老经验的黄，此不啻千载一时机会，立起左脚一踏，正中刀身，将梁刀踏在地上不能动。手上大耙同时一落，刺在藤碟上，用"压"字诀，紧紧按住不放。

此时，黄在上，手中大耙要紧压藤碟，不使对方动弹，左脚亦要踏实大尾刀，使无法抽出。梁在下，蜷伏碟底，既要向上抵挡黄压力，又要紧握刀柄，向后力抽，以防黄脚将刀拉出，更重要的是深恐耙尖逐渐穿透藤碟而及于己身。此情形，黄似占尽上风，其实也是有苦自家知。因黄此时已年过半百，而梁则四十不到，如继续坚持，年老者长力总有不及壮年人之处，一到己力渐怠时，对方便有反攻机会了。

双方如"鹬蚌相争"，僵持了十分钟左右，黄之耙尖已开始透入碟隙，两人在旁观战徒众都紧张得透不过气来。此时，黄突发言说："大家又不是有什么深仇大恨，不如就此罢手，以打和作了，梁师傅以为如何？"梁与黄斗，是逼不得已，现在又处于下风，对黄提议，自然立表同意，于是黄一步向后跃开，梁立收刀起立，全身内外衣已被汗湿透了。

简文英先生说，他从师以来，只见过一次黄与人比武。一名外省拳师登门踢盘，黄使帅老郁与之斗。外省拳师不肯，坚要黄与他较量。两人合手只是十秒八秒钟，黄一招"上中下三门夺命"，外省拳师避得了上，避不过中下，倒地不能起。黄师傅"赔钱送贼"，在馆内供他食住调养，半个月才称谢而去。

简又说，宝芝林旧有一门联，上联"宝剑出匣"，下联"芝草成林"，嵌"宝芝林"三字，而极合武馆兼药局性质，不知出自何人手笔，后亦随宝芝林毁于火。

（原载广东省南海市政协文史和学习委员会编《南海文史资料》第三十一辑，1998年10月，个别字词略有删改）

莫桂兰发扬黄飞鸿洪拳

念佛山人

念佛山人，本名许凯如，佛山人，原笔名"禅普君子"，抗日战争前夕移居香港，后改笔名为"念佛山人"。念佛山人擅写本土题材武侠技击小说，注重搜集第一手资料，所著首部武侠技击小说《黄飞鸿门下群英谱》，得自黄飞鸿弟子林世荣的口述，首署笔名"念佛山人"，一举成名。其后又广结武林朋友，从中取经，撰写《广东十虎传》《黄飞鸿传》《花枪白头保》《白眉三下峨眉山》等作品，有一定影响力。

念佛山人常在武林中行走，常将采访得来的素材整理后在报刊上发表。本文是他采访莫桂兰等人后撰写的文章。

千里姻缘一履牵

谈粤省洪拳名师的人，无不知道黄飞鸿的名字。近三十年，许多小说家和制片家都以黄飞鸿的事迹作题材，提到他的名字，妇孺皆晓。黄飞鸿是否真有这许多事迹呢？根据现目黄飞鸿健身院院长，他的继室莫桂兰说：这些差不多是向壁虚构的事，单是他的再传弟子朱愚斋所写的，较有实际，其余都是穿凿附会的。

朱愚斋的记载，说黄飞鸿是南海西樵睦洲①乡人。他的洪家拳技，是得自父亲黄麒英所传的，黄麒英是陆亚彩的弟子，有"广东十虎"的美誉，技成之后，便在广州设馆，远在江湖走动，鬻技卖药。黄飞鸿在十二岁开始，便追随着老父走江湖，学得他的洪家拳技"虎鹤双形""工字伏虎""五形拳""五行拳""五郎八卦棍"，后来更和铁桥三的弟子林福成相遇，得到他秘传"铁线拳"法。直到黄麒英死后，他便继承父亲的遗志，继续走江湖，在广州新豆栏开设"宝芝林"药局，兼教洪拳。二十年来，所教出的弟子，计有凌云阶、梁宽、卖鱼灿、陈锦泉、帅老郁、帅老彦、陆正刚、林世荣、禤镜洲，和他的继室莫桂兰，这些都是可以称为嫡传的。黄飞鸿的功夫虽好，但却不是个三头六臂的人，也不是个好勇斗狠之辈。他曾经在刘永福部下充当武术教练，也曾在香港荷李活道开设"宝芝林支馆"，而走江湖卖艺，足迹遍布南、番、东、顺、香几个大县，因此到处知名。

---

① 应为禄舟。

　　黄飞鸿的家庭，曾经娶过四个妻妾。嫡室姓罗，婚后三个月便染病死去，续娶马氏，生有二子，一名汉深，一名汉林，也是因病逝世。再娶岑氏，生汉枢、汉熙，也因病死去，莫桂兰便是他的第四任夫人了。

　　黄飞鸿的儿子，曾经学过他的武技的，只有汉森。汉森排行第二，白皙痴肥，一般人都唤他做肥仔二，黄飞鸿对他十分疼爱，自幼便教他学武。肥仔二也意聪明，还肯用苦功，所以成年以后，武技的造诣也很深，受西江航药的聘请，充当船上护勇。可是他性好杯中物，饮醉酒的时候，便自炫武技，因而和另一位护勇结成仇怨，故意把他灌醉，醉后闹事，使到船主无法制止，这护勇便乘机出手铳把他杀死，来保船上人的安全。

　　黄飞鸿知道这件事，痛爱子无辜惨死，同时也认定他倘若不是精于武技，不致招杀身之祸的，因此自悔把武技传授予他，此后不再教各儿子之武技，其余三个儿子，都是出来营商，得到他的家学的只有继室莫桂兰。

　　说起莫桂兰和黄飞鸿的结合，也是有一段故事的。莫桂兰本是高州人，飞鸿却在广州，能够结合，可以说得是"千里姻缘一线牵"了。因为这时黄飞鸿娶过几个妻子，都不久便死去，遗下几个儿子，飞鸿浪迹江湖，哪能够照料，所以再想续娶。不过他一连死了三个妻子，一般人都说他是命硬克妻，哪个女子还肯嫁给他呢？所以他鳏守了两年，还未续娶。有一次，南海佛山附近的叠滘乡，为着是临海庙的温许二公诞，举行庆祝，这所临海庙是香火很盛的，每逢诞辰，各处到来贺诞的，都十分铺张，多数是用紫洞艇前去，还有狮子随行。有一间行头，知道黄飞鸿的名头大，而且精于舞狮，便和他商量，请他率领门徒，随同前去贺诞。黄飞鸿也乐意受聘，选了一班弟子，舞狮前往。到达叠滘后，便舞狮登陆，前往临海庙参神，庙前搭有一座大棚。当弟子参完神后，照例登台开盘，所谓开盘，即在台上表演舞狮技术，舞完狮后，由各人分别表演武功。这时黄飞鸿一班门徒，都随同前去，他的门徒，最擅舞狮的是梁宽与大只窝，当他们舞完狮后，其余门徒，都分别表演武技，最后轮到黄飞鸿表演，作为收盘。

武术界有定例，一定由师父作收盘的，黄飞鸿眼见一班门徒，都已把洪家功夫表演完毕了，像虎鹤双形、工字伏虎、五形五行、五郎八卦、子母刀，都已有人演过，要显出自己是师父身份，所以特别演了一套瑶家大钯。只见他持着一支十余斤重的三齿大钯，着对胸衫，腰束绉纱带，脚踏薄底鞋，在台上把瑶家大钯法一一表演出来，钯重力沉，虎虎有风。哪知道演至"老鼠赶猫""鬼王拨扇"两式时，将钯一亘，随着举足一踢，他的脚踢出时，所穿的布鞋突然脱出，飞向台下，正中一个女子的前额。这种本来是无心之失，同时趺中的是个女子，飞鸿以为向她说声"唔该"，便可以无事的。哪知这女子一被趺中，柳眉直竖，凤眼圆睁，不由分说，直上台上，迳到黄飞鸿的眼前，左右开弓，一连打了飞鸿两下耳光，同时说道："枉你是个鼎鼎大名的拳师，一踢脚便连鞋都脱落，趺中我的前额，幸而是鞋吧，倘若是兵器，我的性命岂不是丧在你手上吗？"一班门徒看见这个女子，竟然动手打自己的师父，也知道师父是性情刚烈的，受她这样侮辱，一定不肯干休的了。

哪知道飞鸿虽然一连被她打了两下，也绝无怒容，还向她道歉，向她解释这是无心之失，请她原谅。这女子怒气全消，下台和一个妇人扬长自去。

黄飞鸿目送她去后，也即完场，眼见这个女子，年纪不过是廿二三岁，容貌虽是平常，但看她登台打自己的时候，火气冲天，这种威风，确是少见，自己生成命硬，一年克死三个妻子，一定要找一个有点威风、足以克制自己的，才可以同偕白首。这个女子和自己见面，便有勇气赏自己的耳光，显然是足以克制自己了，因此对她有了印象。暗中使人调查，知道她原是高州人，姓莫，名桂兰，到来叠滘，只是探亲，趁趁临海庙的热闹，和她偕行这个妇人二婶，就是她的亲戚了。这莫桂兰虽是个女子，可是性情刚烈，不肯让人，在乡中早有"枞鸡"的诨号，因此高州的人，都知道她是只雌老虎，都不敢和她论婚。她的父母知道她若在高州，一定不容易嫁得出去，所以使她到叠滘探二婶，一方面向二婶授意，替她物色郎君。这天二婶偕同她到临海庙趁热闹，想不到她居然敢登台打黄飞鸿，认定她已经闯了祸，所以立刻携同她返家后，向她薄责几句，说黄飞鸿是个有名教头，许多人都不敢惹他的，而你只是个弱质女子，在万目睽睽下，竟敢动手打他，他一定不肯干休的。可是桂兰反而向二婶安慰，说黄飞鸿虽然武艺好，却是个英雄人物，一定不会和女子争执的，请她放心。但是二婶始终都放心不下，恐怕黄飞鸿到来寻仇，暗中前去找着黄飞鸿，向他道歉，同时说出桂兰的家世。黄飞鸿知道桂兰还云英未嫁，正中下怀，便求二婶替他作介绍。二婶听说，便一口应承，愿意替他们撮合，回去见桂兰，把这件事向她说出。桂兰也为着看见飞鸿虽然年纪比自己大一些，生得英俊，而且是个大名鼎鼎的拳师，当然也不推辞，由二婶作主，答应了飞鸿，做他的继室。

结婚之后，黄飞鸿以她有打自己的勇气，不失为是个巾帼须眉，想要把自己的功夫传给她，使她和一班门徒，同在一起学技。原来桂兰曾经是学过莫家功夫的，有了根底，自然容易上手。飞鸿教授门徒，是因人而施的。哪个身材气力，适合于学哪种功夫，便使他专心学习，像陈锦泉，为着他擅用脚法的缘故，所以教他学无影脚，结果得到"鬼脚七"的诨号；像凌云阶，喜欢学棍，因此把五郎八卦棍法传给他；林世荣身材略胖，却精研铁线拳法。此外，虎鹤双形、工字伏虎、五形五行，这些都是基本拳法，任何一个徒弟都学得的。

洪家功夫，以刀法来说，本来有三套，一套是春秋大刀，是长柄的；一套是子母刀，是双刀，刀身较轻；一套是行月刀。这套行月刀，原是林世荣学自他的叔祖林车冲的，因此也名为车冲刀，是一柄单刀，刀身比较子母刀为重。黄飞鸿以一班门徒，都有好气好力，似乎不适宜用轻刀，所以把这套车冲刀改名为行月刀，教给众人，子母刀却不肯教。莫桂兰嫁给他以后，初时本来也是学他的行月刀的，后来听闻众人说："飞鸿尚有一套子母刀，为着是刀身轻，他认定不适宜男子使用，所以不肯教人，现在你是女子，似乎最适宜是学这套刀法了。"桂兰听说，便向飞鸿要求，请他把子母刀教给自己。

初时飞鸿还以自己对于这套刀法，向来不肯教人，倘若单是教她，恐怕被一班门徒执怪，仍然不肯传授。可是莫桂兰切志要学。为着这时黄飞

鸿还是常常行走江湖，有了内助，家政便完全交给桂兰负责，一切财政，都交由桂兰管理的，有时制药，也要向桂兰讨钱。桂兰利用这强点，觑定飞鸿要钱用，向自己索取时，便向他提出，要他把这套刀法传授自己。飞鸿被她要挟，同时也以她是女子，腕力较弱，不适宜于用重兵器，子母刀刀身轻，教她也很适合，因此也答应了她，把子母刀法传授。这套刀法，出手常如十字、二字，连消带打，门户紧密，出手险毒，很是奇妙的，所以莫桂兰特别用心苦练，飞鸿也细意教她。经过几年时间，她对于子母刀法，练习最精，同时飞鸿也把这套刀法公开，分别传给众门徒。

桂兰在黄飞鸿门下学技，虽然是份属夫妻，可是对于飞鸿，也视作师父一样，十分敬重，和一班门徒，感情也像师兄弟一般，互相切磋。飞鸿对于她，因为她是个弱质女子，教给她的工夫，首先教她苦练铁线拳，使到身体壮健，接着教她子母刀、十字梅花剑、行者棒，这些都是适宜于女子学习的。因此莫桂兰对于这几套功夫，特别精娴。当黄飞鸿年老的时候，一班门徒，像凌云阶、梁宽，都已死去，陈锦泉却去了广西，帅老郁兄弟却经营商业，陆正刚在香港主持教务，林世荣却另立门户，没有人可以协助他，桂兰便出来充当他的助教，直到黄飞鸿病死，她才把宝芝林的业务结束，专心致意料理家务，也不教人。

协助邓芳教女狮

后来邓芳在带河基组织义勇堂，邓芳是黄飞鸿的弟子，他的跌打医术，是在黄飞鸿门下学得的。后来投到林世荣处学功夫，和他的哥哥邓二，都是林世荣的得意弟子。当林世荣大闹乐善戏院的时候，他也在场，协助林世荣闯出这件祸事，后来被清政府通缉，他逃到星架坡[①]，在橡胶场过了几年，到清朝垮台后才返广州。刚巧当时黄飞鸿已经收山，林世荣也把武馆移到香港，他的

---

① 星架坡，即新加坡。

弟子像谭就、关坤，都已死去。邓芳便称得是他的掌门弟子了。因此，便在广州设馆，在带河基开设一间义勇堂，是由他兄弟负责教务的。为着邓芳曾经在黄飞鸿门下学跌打，他和莫桂兰是相识的，也知道莫桂兰的功夫好。所以在义勇堂成立后，他知道这时男女平等的风气已开，有很多女子，都想学些功夫来自卫，可是还没有女拳师，由男师傅主教，是很不便利的。邓芳是个很投机的人，眼见这种情形，便决定把义勇堂扩充，设立女子部，邀请莫桂兰和邓秀琼两个为助教。邓秀琼是林世荣的女弟子，她的丈夫是吴近，别字仁湖，原是福军李福林的参谋，当林世荣在福军充当教练的时候，和吴仁湖的感情很好。吴仁湖知道秀琼虽是个女子，却很爱好武技，便要求林世荣收她为徒，林世荣也很乐意，每天都使她到馆中学技。邓秀琼也很肯用功，几年来学得林世荣的功夫不少。在她学技的时候，邓芳也同在一起。所以她唤邓芳为师兄，她的功夫怎样？邓芳是知道的，既然想把义勇堂扩充女子部，便和她商量，要求她出来帮助，邓秀琼便和莫桂兰一齐出来协助他。

莫桂兰在义勇堂协助教拳时，黄飞鸿不幸病逝了，她发觉邓芳的功夫，有许多是从前黄飞鸿所没有教的。向邓芳一问，才知道少年时曾得父亲教授茅山功夫，还学过洪拳，后来出广州，得到长寿寺的和尚学梅花左棍。因此在这时候，一方面教人，一方面学习，把这些功夫都学得，所以她现在所教的功夫，和邓芳所教的大致相同。

邓芳的义勇堂，除却分男女班教技外，最特殊的便是组织女狮团。女狮团自然是完全由一班女学员所组成的，教授舞狮技术，也是由莫桂兰和邓秀琼两个负责。邓芳和邓二只是教男学员，经过了一个时期训练，这女狮团便正式成立了，为着女子的身体较弱，所制的狮子，比较男狮团所用的小一些，不过所有舞狮、打锣、打鼓的人员，全部都是用女子，而她们的服装，也是一致，黑衫灯笼裤，腰间束一条粉红色的绉纱带，薄底鞋，另制一面头牌，绣上"义勇堂邓馆女狮团"的字样。这时候广州神权还很盛，许多庙宇，每逢神诞，都有人舞狮去贺诞的。邓芳为着要表示女狮团的技术，每有神诞，照例男女狮一齐出动，前去贺诞，在街中游行。广州的人看舞狮，虽然看得多，但是女狮团却是创见，看见她们不特是舞狮技术好，服装也这样的整齐，都十分注意。

有一年，是农历正月，花地的孤儿院，照例开一游艺会来筹款的。游艺会的节目，有粤剧、音乐、技术、电影、舞狮等。进去参观的，只收门券二角，院中更把孤儿所制作的藤织品、扫把、毛巾一类制作发售，来作院中的经费。所有游艺，多数是义务到来表演的，所以也名游艺慈善大会。院中主事人知道邓芳的义勇堂有女狮团，邀请她们到来表演。邓芳也以孤儿院是慈善机构，前去表演，事属善举，义不容辞，不过男女狮团出齐，前去表演一天，费用不少，不能不设法弥补。还幸他的交游广，西关一带，有许多店户是和他有交情的，尤其是陈塘和塘鱼栏一带的妓院，为着防范有歹徒到来欺侮，都求他保护，不论是大寨抑或二四寨，有很多都是靠他睇头的。所以邓芳答应了孤儿院前去表演后，事前编排妥游行的途径，所经过的街道，有和自己相识的，都派一张丝束前去，通知他们挂青。前去表演那天，晨早便动身，从十八铺第十铺等街道行，在各商店门前采一轮青，从同德大街出西猪栏，过海往孤儿院。在孤儿院除舞狮外，还表演武技，莫桂兰和邓秀琼率领的一班女学员，登台演技，把邓芳所教的功夫，完全表演出来。而她两个也参加表演，邓秀琼演的是虎鹤双形拳，莫桂兰却演子母刀法。这时候她两个都不过是三十余岁，气力充沛，所演出的功夫也是经过苦练，因此博得观众不少掌声。这天义勇堂前去表演，刚巧是人日，游花地的人特别多，在报章上看见宣传，说有义勇堂男女狮团到场表演，一般人都想一开眼界，前去参观的也不少数。孤儿院这天的门券收入特别多，邓芳替院方筹得一笔善款后，便返黄沙。归途经过陈塘，许多妓院都有挂青，就是永春和群乐两间大酒楼，都很赏脸，在门前悬青待采。邓芳为着时间关系，所以把男女狮团分开两队，分别采取，男狮团自然由他兄弟两个率领，亲自舞狮，采取群乐和永春两间大酒楼的高青。女狮团却是以莫桂兰和邓秀琼做主干，到陈塘的妓院义演狮子采青技术。为着这里是销金窝，在新春期内，那些走马王孙，都到来消遣，他们要在爱人跟前表示豪阔，挥金不吝，争先悬青，在楼头欣赏她们舞狮技术，所以她们采得的青不少。这夜便在群乐酒楼吃晚饭，支销也绰有余裕。经过这天的表演，广州的人，对于义勇堂的女狮团，都有认识。

晚年在港教洪拳

莫桂兰在义勇堂协助邓芳教了许久，邓芳为着受张瑞贵的聘请，到汕头充当师部国术教练，携同爱徒何立天等前去，义勇堂教务、青年团由邓二负责，女子团却交与莫桂兰。邓秀琼虽然也是助教，不过她这时究竟是吴近的五太，出来教技，是志在消遣，并不是志在揾钱的，她到邓芳处，单是教舞狮，很少教武术的。莫桂兰却是精于武术，所学的洪家功夫最多，因此多教武术。直至抗战时期，邓芳也离开汕头返回广州了，不过沦陷地区，对于国术社，日本人当然不肯使它活动的，义勇堂无形中便告停顿。邓二逝世，邓芳只能作教私家馆式，教几个门徒来博两餐，莫桂兰也没有作他的助教，只是闲居，主持家政，这样的度过了八年，直到日本投降，她便到香港了。

她到香港的时候，本来是无意在国术界发展的，在高士打道租了一个房间居住，在门外挂起"黄飞鸿授妻莫桂兰精医跌打"的招牌。为着当时林世荣的门徒朱愚斋，在香港一间日报写了一篇《黄飞鸿正传》小说，把黄飞鸿的生平事迹介绍了出来，使到港九人士，对于黄飞鸿都有认识，对于他却十分崇拜，认定他是个非常人。

投到她的门下学技的，第一个便是黄中汉。黄中汉是中山人，在乡本来曾经学过南苍派功夫的，后来出香港，也曾学洪佛拳，知莫桂兰在高士打道教拳，便投到她门下。黄中汉是个文人，协助莫桂兰很多，学了几年，还替莫桂兰入呈文立案组织"黄飞鸿国术社"，俨然以大弟子自居，所以得到一班同门嫉视。他便离开师门，另立门户。

莫桂兰另教一班门人，过了两年，这帮门徒已经是训练成熟了，最有成就的便是王苏，为着他投到莫桂兰的门下，时间最早，而且肯下苦功，经过几年莫桂兰训练，对于洪家功夫，都已学齐。为着莫桂兰年岁已高，而投到她门下的人也渐众，王苏便分替其劳，出来做她的助教，同时同学中的彭兆、马江、黄胜祥等，都有很好成就。他们对于莫桂兰的教导，很是感激的，所以决定替她完成创设"黄飞鸿健身学院"的愿望，替她进行注册。莫桂兰也有意替亡夫留名后世，睇见一班门徒都这样热诚，认定时机已至，也便领衔向政府申请立案，经过不久，已得批准，便在骆克道租得一层楼宇，正式成立黄飞鸿健身学院。一班门徒，都十分落力，自然是奉莫桂兰为院长，王苏为国术主任。当成立的时候，购置得许多练武的用具，刀、枪、棍、剑，都很齐备，还重新购置狮子和锣鼓等物，有许多人送给他的头牌旗帜，成立时来一个庆典，以黄飞鸿是洪拳的宗师，所有徒子徒孙，都要尊敬的，所以在英京楼头，异常热闹，不特本门的人物到来参加，就是别派的国术界中人，都来道贺。莫桂兰和黄飞鸿的儿子黄汉熙两个正、副院长，款待宾客，国术和狮子表演，却由王苏负责。这时有一些投机电影商，知道黄飞鸿的名头大，所以和朱愚斋商量，拍了一套《黄飞鸿传》，由关德兴主演，果然收得，便继续拍了黄飞鸿的片，达九十多套，黄飞鸿便成中外皆晓的英雄人物。黄飞鸿一生浪迹江湖，广传洪家拳技，生前只是平平淡淡地过前（着），死后廿余年才博得这种荣耀，相信也能瞑目了。这间健身学院成立后，投到她门下学技的人越多，一班门徒，都以莫桂兰已是七十高龄，不愿意她过于劳顿，劝她休息。院中的事务，由同学会分别负责。近几年来，她的契孙李灿窝，已经长成，学了她的功夫十年，可以做她的助教，她便把教务大部分交给他，还把黄飞鸿健身院迁到铜锣湾，院务也十分发达，莫师太还很矍铄哩。

（原载香港《新武侠》，《数英雄人物》专栏，个别字词略有删改）

武林名人黄飞鸿

吕大吕

吕大吕，生卒年不详，香港编剧，1949年曾参与制作电影《陈梦吉斗荒唐镜》。

黄飞鸿是清末民初、两粤武林的有名人物，生于一八四七年，卒于一九二四年，死时为七十七岁。黄飞鸿一直在广州授徒传技，来香港就只有短短一个时期，却是香港人对黄飞鸿这三个字，妇孺皆知，尤以他死后的几十年间，名气比起生前还要响，不只妇孺皆震其名，南洋州府、东南亚一带也都人人知道这一位武林中的一代宗师，甚至连外国人也一样的久闻大名。这固然是实至名归，但其中还有许多因素存在。

关于黄飞鸿的生平事迹，前人所记不少，大都华而不实，渲染过甚。本篇所记，不重铺张，只是对黄飞鸿生前死后，有关今日流传于香港、影响于香港的一切，做较详细的分析和记述而已。

父为"广东十虎"之一

在说黄飞鸿前，先说黄飞鸿父亲黄麒英。为的黄飞鸿的武技是家传，是得自黄麒英的。黄麒英为南海西樵睦州[①]乡人，从少林寺陆阿采习技，武术精湛，曾任镇海将军技击教练。黄飞鸿后来授徒的宝芝林跌打医馆，便是他当年所创立。他创立宝芝林，卖生草药，为人医治跌打伤科，地址在广州仁安街二十六号，对门便是有名的黄贞庵老药号。

黄麒英除了任镇海将军的技击教练外，他并没有收过徒弟教授技击，只是尽己所长教授他的儿子黄飞鸿，而他的武技实在很了不得，当时广东有十大武师，称"广东十虎"，黄麒英便是"广东十虎"之一，这"广东十虎"

---

① 应为禄舟。

是王隐林、铁桥三、黄澄可、谭济筠、铁指陈、周泰、苏黑虎、苏乞儿等，加上了黄麒英。这"广东十虎"，无一"虎"不技有专长，戛戛独造。

黄麒英的武术得自少林寺的陆阿采，称洪家拳。洪家拳有五形拳、五行拳、虎鹤双形拳、内功拳和铁线拳。棍有五郎八卦棍，枪有史家枪，刀有子母刀，剑有指挥剑，钯有瑶家钯。黄麒英在少林寺，从陆阿采处尽得其秘，此后即以此驰誉武林，尽传授他的儿子黄飞鸿。

学父技又学林福成

黄飞鸿六岁时即随黄麒英走江湖，至十二岁便对洪家武技学习有成，所有洪家的拳术都学过，而且是学上手了。只有洪家中的一套铁线拳，黄麒英还没有教他。原因是铁线拳这套功夫，以铁桥三及铁桥三的弟子林福成为最到家，黄麒英就希望这套铁线拳，将来会由铁桥三或是林福成来教他儿子；却是为了走江湖，四处奔走，还没有替黄飞鸿找得机会。

无巧不成话，就在一天，黄飞鸿和黄麒英去到南海县的佛山镇，由于闲着，黄飞鸿这个小伙子，他四下里逛。刚巧有人卖武，他也站在那里看。卖武开档，武者常常手里拿着个飞砣，向围观的人舞着，好使围观的人避开一些，以便卖武的使刀玩枪。不想那个舞动飞砣的人，飞砣飞出，本来是点到即止，但他一时收不及，把其中一个看卖武的人打伤了头颅，血涔涔下。黄飞鸿刚巧站在伤者身边，他扶着伤者，卖武的拿跌打药来替伤者止血，黄飞鸿协助着他，拿布带裹扎着伤者头颅。卖武的人看到黄飞鸿这样子，自然彼此通起话来。大家一谈，卖武的知道黄飞鸿是黄麒英的儿子，黄飞鸿也知道卖武的是铁桥三的首徒林福成，不觉大喜。他平时听惯了黄麒英说他们两师徒对铁线拳最为到家，便请求林福成教他学铁线拳，林福成并不推辞，因此黄飞鸿的洪家拳，既是家学渊源，而洪家拳中的铁线拳，更得自铁桥三首徒林福成所教，他便一生学父技，以父为师，而铁线拳却是以林福成为师了。

年才十六独当一面

黄飞鸿才十六岁，他父亲黄麒英死了。黄麒英手创的宝芝林，即由他独当一面，继承父业。既替人医跌打，且以宝芝林为武馆，授徒教技。十六岁便作为一个收徒弟的教头，不可谓非武林中少见的事。但事实上他的洪家功夫已经有了相当造诣，虽然年轻，也极有资格作为师父教徒弟了。尤其他的跌打医术更堪称跨灶，他的出品"通脉丹"，远远流行到东南亚各地，不少华侨视为跌打圣药。

黄飞鸿的武林地位，随年龄而增加，他的全盛时期，徒弟之多，数之不尽，便是从他学技而成名，而别立武馆，以黄飞鸿授徒名义来收门徒的也不少。黄飞鸿的得意徒弟，计有陆正刚、凌云阶、梁宽、陈殿标、褟镜洲、帅老郁、帅老彦、林世荣、冯学标，女徒弟则有邓秀琼。其中设馆授徒最有名声的推林世荣和冯学标。林世荣即所传的"猪肉荣"，冯学标即所传的"卖鱼灿"，都是武林中极有名气、极有地位的教头。他们教出来的徒弟也不少已经成为老师傅，这些第三代的徒弟教出来的第四代徒弟，也不计其数，而这些第四代的徒弟也有不少自立门户授徒，因此以现在说，黄飞鸿的第五代徒弟也有了。这里且把黄飞鸿第一代徒弟中几个杰出人物的龙虎榜，简单地列在下面：

梁宽

小说家笔下称他为"鬼脚七"，事实上梁宽并非擅用脚，也不是排行第七，诨号之来，却莫名其妙。他本是铜铁店的学徒，慕黄飞鸿之名，每晚必来门外看黄飞鸿教技。黄飞鸿看见他这样苦心，收了他为徒。他才二十岁便学得黄飞鸿不少精湛功夫，是黄飞鸿最年轻而又最有为的徒弟。因此黄飞鸿无暇主持"三栏"教务，便派他去代为主持，不幸他却短命死矣，死时才不过廿五岁。

凌云阶

他是黄飞鸿的亲戚，入门最先，黄飞鸿认为是得意弟子。因助师兄卖鱼灿和拳师周兴较棍，给周兴打伤，而且伤势甚重。后来去香港，在红磡船坞

那里教拳，邝祺添是师承他最多的首徒。

陈殿标

又名陈锦泉，也是黄飞鸿认为最得意的门徒之一。广西苏元春军门聘教练，托刘永福在广东物色，刘永福和黄飞鸿商量，挑选他的得意弟子前往，结果便把陈殿标荐给苏军门用。到达时，苏军门已经去了越南边境，陈殿标就在广西那里设馆，以黄飞鸿所传洪拳授徒，直至民国后才返粤，返粤改称陈锦泉，卖药卖武为生，徒大牛英，也在港粤一带走江湖。把黄飞鸿的拳术传到广西去，是陈锦泉之功。

帅老郁、帅老彦

老郁是叔，老彦是侄，都是故衣商人，同投黄飞鸿门下，深得师承。晚年，叔侄同设馆以黄飞鸿武技传授徒甚众。

林世荣

出身猪肉贩，故又名"猪肉荣"。最初向钟洪山学技，钟洪山是粤剧花旦，艺名大家胜。林世荣后来改投黄飞鸿门下，成为黄飞鸿最得意弟子，在广州设馆授徒，徒众也不少。他的徒弟在西关乐善戏院生事，林世荣前去排解，中了戏院中人的诡计，以寡敌众，林世荣终于出尽了生平之技才能脱险。但因为打伤了多人，其中还牵涉了官兵在内，不可能再在广州立足，乃投身革命党，直至清亡后才返广州。统领吴仁湖聘他为教练，后又来港，在港设馆授徒，成为黄飞鸿门徒中授徒最多、最有成就的人。其最著的有香港中国国术会主席陈汉宗，有战前在《工商日报》写武侠小说、最先写《黄飞鸿传》而现在业医的朱愚斋，有二天堂主人、今天天日报社社长韦基舜的尊人韦少伯，有现开设岭南伤科院而兼教技的梁永亨，还有胡立峰、潘季一、孔怀、陆镜荣这几个人。所知韦少伯、胡立峰、潘季一三位已归道山，而孔怀则已八十高龄了。

冯学标

出身鱼贩，单名一个灿字，故又名"卖鱼灿"。他和林世荣同为大家胜的徒弟，后来他们同投黄飞鸿门下。经过一个很短的时间，黄飞鸿认为他和林世荣都有着很好的根基，乃留着林世荣去宝芝林学技，主张他仍从大家胜学武，免得他们两个同习一门。因此卖鱼灿虽然也算黄飞鸿徒弟，毕竟是学大家胜钟洪山的武技为多。但他和林世荣都成名，起初两人同在广州设馆，两人徒弟也不少。而林世荣来港授徒的日子长，因此香港人对卖鱼灿就没有林世荣这样尽人皆知。

邓秀琼

她是黄飞鸿的唯一女弟子。黄飞鸿嫡室早故，连娶两继室都死，人们说他是个克妻相。因此续娶莫桂兰，便以莫桂兰称为妾，其实是"明妾实妻"。莫桂兰嫁了黄飞鸿后，事夫之余，还悉心学武技。这时候已经是民国，福军中有吴仁湖统领，也就是聘林世荣为教练那一位统领，他的如夫人名邓秀琼，因吴仁湖和黄飞鸿有来往，因而她便结识了莫桂兰，也因而到黄飞鸿门下受业。学得相当有成就。莫桂兰组织"女狮"，她舞狮头，教邓秀琼舞狮尾。舞狮是武术的一门技能，非武术有相当功夫不可，黄飞鸿对这个女门徒很认可，认为她和莫桂兰倒是一时瑜亮。

褟镜洲

黄飞鸿的末期弟子，较出色的是褟镜洲。他学成后，在澳门设馆授徒，为澳门第一个以黄飞鸿武技传授的人，已故白鹤派宗师吴肇钟最初学武技，便以他为师，因此他可以说是吴肇钟的开山师父。

两位负有文名的徒弟

上面所说的这几个人，都是在黄飞鸿门下，被称为得意弟子的，他们一个个都是武长于文，甚至有几位是连字也不认得几个的老粗。却是在黄飞鸿许多徒弟中，倒有两个负有文名的徒弟，一个是翰林公，一个是革命元勋。那位翰林公姓伍名文琯，而那位革命元勋姓夏名重民。他们两个人先后拜过黄飞鸿为师，学过一个时期洪家拳，可是文人毕竟是文人，他们在黄飞鸿名下，论武可数不到，论文就以他们为"超班马"了。

当时黄飞鸿的宝芝林，门口的一副对联，嵌了"宝芝林"三个字，对联是五言，联文是："宝剑凌霄汉，芝花遍上林。"这一副对为伍文琇这位徒弟亲自为黄飞鸿撰写。但后来又换了一对，据说是夏重民拟的，夏重民对黄飞鸿说出这对联虽是出自翰林公手笔，但芝花二字不妥，芝只可以称草，不可称花。因为另拟一联曰："宝剑出匣，芝草上林。"这后来的一副四言对，直挂到宝芝林因商团事件毁于火的时候，同时化为灰烬。

夏重民为革命元勋，以直言为当时的军阀买凶狙击，死于火车站之月台中。其妻邓蕙芳是广州妇女党部的风云人物，曾创办《妇女日报》，与夏重民并皆知名，但夏重民曾投黄飞鸿门下学技，知道的人却不多。

黄飞鸿虽习武，但对文人极为敬重，他对伍文琇和夏重民是另眼相看的，广州宝芝林被毁于火，把黄飞鸿仅有的一幅画像烧去，最为可惜！

一代武林名人黄飞鸿没有留下一幅照片，真是一件憾事。还记得本刊创行之时，曾经访问过黄飞鸿的遗妻莫桂兰，莫说：她早有意为黄飞鸿重画一幅像，但只能用黄汉熙的照片作为蓝本，因为他们父子间十分神似，一定很像黄飞鸿的。

黄飞鸿子及莫桂兰

黄飞鸿有子二人，长子得其技，但死于非命[1]；他为此而痛心得很，因而没有教次子学武。当时行走四乡和其他内河小轮，都雇有护勇，这些护勇，由一个叫作保商卫旅营的机构派出。黄飞鸿的长子在保商卫旅营，给派出行走广州梧州轮服务。护勇不只一名，同事中有名鬼眼梁的，看见黄飞鸿长子年轻，看他不起，要和他较技，说道："黄飞鸿人人怕，我却不怕黄飞鸿的儿子。"黄飞鸿的长子和他较手，只两下手脚便把鬼眼梁打倒。

经过这一次，鬼眼梁怀恨在心，等到那年中秋节，鬼眼梁设法使黄的长子饮醉，开枪把他射杀。事后对人说他饮酒乱性，要拔枪，才不得不先下手

---

[1] 原文应有误。黄飞鸿有四个儿子，二子黄汉森学武，死于非命。

为强，对他开枪，为防卫而把他误杀。

这件事过后，黄飞鸿知道他们是为了一次较技而起，痛心之余，便对他的第二子誓不教之习武。

他的第二子名汉熙[①]，样子生得很像黄飞鸿，光复后来了香港，一直在香港做事，他完全不懂得洪家拳，因而他的职业可完全和一个武字没关系。他越大越像黄飞鸿。好些人都说，可惜黄飞鸿没有把武技传授给他，不然的话，拍黄飞鸿片集，由他来饰演黄飞鸿，便完全是个中年时代的黄飞鸿了。

莫桂兰从嫁了黄飞鸿后，便随黄飞鸿学技，晨徒暮妾，是师徒，也是夫妇。黄飞鸿晚年的时候，全赖莫桂兰随侍。她曾经在邓芳那里当助教。邓芳在带河基设武馆，名义勇堂，得力于莫桂兰之助不少。当年广州仅有一队女子狮子队，便是莫桂兰组成的。她舞狮头，黄飞鸿的女徒、吴仁湖的夫人邓秀琼舞狮尾，获得极高的评价。

写到这里，顺带一笔，现在粤语电影界中有一位武侠演员吴欣志，便是吴仁湖的儿子，也就是邓秀琼所生。

香港大笪地打伤人

黄飞鸿有个时候曾来香港，这是在刘永福去安南后的事，他少了一份军门技击教练职，闲了许多。当时他的得意门徒陆正刚来港，开设了一间宝芝林支店，黄飞鸿来香港，就住在这宝芝林支店里。陆正刚的门徒不少，对黄飞鸿这位师公，敬礼有加，不幸就为了一件事情，连累师公不能不离开香港，逃回广州。

这件事的发生是为了陆正刚的徒弟，在大笪地被夺地盘，和人打架。事后对黄飞鸿说了出来，黄飞鸿抱不平，挺身而出，对一班徒孙加以协助，一出手便伤了多人。闹出了事后，非逃走不可，他逃回广州后，继续在宝芝林

---

① 黄汉熙是第四子。

教拳医人。直至一九二三年，广州商团之役，西关不少地方都毁于火，仁安街被波及，他那子承父业的宝芝林就在这一役中被烧为平地。到第二年，黄飞鸿也就病殁于城西方便医院，享寿七十有七。从此洪家一代宗师，长埋地下，只留下徒子徒孙，师承其技，将洪家拳术发扬光大，以至于今。

黄飞鸿死后更扬名

黄飞鸿在一九二四年死后，迄今四十多年。在这几十年中，黄飞鸿这三个字，在香港来说，比之他生前，响当当得多，便是在其他地方也一样。所以如此，原因有二：一是他的第二代门徒教出来的第三代门徒多，他们不少是有名气的武林中人。第二代门徒有名气，第三代有名气的，人数比起来还多，而第四代，不管名气如何，人数是越来越多了。一个个都拿他们的宗师黄飞鸿来作为标榜，这个说黄飞鸿，那个说黄飞鸿。"丽的呼声"初期，由黄飞鸿第四代徒孙钟伟明讲述黄飞鸿师公陆阿采故事，在此之前，钟伟明师父朱愚斋，这位林世荣徒弟、黄飞鸿徒孙，又在工商日晚报写《黄飞鸿传》长篇连载，稍后，《成报》由忠义乡人执笔另写《黄飞鸿传》。有了这种种关系，教黄飞鸿拳的人多，学黄飞鸿拳的人更多，写黄飞鸿故事的也不少。在他们的笔下，把个黄飞鸿渲染得了不得，这是黄飞鸿生时所没有想到的。人死留名，他却人死传名，自然使到香港习武的、不是习武的也对黄飞鸿热烈的拥护了。还有一个原因，这不能不归功于艺名新靓就、人称爱国伶人的关德兴，使到黄飞鸿三个字妇孺皆知，使到东南亚各地对黄飞鸿都有深刻印象，连外国人也知道中国武林中有个了不起的人物黄飞鸿。

关德兴塑造黄飞鸿

无论黄飞鸿的徒弟，如何一代一代的多，小说家笔下又如何撰写黄飞鸿的生动故事，比起上来，决不会比得上电影的力量。关德兴拍黄飞鸿片，他由《黄飞鸿传》拍起，拍到去年的《黄飞鸿巧夺鲨鱼青》为止，一共拍了八十三集之多。本来关德兴打算一口气拍满一百集才收山的，却是粤语片的丧钟已响，粤语片线的戏院都纷纷改变，放映国语片了。到了此时，虽有关德兴与黄飞鸿之力，也未必可以振起粤语片的颓风，因而八十三集以后便音沉响绝。但黄飞鸿的片集竟然在数十年来拍到八十三集之多，一个主角，一个书中人，一集拍完又一集，不可谓非奇迹。而这奇迹便造成了黄飞鸿成为响当当妇孺皆知的英雄人物。

大家试想，关德兴所演出的黄飞鸿片集，每一片集都有这样一个轰轰烈烈的英雄故事，很显然，黄飞鸿一世人是决不会有过这样八十三回不同的英雄事迹，而这些事迹又都是戏剧性、传奇化的。当然是编剧者的穿凿附会，编织而成。但妇孺的观众，他们哪里会知道？武林中人知是知道了，为了黄飞鸿的关系，谁会挺身而出，说出黄飞鸿没有过这样一回事呢？何况而关德兴拍黄飞鸿集，当剧者都是武林中的有名人物，如石坚、如刘湛、如邵汉生；又必定有武术指导，最初的武术指导是黄飞鸿的再传弟子梁永亨师傅，后来也是黄飞鸿的再传弟子，演员兼武术指导刘湛。这一关系，自然可以一集一集的不愁没有这许多超人的英雄事迹了。黄飞鸿在死后所以名扬四海的最大原因，就不能不说是在关德兴身上。而关德兴也很思源，他每拍一部片，便一定送给莫桂兰一点钱，虽然数目并不大，但也见得他的心意。另外，他好像就只知有黄飞鸿，不知有自己似的。他今年新春，家门口贴着一张"恭贺新禧"的红纸，由他自己用"气功写字"，大书一副对联。联文是"飞黄腾达，大展鸿图"，嵌入"黄飞鸿"三字，这不是只知有黄飞鸿，不知有自己的忘我精神么？总之关德兴与黄飞鸿，由此而造成了关德兴在电影圈的地位，也由此而造成黄飞鸿死后扬名的机会。

黄飞鸿片集的近事

这是一件有关黄飞鸿片集的近事，从这件事来看，有理由相信黄飞鸿

可能还有个时候扬名，而且会扬名到国外去。上面说过黄飞鸿这三个字连外国人都有了印象，这是因为关德兴拍黄飞鸿片集，拍到若干集的时候，曾经有一位美国制片家，由于来港之便，他听到了竟然有片集而可以拍到这许多集，认为奇迹，因而到片场去参观关德兴拍戏。他把这个消息带回美国去。而美国唐人街的电影院，有时也会放映黄飞鸿片集的，这便更因此而轰动了，这一件远事表过，且说最近的一件事。

最近有一位法国人庞班尼。他曾经担任香港大学教授，在一个偶然的机会中，认识了关德兴，大家谈起来，知道关德兴将在九月间有法国之行，在法国演讲中国的文学、武术。庞班尼久闻黄飞鸿片集之名，以中国有此杰出的武林英雄人物，他要把黄飞鸿这位英雄人物介绍到法国去，从关德兴那里取得两部黄飞鸿片，运去巴黎，在巴黎放映。可能关德兴到法国时，不是随片登台，也等于随片登台了，而黄飞鸿这三个字便会由这一件近事而名扬到法国去。更可能的是：黄飞鸿在香港又会掀起了一阵高潮，原因是关德兴将在游法归来后，继续拍黄飞鸿片集中的第八十四片集。而且不再拍从前那样的小框子黑白片，而是拍彩色大银幕片，还打算配上国语拷贝。不只向粤语片的观众进军，还要向国语片的观众进军，要是成为事实，当然这位死了四十多年的武林名人，更要威名远播了。

（原载香港《大人》1970年第17期，个别字词略有删改）

黄飞鸿电影的初步研究

余慕云

余慕云（1930—2006），香港著名电影史、粤剧史专家。2001年获香港特区政府颁授荣誉勋章，2005年获香港电影金像奖专业精神奖。曾任佛山黄飞鸿纪念馆、广东粤剧博物馆总顾问。

从一九四九年开始，直至现在，三十年来，香港先后摄制过八十五部以黄飞鸿这个人物做主角，以他的遭遇作题材的黄飞鸿电影。此外，还摄制了十三集黄飞鸿电视片集。

黄飞鸿影片不独在数量上创下了世界纪录，而且亦受到广大华人观众历久不衰的欢迎，在香港如此，在星马、在美洲等有华人的地方，亦是如此。

黄飞鸿电影、黄飞鸿这个人物形象，在香港等地区，是深入人心，妇孺皆知。他的知名度，实在找不出第二个电影人物能够胜过。

不单黄飞鸿电影受欢迎，就是黄飞鸿电视片集，也曾高居香港电视十大收视率的第一位。

黄飞鸿电影究竟有什么特点？有什么优点？为什么会受到广大观众历久不衰的欢迎？黄飞鸿电影又有什么缺点？有哪些不足之处？这些都是值得我们深入探讨的问题。

为了研究黄飞鸿电影，我搜集了尽我所能的文字资料，包括绝大部分的黄飞鸿电影特刊（胡鹏导演借给）、电影本事和批评文章，我又不止一次地访问了黄飞鸿电影的主要制作者，如创始人和主要导演胡鹏，主要编剧和导演王风，绝大部分黄飞鸿电影中的黄师傅扮演者关德兴，黄飞鸿电视片集的编导蔡继光和主要编剧吴昊，以及香港广播电台的黄飞鸿故事讲述人钟伟明等先生，黄飞鸿的如夫人莫桂兰女士。历年来我已看过超过一半的黄飞鸿电影，最近我又在香港国际电影节的策划人之一刘成汉先生的协助下，选看了一批比较有代表性的黄飞鸿电影。可惜的是，最主要的几部如胡鹏导演推荐的《义贯彩虹桥》，刘家良导演推荐的《花地枪炮》和《怒吞十二狮》等，却找不到拷贝，此外又限于我专门研究黄飞鸿电影的时间不到两个月，而且是业余的时间，因此，只能对黄飞鸿电影作一初浅的探讨，如有谬误之处，希望各方不吝指正。

黄飞鸿电影，叙述的是有关广东名拳师黄飞鸿的故事。而黄飞鸿是真有其人。

他的传略如下：

黄飞鸿，广东省南海县西樵乡人，一八四七年出生，一九二四年逝世，享寿七十七岁。

黄飞鸿的父亲，是号称"广东十虎"的十大名拳师之一黄麒英。黄飞鸿却并不属"广东十虎"。

黄飞鸿年轻时随父亲四处走江湖卖武。中年在广东的军队，李福林的第五军当技击教练，也当过广州民间自卫武装——民团的国术教练，晚年则经营其父手创的"宝芝林"医局，直至病逝。

黄飞鸿在广东武林中，舞狮技艺高超，在广州有狮王之称。他擅长的拳术是"铁线拳""五形拳""工字伏虎拳""拐子无影脚"等。他的拳术属于少林派洪拳系统。他擅用的武器是"飞砣"。

黄飞鸿生平的真正事迹，流传得不多。据他的如夫人莫桂兰女士说，对黄飞鸿的生平事迹，她也不大知道，因结婚时，黄已年老，莫只不过二十多岁。

黄飞鸿的一生，正如最早写有关黄飞鸿武侠小说的我是山人说，他"生前仅以威盛，不大以名传"。

有关黄飞鸿的武侠小说，最多时曾同在七份日晚报刊登，不过所登载的黄飞鸿事迹，绝大部分都是小说家言，是通过想象、渲染和夸大的，和真正的黄飞鸿生平事迹不大相同。据黄飞鸿电影的主要编剧人王风对笔者说，其中的故事题材，小部分根据黄飞鸿的武侠小说，大部分是创作的。据了解，黄飞鸿电视片集中的故事题材，更绝大部分是创作的。

黄飞鸿电影的由来

一九四九年秋，电影导演胡鹏和他的朋友吴一啸（粤曲名作家），一起从九龙乘渡海轮过香港。在渡轮上，胡鹏偶然看见《工商日报》刊有斋公（原名朱愚斋，是黄飞鸿的再传弟子）写的黄飞鸿武侠小说，其中提及吴一啸曾师事黄飞鸿，但吴一啸却告诉胡鹏那是朱愚斋编出来的，他既不是黄飞鸿的徒弟，亦不懂功夫；但由此却触发胡鹏立意创制黄飞鸿电影。

对此吴一啸首先赞成，并愿替胡撰写剧本，结果头四集的剧本均由吴编写。此事，更得到新加坡电影商人温伯陵的支持，于是成立永耀电影公司，开拍黄飞鸿电影。第一部叫作《黄飞鸿传》（上集），又名《鞭风灭烛》，时为一九四九年冬。

本刊的"功夫电影目录"共载有八十二部黄飞鸿影片。

本来还有胡鹏导演的《梁宽传》上下集，王风导演的《狮王之王》，但因未能查明是哪一间映片公司的出品和明确的公映日期，所以暂未列入。

此外，《鬼屋斗僵尸》一片曾开拍，但没完成。

另有资料说，还有《妙计雪沉冤》和《虎穴救孤儿》两片，但因完全缺乏导演、出品和公映日期资料，所以只好在此提出，作为存疑。

三个不同时期的黄飞鸿电影

黄飞鸿电影，大致可以分为三个不同时期。

第一期是五十年代。一共拍过六十二部，是黄飞鸿电影的黄金时期。这个时期的影片是由王风编剧，胡鹏导演，关德兴主演，其他演员有曹达华、刘湛、石坚、西瓜刨，女主角是任燕。黄飞鸿电影的故事模式、特点和风格，在此期间开始定型。这个时期拍得比较突出的有《花地抢炮》《义贯彩虹桥》《龙舟夺锦》《醒狮会麒麟》《二龙争珠》《长堤歼霸》《擂台比武》《怒吞十二狮》《戏棚伏虎》《铁鸡斗蜈蚣》等。

第二期是六十年代。一共拍过十三部。这个时期的影片主要由司徒安编剧，王风导演，关德兴主演，其他演员则有曾江、张英才、石坚、西瓜刨，女主角是李红。这个时期的故事模式和风格，大致和五十年代基本相同。拍得比较突出的有《肉搏黑霸王》《威震五羊城》《巧夺鲨鱼青》等。

第三期是七十年代。一共拍过十部，国语片和粤语各一半，而且没有一定的导演和主演者（指扮演黄飞鸿的演员），影片的故事和风格，跟五六十

年代的黄飞鸿电影大不相同，而且有些并不属于黄飞鸿片集的延续。这个期间拍得比较突出的有《陆阿采与黄飞鸿》《醉拳》《林世荣》等。黄飞鸿电视片集，亦是在此期间拍摄的。

黄飞鸿电影的特点

一、浓厚的地方色彩

香港人绝大部分是广东人，说的是粤语，生活习惯、娱乐方式等都带有广东的传统。

黄飞鸿电影所反映的一切，都是广东道地的。像故事发生的地方是在广东（例如广州、佛山等），生活习惯（例如上茶楼——广东人几乎每日不可或缺的饮茶），民间习俗（例如养雀、打蟋蟀、扒龙舟、抢炮等），娱乐方式（例如演粤剧、唱粤曲、唱龙舟、舞狮、舞龙等），片头的主题乐——"将军令"是广东音乐，说的更是生动、传神和广东人感到特别亲切的粤语。

黄飞鸿电影本身的广东地方色彩，使它们看起来和中国大陆或台湾出品的中国电影明显不同。

在香港的电影史上，能够成功地拍出浓厚地方色彩的香港电影并不多。而这方面能够像黄飞鸿电影表现得那样集中和突出的更是少有，黄飞鸿电影的地方色彩，可以说是香港电影中的代表。

二、保存不少多姿多彩的广东民间艺术

约有四分之一的黄飞鸿电影，都有舞狮的表演，有南狮也有北狮，自然是南狮多。它舞出狮子的喜、怒、哀、乐（见食物时之喜，不易取之怒，取不到的哀，取到后的乐），舞出狮子的勇敢和机智，舞出各种传统和特殊的狮技。例如单足采青、采高青（四重人膊上采青）、采蟹青、采七星青、采石鳞青、采水莲青（水上采青）、飞铊（砣）取青等。这些高超的舞狮技术，多由关德兴亲自表演，最多时十三只狮子一齐舞动，极为热闹。

最值得指出的是，由黄飞鸿的女弟子邓秀琼舞狮头、黄飞鸿如夫人莫桂兰舞狮尾，表演"睡佛采灵芝"和"狮子过三山"等，女子舞狮而狮技又如此高超，确是难得一见。

黄飞鸿电影中的舞龙和舞麒麟，虽然没有舞狮那样多姿多彩，可是也精彩得很，值得欣赏和保存。

最值得一提的是舞蜈蚣。原来舞蜈蚣是广东省中山县小杬（榄）乡特有的民间艺术和娱乐。舞时像舞龙，不过人数只有六七人，而且蹲在地上舞。编导王风把它引进黄飞鸿电影中，令人大开眼界。

自弹自唱的盲女艺人——"师娘"唱曲，一个人敲小锣打小鼓唱出民间故事的"唱龙舟"，都是现已基本失传，但原是广东流行很久的民间传统艺术和娱乐。在黄飞鸿电影中，亦保存下来。

此外还有不少其他较普通的，如演粤剧、唱粤曲、唱南音、唱咸水歌等。

虽然在某些香港电影中，或有这些广东民间传统艺术的表演和保存，可是却没有黄飞鸿电影那样多，那样集中和突出，而且成为黄飞鸿电影的一项特点。

三、保存各种广东传统武术

广东武术，相传有洪、刘、蔡、李、莫五大名家，又有龙、蛇、虎、豹、鹤、狮、象、马、猴、彪十种象形的拳术，其中有不少著名的拳套、刀法、棍法、枪法和各种拳术及十八般兵器的对拆。这种精湛的广东武术，能够在荧幕上保存的不多，这是非常可惜的事情。可幸，黄飞鸿电影在这方面记录和保存了不少，如在拳术方面的有"蛇形手""撩阴手""十独手""黑虎爪""虎尾脚""无影脚""铁线拳""虎鹤双形拳""螳螂拳""鹤玩沙"等；在兵器方面有"子母刀""虎尾刀""滚螳刀""拖刀""断魂枪""二郎八卦枪""二十八宿棍""五行棍""六点半棍""五点梅花棍""飞虎鞭"等；对打方面有"虎爪对鹤爪""棍对

棍""棍对单刀""棍对枪""单扫子（类似两节棍）对藤牌单刀"等；其他的兵器有大关刀、长缨枪、山西大扒、钢鞭、双钩等。

特别值得指出的是由武术名家陈汉宗表演的"虎鹤双形拳"，黄飞鸿的如夫人莫桂兰表演的"子母刀"，梁永亨表演的"断魂枪"，曾振华表演的"螳螂拳"等。

黄飞鸿电影所保存，由名家表演的正宗广东武术（不是杜撰和加上舞台化、杂技化、戏剧化的动作），的确是特点之一。当然亦不是说，某些香港电影或者中国大陆电影，就没有保存过正宗的广东武术，不过不及黄飞鸿电影那样多，而且可以成为它的特点。

四、正宗的武侠片

类似廿年代上海的所谓武"侠"片，甚至直至今天还有，绝大多数的内容，不是神怪打斗就是门派之争，争夺武林秘笈或武林第一称号，因而互相残杀、互相报复（主要是报私仇）。他们的行为武而不侠，与传统武德实在不相符。

传统武德是，练武主要为了健身和自卫，非必要时不和人交手，除非为了民族大义和除暴安良。

黄飞鸿电影一贯宣扬传统武德。通过黄飞鸿的言行，一再强调练武为了健身，切戒恃技凌人、惹是生非，个人得失甚至受辱可以不必计较，可是为了除暴安民，则必须挺身而出；但反对滥用暴力，非不得已，不出手伤人。即使对敌人、对坏人也力劝他迁过从善。这种种（谦、忍、恕等）传统美德和武德，贯彻在绝大部分的黄飞鸿电影中。像黄飞鸿这样的影片，才能真正以"侠"字来称呼。香港过去的粤语通俗电影往往提倡一种导人为善的教化态度，黄飞鸿电影虽然基本上是动作片，但在这方面的表现却最为明显和积极。

黄飞鸿电影不独在内容上称得上是真正的武侠片，而且在形式上——在打法上也是真正的武侠片。因为它用的是传统的、硬桥硬马、真刀真枪的真功夫，不像其他武"侠"片那样，它的功夫是杜撰的，或是舞台式的打法，或是传统武术加上杂技化和戏剧化的打法，因此，我认为黄飞鸿电影是正宗的武侠片，这是黄飞鸿电影的主要特点。

黄飞鸿电影的优点

上面提到的特点，可以说亦是优点。黄飞鸿电影的优点，除了上面所提四点外，我认为还有下面二点。

一、塑造人物成功

黄飞鸿电影是以人物为主的传记体裁影片，这类影片拍得成功与否，很大程度上取决于人物塑造是否成功。

在黄飞鸿电影中，黄飞鸿这个人物，体现了儒家很多的传统美德，如礼（谦虚有礼）、义（行侠仗义）、忍（克己忍让）、恕（对坏人也力劝他改过从善）、仁爱（敬老怜贫）、和平（力主和平解决问题）。

电影中的黄飞鸿是一个正面英雄人物，通过编导的安排，加上关德兴的表演，黄飞鸿这个英雄人物显得有血有肉。关德兴演黄飞鸿，无论外形、气质都极为令人信服，演黄飞鸿，除他之外，不作第二人想。难怪不少人把关德兴唤作黄师傅，把他们视作一个人，甚至关德兴自己也有这样的代入感觉。

该片集之所以受欢迎，塑造黄飞鸿这个人物极为成功是一个重要因素。在黄飞鸿电影中，其他人物的塑造亦十分成功，如曹达华演的梁宽、刘湛演的林世荣、西瓜刨演的哨牙苏和永远是对头大恶人的石坚都具有很突出的性格，对黄飞鸿这个英雄人物，起了良好的对比和衬托作用。

二、故事虽然公式但看起来各有不同

黄飞鸿电影的故事模式，差不多都是这样——广东某地，有土豪恶霸欺压良民，黄飞鸿和他的徒弟行侠仗义，打倒土豪恶霸，为民除害。

黄飞鸿电影虽然有一定的故事模式，可是差不多在每一部之中，都可以看到创新的细节，例如这一部是舞狮，下一部是舞龙，再下一部就舞麒麟、

舞蜈蚣、水上采青、水底打斗、打擂台，又安排中外拳术比武，总之花样百出，令人看起来没有公式化的感觉，这是其能长期吸引观众之处。

黄飞鸿电影，如果每部孤立来看，它的特点和优点并不那样突出，甚至不容易察觉，但把它们集中来研究，便能清楚看到。

黄飞鸿电影对香港功夫片的影响

香港出品的功夫片，是香港电影中成就比较突出的一个片种，而且亦只有功夫片首先打进国际市场，名扬天下。

黄飞鸿电影对香港功夫片（包括其他武打片）是有很深远的影响。因为：

第一，在香港功夫片和其他武打片中占很重要地位的武术指导，是黄飞鸿电影首先创立的，时为一九四九年。第一部黄飞鸿电影的武术指导，也是香港第一个武术指导梁永亨。

根据记录，中国电影最早的武术指导是一九二七年上海出品《山东响马》的任雨田。他是黄飞鸿电影女主角任燕的父亲，现仍在香港。

绝大部分黄飞鸿电影的武术指导是关德兴、石坚和袁小田，除了关和石的对打招式是他们自己设计外，所有其他对打招式都是由袁小田设计和指导的。

第二，在香港电影中，包括功夫片和其他武打片，首先摆脱舞台式的打法（在黄飞鸿电影出现前，所有武打片的打法，基本是舞台式的），创立硬桥硬马、真刀真枪，用传统的武术招式，最接近功夫实战打法的是黄飞鸿电影。黄飞鸿电影的打法（甚至包括谐趣的打法），对继后的功夫片和武打片起了示范作用，为它们所学习、继承和发扬。

第三，香港的武打片中，在题材上首先摆脱神怪、争宝笈、争第一、报私仇等公式俗套的主题，而赋予明显侠义主题的是黄飞鸿电影。香港甚至台湾的功夫片和武侠片，有些亦受了它的影响，或把它的好处继承和发扬，最低限度可以说和它是一脉相承。

第四，黄飞鸿电影为港台功夫片和其他武打片孕育和培养了大批杰出的人才。现在港台最成功和最突出的功夫片导演，如刘家良、袁和平，及著名的武术指导，如唐佳、陈少鹏、韩英杰等都是长期或曾经参与黄飞鸿电影的演出。不能说他们今天的成就是完全得自黄飞鸿电影，可是不能不承认，黄飞鸿电影给过他们很多的学习机会，对他们的成长、启发和帮助很大。如果说黄飞鸿电影，孕育和培养了不少功夫片和武侠片的杰出导演是绝不过分的。

结论

黄飞鸿电影的缺点自然不少，五十年代黄飞鸿电影的剧情都是千篇一律，单线发展，而且进展慢，矛盾冲突少，高潮只有一个（甚至真正的高潮也没有），又必然安排在最后，高潮一过，剧情便结束，不能做到高潮迭起、剧情紧凑、戏剧性强。反面人物性格的转变，一般都缺乏说服力，加上镜头运用单调，场面调度呆板，除了记录民间传统艺术（如舞狮、舞龙等）的表演和打斗场面外，其余场面很多时候未能达到引人入胜的戏剧效果，演员的表现亦往往有夸大过火之处。配乐方面又中西混杂，风格未能统一。

当时，由于黄飞鸿电影卖座，个别的片商不只粗制滥造（曾于一九五六年内共出品二十五部），甚至东抄西袭，东剪西剪，拼凑成戏。香港电影制片界的缺点——粗制滥造、跟风抢拍，在黄飞鸿电影中亦不乏例子。至于为了卖座，不顾剧情适当与否，大拍《古寺救情僧》（主要为拍当时走红的名伶任剑辉）、《三戏胭脂马》（主要为拍红伶邓碧云）、《夫妻除三害》（主要是拍全国知名的武侠女星邬丽珠）等纯属噱头、纯粹为了票房收入的影片。香港电影制片界过度重视商业性的缺点，在黄飞鸿电影中，亦很突出。

六十年代的黄飞鸿电影，它的编剧手法和导演手法已经有了进步，故事结构较强，较完整，镜头和场面调度亦较灵活，较有电影感。不过在思想性方面，却与五十年代时有所转变。黄飞鸿的形象，没像从前那样大义凛然——主动行侠仗义、除暴安良，有时还涉及私人恩怨，才被迫而战。例如在《拳王争霸》中，黄飞鸿歼霸似乎主要是为争回被夺去的神主牌。有时描写黄飞鸿的胜利，还带有迷信的意念，例如《勇破烈火阵》，他打败恶徒，主要是靠诚恳祷告，得上苍庇佑，下雨灭火才能突围。

七十年代的黄飞鸿电影，在戏剧性、导演手法方面更是大有进步，可是它却保持不住黄飞鸿电影的特点和优点，拍不出像从前那样浓厚的地方色彩，未能保持传统的美德和武德，在保存广东民间艺术和武术方面亦远为逊色。打斗时加上杜撰的、杂技化和舞台化的打法，好看而非真实的武术，甚至过分渲染暴力（唯一例外的是一九七八年刘家良导演的《陆阿采与黄飞鸿》）。例如在今年袁和平导演的《林世荣》中，林世荣为了报弟仇，而施行极端的暴力，但黄飞鸿笔战写"仁者无敌"一场则实在精彩，而且亦符合他一向的武德，相信《林世荣》一片在商业上的成功将会导致更多黄飞鸿影片的开拍，这个自三十年前便出现的传奇人物会以什么姿态来进入八十年代，将是值得我们继续注视的。

（原载第四届香港国际电影节组委会主编的《香港功夫电影研究》，香港市政局1980年版，由余慕云先生于2000年提供，个别字词略有删改）

黄飞鸿电影的源流

余慕云

"黄飞鸿电影"是指以广东传奇英雄人物黄飞鸿为男主角的电影。

"黄飞鸿电影"是香港创造的。它创造于一九四九年，创始人是名导演胡鹏。香港出产的第一部黄飞鸿电影，名叫《黄飞鸿传（上集）》，又名《黄飞鸿鞭风灭烛》，扮演黄飞鸿这个英雄人物的是粤剧名伶关德兴。

从一九四九年到一九九四年，四十五年来，香港一共出产过九十九部黄飞鸿电影。值得说明的是，我认定的黄飞鸿电影，影片中必须有黄飞鸿出现，如果没有黄飞鸿出现，哪怕它的片名有黄飞鸿的字眼（例如《黄飞鸿四大弟子》《黄飞鸿之鬼脚七》等），我亦不认为它是黄飞鸿电影。影片中没有黄飞鸿，单有他的弟子，例如梁宽或猪肉荣，这些亦不算是黄飞鸿电影。在九十九部黄飞鸿电影中，关德兴主演了七十七部，余下二十二部由十二位演员分演。

四十年代香港只出产过两部黄飞鸿电影，它们都是由吴一啸编剧，胡鹏执导，关德兴扮演黄飞鸿的。

五十年代香港一共出产过六十部黄飞鸿电影，它是黄飞鸿电影的黄金时代，单是一九五六年香港就出产过二十五部黄飞鸿电影。

五十年代出产的黄飞鸿电影除两部由白玉堂扮演黄飞鸿外，其他都是由关德兴扮演。关德兴扮演黄飞鸿这个英雄人物扮演得非常成功，他树立和体现的典型的中国儒家伦理道德观的英雄人物，得到广大观众的欢迎和爱戴。

五十年代的黄飞鸿电影，绝大部分是由胡鹏执导和王风编剧的。

黄飞鸿电影的特色和模式，宣扬中国儒家的美德，宣扬中国的武德，富有民族特色和地方色彩都是在这个年代确定的。这个时期的黄飞鸿电影的女主角过半数是由任燕担当，任燕有真功夫。她的父亲是中国电影的第一个武术指导任雨田，她的真功夫来自父亲的传授。任雨田早期在香港和内地都执导过不少武侠片。

五十年代出产的黄飞鸿电影名作有《黄飞鸿花地抢炮》《黄飞鸿义贯彩虹桥》《黄飞鸿大闹花灯》《黄飞鸿醒狮会麒麟》《黄飞鸿龙舟夺锦》等。

六十年代香港一共出产过十三部黄飞鸿电影，它们都属于传统的黄飞鸿电影，扮演黄飞鸿的仍然是关德兴，主要的执导者已不是胡鹏，而是王风；主要的编剧亦已不是王风，而是司徒安。女主角多由李红扮演。

六十年代的黄飞鸿电影名作有《黄飞鸿威震五羊城》《黄飞鸿醒狮独霸梅花桩》《黄飞鸿巧夺鲨鱼青》等。香港出品的传统的粤语片，在六十年代

日渐衰落，一九六七年后曾有人希望黄飞鸿电影能够挽救粤语片，虽然黄飞鸿电影在一九六八年和一九六九年曾经替粤语片打过一口强心针，可惜仍然挽救不了它的衰亡。

进入七十年代，香港共出产过七部黄飞鸿电影，由关德兴主演的传统黄飞鸿电影只有一九七〇年公映的罗炽执导的《黄飞鸿勇破烈火阵》。在此期间，胡鹏已再没有执导黄飞鸿影片。在七十年代中，黄飞鸿的形象有了很大的发展和突破，扮演黄飞鸿的除关德兴外，也有其他人扮演。第一个扮演黄飞鸿的是谷峰，他主演过一部国语片《黄飞鸿》（一九七三年公映）。王风亦在一九七四年没用关德兴，起用史仲田扮演黄飞鸿，拍摄过一部国语片《黄飞鸿义取丁财炮》。

一九七六年开始，黄飞鸿电影中的黄飞鸿，开始年青化，有两部叙述黄飞鸿青年时代如何练武如何成长的电影都很成功。第一部描写年青黄飞鸿事迹的成功的电影是刘家良执导的，刘家辉扮演黄飞鸿的《陆阿采与黄飞鸿》；第二部是袁和平执导的，成龙主演的《醉拳》。以上两部黄飞鸿电影都是黄飞鸿电影系列中的佳作。

八十年代香港共出产过三部黄飞鸿电影，它可说是黄飞鸿电影的低潮时期。值得特别一提的是，八十年代香港出产的三部黄飞鸿电影，都是由关德兴主演和袁和平执导的，其中《林世荣》有一场戏，黄飞鸿在打斗中写出"仁者无敌"四字，这场戏可说是黄飞鸿电影的点睛之作。

踏入九十年代，香港名导演徐克用李连杰扮演黄飞鸿，拍摄了几部黄飞鸿系列影片，在海内外都叫好叫座，重振了黄飞鸿电影的雄风。

九十年代香港一共拍摄了十四部黄飞鸿电影，九十年代传统的黄飞鸿电影（胡鹏执导，关德兴主演）一部都没有，黄飞鸿电影已有了新的内涵和发展。它的不同和发展首先表现在黄飞鸿的形象上。九十年代黄飞鸿电影中的黄飞鸿，都是青年的黄飞鸿。李连杰、成龙、赵文卓、钱嘉乐、邱建国等扮演的都是；还值得特别一提的是袁和平执导的《少年黄飞鸿之铁马骝》

一片，其中的黄飞鸿还是一个少年，扮演少年黄飞鸿的曾思敏更是一个女孩子。

由谭咏麟扮演黄飞鸿、李力持执导的《黄飞鸿笑传》和《黄飞鸿对黄飞鸿》，黄飞鸿更以搅笑形象出现，它们都把黄飞鸿描述成一个根本不懂武功和搅笑的人。

从七十年代开始，从摄制技术方面和多元化的角度来看，黄飞鸿电影实在进步了不少，不过我还是喜欢传统的黄飞鸿，喜欢它富有中华民族风格，富有中华传统美德和地方色彩。我相信国内外的大多数观众亦是喜欢观看传统的黄飞鸿电影。

市政局"香港电影资料馆"今年九月和"社区文娱统筹办事处"于"牛池湾文娱中心"合办一个名为"仁者无敌——黄飞鸿电影欣赏"的电影活动。我们在众多的黄飞鸿电影中挑选了六部有代表性或者是黄飞鸿电影中的杰作来公映，本来我们想选刘家良执导的《陆阿采与黄飞鸿》的，可惜它的拷贝已经毁损不能放映。我们本来亦想选映胡鹏先生推介的《黄飞鸿义贯彩虹桥》和刘家良先生推介的《黄飞鸿花地抢炮》的，可惜在香港找不到它们的拷贝。

值得附带一提的是，六十年代以前港产的七十五部传统黄飞鸿电影，现在香港能找到拷贝的不够三十部。据我所知，现有的黄飞鸿电影的录影带恐怕亦不超过四十套，对这样有历史性、有代表性的黄飞鸿电影，保存得这样少，实在非常遗憾。

（原载《仁者无敌——黄飞鸿电影欣赏》特刊，个别字词略有删订）

黄飞鸿题材电影片目一览表

序号	时间	电影名称	导演	主演
1	1949	《黄飞鸿传上集之鞭风灭烛》	胡鹏	关德兴、曹达华

（续表）

序号	时间	电影名称	导演	主演
2	1949	《黄飞鸿传下集之火烧霸王庄》	胡鹏	关德兴、曹达华
3	1950	《黄飞鸿传第三集：血战流花桥》	胡鹏	关德兴、曹达华
4	1950	《黄飞鸿传第四集：梁宽归天》	胡鹏	关德兴、曹达华
5	1951	《黄飞鸿传大结局》	罗志雄	关德兴、林蛟
6	1952	《黄飞鸿血染芙蓉谷》	胡鹏	关德兴、曹达华、罗艳卿、林蛟、石坚
7	1953	《黄飞鸿一棍伏三霸》	胡鹏	关德兴、郑惠森、凤凰女
8	1953	《黄飞鸿义救海幢寺（上集）》	王天林、凌云	白玉堂、罗艳卿、少新权、林蛟
9	1953	《黄飞鸿义救海幢寺（下集大结局）》	王天林、凌云	白玉堂、罗艳卿、少新权、林蛟
10	1954	《黄飞鸿初试无影脚》	胡鹏	关德兴、刘湛、曹达华、石坚
11	1954	《黄飞鸿与林世荣》	胡鹏	关德兴、郑惠森、郑碧影、刘湛
12	1955	《黄飞鸿正传》	胡鹏	关德兴、曹达华、蓝夜、石坚
13	1955	《续黄飞鸿传》	丁零	关德兴、曹达华、蓝夜、林蛟
14	1955	《黄飞鸿花地抢炮》	胡鹏	关德兴、曹达华、郑碧影、刘湛
15	1955	《黄飞鸿威震四牌楼》	胡鹏	关德兴、曹达华、郑碧影
16	1955	《黄飞鸿长堤歼霸》	胡鹏	关德兴、曹达华、梁素梅、任燕
17	1956	《黄飞鸿擂台比武》	胡鹏	关德兴、曹达华、文儿、石坚
18	1956	《黄飞鸿大闹佛山》	胡鹏	关德兴、曹达华、任燕、石坚
19	1956	《黄飞鸿火烧大沙头》	胡鹏	关德兴、林蛟、南红、石坚
20	1956	《黄飞鸿花艇风云》	胡鹏	关德兴、曹达华、郑碧影、石坚

（续表）

序号	时间	电影名称	导演	主演
21	1956	《黄飞鸿大战双门底》	胡鹏	关德兴、曹达华、任燕、石坚
22	1956	《黄飞鸿大闹花灯》	胡鹏	关德兴、曹达华、任燕、李香琴
23	1956	《黄飞鸿七狮会金龙》	胡鹏	关德兴、罗艳卿、林蛟、石坚
24	1956	《黄飞鸿独臂斗五龙》	胡鹏	关德兴、曹达华、任燕、石坚
25	1956	《黄飞鸿三戏女镖师》	胡鹏	关德兴、曹达华、梁无相、李香琴
26	1956	《黄飞鸿义救龙母庙》	胡鹏	关德兴、曹达华、郑碧影、石坚
27	1956	《黄飞鸿七斗火麒麟》	陈国华	关德兴、蔡艳香、曹达华、陈锦棠
28	1956	《黄飞鸿怒吞十二狮》	胡鹏	关德兴、曹达华、西瓜刨、任燕
29	1956	《黄飞鸿伏二虎》	胡鹏	关德兴、曹达华、林蛟、南红
30	1956	《黄飞鸿醒狮会麒麟》	胡鹏	关德兴、曹达华、曹振华、任燕
31	1956	《黄飞鸿铁鸡斗蜈蚣》	胡鹏	关德兴、林蛟、任燕、石坚
32	1956	《黄飞鸿龙舟夺锦》	胡鹏	关德兴、林蛟、任燕、石坚
33	1956	《黄飞鸿水底三擒苏鼠廉》	胡鹏	关德兴、曹达华、任燕、林蛟
34	1956	《黄飞鸿沙面伏神犬》	王天林	关德兴、曹达华、任燕、石坚
35	1956	《黄飞鸿横扫小北江》	胡鹏	关德兴、曹达华、任燕、石坚
36	1956	《黄飞鸿红船歼霸》	胡鹏	关德兴、林蛟、石坚、李宝莹
37	1956	《黄飞鸿义救卖鱼灿》	胡鹏	关德兴、林蛟、文儿、刘湛
38	1956	《黄飞鸿观音山雪恨》	胡鹏、凌云	关德兴、曹达华、梅珍、方萍
39	1956	《黄飞鸿天后庙进香》	胡鹏	关德兴、曹达华、任燕、石坚
40	1956	《黄飞鸿官山大贺寿》	胡鹏	关德兴、曹达华、任燕、林蛟

（续表）

序号	时间	电影名称	导演	主演
41	1956	《黄飞鸿古寺救情僧》	胡鹏	关德兴、任剑辉、郑碧影、石坚
42	1957	《黄飞鸿河南浴血战》	胡鹏	关德兴、曹达华、梅珍、石坚
43	1957	《胭脂马三斗黄飞鸿》	胡鹏	关德兴、邓碧云、梁无相、刘湛
44	1957	《黄飞鸿夜探黑龙山》	胡鹏	关德兴、曹达华、任燕、林蛟
45	1957	《黄飞鸿狮王争霸》	胡鹏	关德兴、曹达华、任燕、小燕飞
46	1957	《黄飞鸿喋血马鞍山》	胡鹏	关德兴、曹达华、马金玲、石坚
47	1957	《黄飞鸿大破飞刀党》	胡鹏	关德兴、曹达华、任燕、石坚
48	1957	《黄飞鸿血溅姑婆屋》	胡鹏	关德兴、石坚、刘湛、任燕
49	1957	《黄飞鸿二龙争珠》	胡鹏	关德兴、曹达华、任燕、石坚
50	1958	《黄飞鸿五毒斗双龙》	胡鹏	关德兴、曹达华、任燕、林蛟
51	1958	《黄飞鸿龙争虎斗》	胡鹏	关德兴、曹达华、任燕、石坚
52	1958	《黄飞鸿大破金钟罩》	胡鹏	关德兴、曹达华、任燕、石坚
53	1958	《黄飞鸿西关抢新娘》	胡鹏	关德兴、曹达华、郑碧影、林蛟
54	1958	《黄飞鸿大闹凤凰岗》	胡鹏	关德兴、曹达华、任燕、刘湛
55	1958	《黄飞鸿擂台斗五虎》	胡鹏	关德兴、曹达华、任燕、林蛟
56	1958	《黄飞鸿大破马家庄》	胡鹏	关德兴、曹达华、任燕、石坚
57	1958	《黄飞鸿夫妻除三害》	任彭年	关德兴、邬丽珠、石坚、雪艳梅
58	1958	《黄飞鸿铁鸡斗神鹰》	胡鹏	关德兴、曹达华、任燕、石坚
59	1958	《黄飞鸿虎穴救梁宽》	胡鹏	关德兴、曹达华、任燕、石坚
60	1959	《黄飞鸿义贯彩虹桥》	胡鹏	关德兴、曹达华、石坚、王元龙
61	1959	《黄飞鸿被困黑地狱》	胡鹏	关德兴、曹达华、任燕、石坚
62	1959	《黄飞鸿戏棚伏虎》	胡鹏	关德兴、曹达华、任燕、石坚
63	1960	《黄飞鸿擂台争霸战》	胡鹏	关德兴、曹达华、任燕、石坚
64	1960	《黄飞鸿大战猩猩王》	胡鹏	关德兴、曹达华、林蛟、石坚

（续表）

序号	时间	电影名称	导演	主演
65	1961	《黄飞鸿大破五虎阵》	胡鹏	关德兴、曹达华、任燕、石坚
66	1967	《黄飞鸿虎爪会群英》	胡鹏	关德兴、曾江、李红、石坚
67	1968	《黄飞鸿威震五羊城》	王风	关德兴、曾江、李红、石坚
68	1968	《黄飞鸿醒狮独霸梅花桩》	王风	关德兴、曾江、李红、石坚
69	1968	《黄飞鸿醉打八金刚》	王风	关德兴、曾江、李红、石坚
70	1968	《黄飞鸿肉搏黑霸王》	王风	关德兴、李红、张英才、石坚
71	1968	《黄飞鸿拳王争霸》	王风	关德兴、曾江、李红、张英才
72	1969	《黄飞鸿巧夺鲨鱼青》	王风	关德兴、曾江、李红、张英才
73	1969	《黄飞鸿神威伏三煞》	王风	关德兴、张英才、石坚、玫瑰女
74	1969	《黄飞鸿虎鹤斗五狼》	王风	关德兴、曾江、石坚、袁小田
75	1969	《黄飞鸿浴血硫磺谷》	王风	关德兴、曾江、石坚、玫瑰女
76	1970	《黄飞鸿勇破烈火阵》	罗炽	关德兴、石坚
77	1973	《黄飞鸿》	何梦华	谷峰、陈萍、王侠
78	1974	《黄飞鸿少林拳》	郑昌和	关德兴、苗可秀、黄家达、黄仁植、洪金宝、李昆
79	1974	《黄飞鸿义取丁财炮》	王风	史仲田、李丽丽
80	1976	《陆阿采与黄飞鸿》	刘家良	刘家辉、陈观泰
81	1977	《黄飞鸿四大弟子》	魏海峰	黄元申、白彪、梁小龙、李锦坤、曾志伟
82	1978	《醉拳》	袁和平	成龙、袁小田
83	1979	《林世荣》	袁和平	关德兴、洪金宝、樊梅生
84	1980	《黄飞鸿与鬼脚七》	刘丹青	关德兴、白彪、黄杏秀
85	1981	《勇者无惧》	袁和平	关德兴、梁家仁、元彪、李丽丽

（续表）

序号	时间	电影名称	导演	主演
86	1981	《武馆》	刘家良	刘家辉、惠英红
87	1991	《黄飞鸿》	徐克	李连杰、元彪、张学友、关之琳、郑则士、午马
88	1992	《黄飞鸿之二：男儿当自强》	徐克	李连杰、莫少聪、关之琳、甄子丹、姜大卫、张铁林
89	1992	《黄飞鸿九二之龙行天下》	徐克	李连杰、元华、郭锦恩
90	1992	《黄飞鸿笑传》	李力持	谭咏麟、曾志伟、任达华、梁家辉、毛舜筠、吴孟达、石坚
91	1992	《黄飞鸿系列之一代宗师》	李钊	钱嘉乐、林正英
92	1993	《黄飞鸿之三：狮王争霸》	徐克	李连杰、莫少聪、关之琳、刘洵、赵箭、熊欣欣
93	1993	《黄飞鸿之铁鸡斗蜈蚣》	王晶	李连杰、张卫健、张敏、梁家仁、袁咏仪、朱铁和
94	1993	《黄飞鸿之男儿当报国》	刘国伟	王群、黄一山、郭秀云、计春华
95	1993	《黄飞鸿笑传2·黄飞鸿对黄飞鸿》	李力持	谭咏麟、郑裕玲、曾志伟、毛舜筠
96	1993	《黄飞鸿之四：王者之风》	元彬	赵文卓、莫少聪、钱嘉乐、周比利
97	1993	《少年黄飞鸿之铁马骝》	袁和平	甄子丹、曾思敏、王静莹
98	1993	《黄飞鸿与苏乞儿》	袁和平、陈千松	甄子丹、王珏
99	1994	《醉拳2》	刘家良	成龙、梅艳芳、狄龙、刘德华、黄日华、钱嘉乐、卢惠光、翁虹、蒋志光
100	1994	《醉拳3》	刘家良	季天笙、刘德华、李嘉欣、刘家良、任达华、郑少秋、刘家辉、何家驹

（续表）

序号	时间	电影名称	导演	主演
101	1994	《黄飞鸿之五：龙城歼霸》	徐克	赵文卓、莫少聪、关之琳、刘洵、张铁林
102	1996	《黄飞鸿之少林故事》	蔡晶盛	赵文卓、梁家仁
103	1996	《黄飞鸿之八大天王》	李仁港	赵文卓、莫少聪
104	1993	《黄飞鸿之鬼脚七》	午马	元彪、吕秀菱、元华、午马
105	1996	《黄飞鸿之辛亥革命》	郑基成	赵文卓、郑佩佩、邵美琪、吴岱融
106	1996	《黄飞鸿之理想年代》	胡明凯	赵文卓、邵美琪、林保怡、吴绮莉
107	1996	《黄飞鸿之无头将军》	麦当杰	赵文卓、莫少聪
108	1997	《黄飞鸿之西域雄狮》	洪金宝	李连杰、关之琳、吴耀汉、熊欣欣
109	2014	《黄飞鸿之英雄有梦》	周显扬	彭于晏、王珞丹、梁家辉、井柏然、王祖蓝、洪金宝、秦俊杰
110	2018	《黄飞鸿之南北英雄》	林珍钊	赵文卓、唐文龙、维妮、李璐兵、陈晨、魏小欢、李炳渊、许政国

（根据余慕云先生2000年提供的资料，有补充修改）

黄飞鸿纪念馆史料及展品征集过程回顾

邓光民

1998年，佛山市启动"创建中国优秀旅游城市"工作。佛山市政府提出了"创建中国优秀旅游城市"的任务，要求按照中国优秀旅游城市的规范标准整治各旅游景区景点，其中主要旅游景点就包括了市文化局属下的佛山市博物馆、梁园博物馆、佛山市民间艺术研究社3个单位，重点是佛山市博物馆内的佛山祖庙。

祖庙是佛山以至广东著名的旅游景点，但占地面积有限，展陈内容几十年来一直没有变化，亟须引入新的旅游项目。市文化局党组也希望抓住佛山市创建国家优秀旅游城市的机遇，利用本地历史文化资源特别丰富的优势，发展文化旅游，促进文化事业发展。

当时，佛山市旅游局主要领导约我交谈，建议在佛山市区建黄飞鸿纪念馆，这个建议得到时任市文化局党组书记、局长胡正士的重视，并很快就向市政府请示，建议将已停办的市九中校园划归市博物馆使用，兴建佛山武术博物馆、黄飞鸿纪念馆、佛山市博物馆文物仓库。

1999年7月26日，佛山市人民政府办公室发出《关于将佛山市九中校园交由市博物馆开发使用的复函》，明确提到："市政府经研究，决定将市九中校园一次性收回，交由市博物馆开发使用。"

1999年8月，佛山市九中校园正式移交佛山市博物馆。1999年12月3日，佛山市人民政府市长办公会议对祖庙东旅游区开发组工作进行调整，明确博物馆区即黄飞鸿纪念馆、佛山武术博物馆、佛山祖庙、梅园、建新路东的开发由市文化局牵头。随即，佛山武术博物馆、黄飞鸿纪念馆筹备委员会成立，胡正士任筹备委员会主任，由我担任筹备委员会秘书长，主持日常筹建工作，并专门负责文物资料征集及布展工作。

根据当时的实际情况，第一个建设项目确定为黄飞鸿纪念馆。

一、起步

黄飞鸿纪念馆建设用地已经解决，资金很快到位，设计方案也很快敲定，最关键也是难度最大的就是文物和资料收集了。

我虽然早在1970年就开始学习洪拳，以后又一直注意收集本地武术文物资料，但对黄飞鸿的了解实在不多。那时，大家都是通过电影、电视剧才认识黄飞鸿，认为黄飞鸿只是像洪熙官、方世玉这样的传说中的武林英雄人物。很快，我们从佛山市体委找来1989年广东人民出版社出版的《广东武术史》，翻到介绍黄飞鸿一栏，只有100多字，虽然反映了黄飞鸿在广东武术史上的地位，但资料也实在太少了。

很快，我们到宝芝林所在的广州市荔湾区，找到已退休的荔湾区博物馆馆长。老馆长听说我们想寻找黄飞鸿的资料，觉得非常惊讶，说："黄飞鸿不是佛山人吗？到广州找资料干吗？"没有任何收获。我们又马不停蹄赶去广东省体委文史办公室，该办公室负责人打开即将付印的《广东体育志》样书，告诉我：因为未能找到确凿的黄飞鸿有关资料，所以《广东体育志》没有单独设立黄飞鸿条目，只在介绍林世荣的条目中提及黄飞鸿是林世荣的师父。至此，仍然是一无所获。

我将有关情况向胡正士作了汇报，胡正士提出，如果找不到黄飞鸿本人的史料，可以找有关黄飞鸿电影等资料，到时将历年黄飞鸿电影的海报挂起来，也就可以了。

图3-3-1　黄飞鸿生平事迹陈列室(邓光民摄)

要找黄飞鸿电影资料，只能去香港找了。

经市领导特别批准，我和佛山市博物馆朱培建主任很快就办理了多次往返港澳的通行证，立即赶赴香港，重点还是收集黄飞鸿本人的史料。因为这么多年来，我在搜集武术史料的过程中，认识了香港各门派的武术名家，也知道黄飞鸿的传人主要在香港，只要认真去找，希望还是有的。当然，同时也搜集有关的黄飞鸿电影、小说等资料。

在香港，我们首先找到香港武术界名宿崔广源先生，通过他的介绍，认识了香港中国国术总会的主席汪沛伟、副主席李润福等。他们都是黄飞鸿的传人，而且基本上认识在香港的所有的黄飞鸿的传人。通过他们的介绍，又认识了林世荣的亲侄、养子林祖。在林祖家里，我们翻拍了大量的老照片，找到了不少珍贵的史料。

随后，我们又找到叶问的徒弟、香港咏春名家梁挺先生。梁挺先生曾任香港《真功夫》杂志主编，对武术史料的收集和整理十分重视，《真功夫》记者曾专门采访过黄飞鸿的夫人莫桂兰，根据莫桂兰的回忆进行了整理，发表了一系列比较详尽的介绍黄飞鸿生平事迹的文章，并附录了不少照片。

在逛马路时，我看到赵国基（林世荣徒弟赵教之孙）医馆的橱窗里有几张很有价值的老照片，包括有赵教在1957年参加全国武术观摩大会时在天安门前作示范表演的照片，以及赵教、邵英夫妇在20世纪30年代的留影，马上进医馆与赵国基交谈，又收集到一批资料。

与此同时，我们走遍香港的各大书店，包括比较注重出版武林旧版书的陈湘记书局，大量购买有关书籍。在一家书店中，我购买了一本名为《香港电影四十年》的彩色画册，售价港币几百元，因为我看中里面有不少早期黄飞鸿电影的海报，觉得将来可以作为展品。这些海报大都标明收藏者为"余慕云"，其他的一些书刊也有类似情况，表明余慕云是黄飞鸿电影资料的收藏大家，但去哪里找余慕云呢？一时也没什么眉目，不过，我已经将余慕云的名字记住了。

图3-3-2　赵教在1957年参加全国武术观摩大会时在天安门前作示范表演（邓光民摄）

图3-3-3　介绍20世纪60年代电影的展厅(邓光民摄)

二、转折

经过一段时间的收集，征集工作卓有成效。1999年11月，佛山市炎黄文化研究会出版《佛山武术文化专辑》，相当于对佛山武术文物资料征集进行阶段性总结，我在这期专辑中发表了题为《黄飞鸿的真实故事》的文章，后被许多报刊转载。这时，我们对黄飞鸿的生平事迹已基本了解，也收集了不少资料，在我们的能力范围内，能够做的都已经做了。征集工作遇到瓶颈，但所征集的资料，离建设纪念馆的目标要求还很遥远，特别是可用作展品的太少，但一时间也没有什么办法。

2000年5月，我回市文化局处理一些事，刚坐下，就有同事找到我，说前几天有一个老先生，自我介绍是香港电影资料馆的余慕云过来找过我，说可以为黄飞鸿纪念馆的建设提供很多帮助，并留下了联系方式。我一听，心想太巧了！我们到处托人找余慕云都找不到，现在他自己找上门来了。

2000年7月31日，我和胡正士局长因公去香港，处理完公务以后，就和胡正士局长一起去拜访余慕云先生。三人一见如故，余慕云希望我们协助他拍摄一部介绍粤剧历史的纪录片，拍完后，他将会到佛山加入黄飞鸿纪念馆的筹备工作。我当场将佛山粤剧的珍贵文物和名胜古迹列出交给余慕云，并表示会带摄制组到实地拍摄。胡正士局长也当场决定，聘请余慕云先生为黄飞鸿纪念馆筹备委员会总顾问。

几天后，余慕云与电视摄制团队来到佛山，圆满完成了关于粤剧寻根的纪录片的拍摄工作，在香港播出后好评如潮。随后，余慕云就来到佛山，与筹备组全体人员召开会议，提出了他的构想，将黄飞鸿纪念馆的展陈内容分为两大部分：一是真实的黄飞鸿，二是艺术上的黄飞鸿（包括有小说、粤剧、广播、电影、电视剧、动漫等）。纪念馆要从这两个方面征集展品。与此同时，聘请一批有代表性的黄飞鸿传人、作家、导演、收藏家、文史专家组成顾问组，发动他们捐献藏品，出谋划策。佛山黄飞鸿纪念馆顾问团（香港）名单如下：

佛山黄飞鸿纪念馆顾问团（香港）名单

黄源德	黄飞鸿之孙
李灿窝	莫桂兰谊子，香港黄飞鸿健身学院院长、同学会会长
刘家良	著名导演、武术指导、演员，林世荣徒弟刘湛之子
马云	原名李世辉，著名作家，朱愚斋、关德兴的徒弟
连民安	收藏家
关汉泉	关德兴之子
林蛟	著名演员，参演十五部黄飞鸿系列电影
司徒安	著名编剧，编写了十部黄飞鸿系列电影
吴思远	著名导演，监制了由成龙主演的《醉拳》
徐克	著名导演，拍摄了多部黄飞鸿系列电影和电视剧集
陈柏生	《电影双周刊》社长
钟伟明	香港"播音皇帝"，朱愚斋之徒
蔡继光	著名导演，导演了十三集黄飞鸿电影片集
黄百鸣	著名制片家，曾任黄飞鸿电视剧编剧
吴昊	教授，曾任黄飞鸿电视剧编剧
廖昭薰	香港电影资料馆馆长
余慕云	香港著名电影史专家
阮紫莹	余慕云之徒，香港电影史专家
梁挺	博士，著名武术家

2000年8月21日，黄飞鸿纪念馆顾问团在香港举办成立仪式。到会的顾问在现场捐赠了大批珍贵的实物和资料，其中当以李灿窝捐赠的莫桂兰在广州重开宝芝林的宣传单张、莫桂兰在香港湾仔创办黄飞鸿国术馆时的招生章程等最为珍贵。

随后的几个月，我们在余慕云的带领下，奔走于广州和香港等地的各大

图3-3-4　介绍黄飞鸿传人事迹的陈列室(邓光民摄)

公共图书馆、大学图书馆及报社，找寻到大量有关黄飞鸿的史料。在短短的几个月内，征集了展品逾千件，使纪念馆成为收藏有关黄飞鸿的文物、史料和文化产品最系统、最丰富的机构。纪念馆陈列内容分为两大部分：一是黄飞鸿的生平事迹及影响；二是近七十年来出现的有关黄飞鸿的文化产品，包括小说、粤剧、电影、电视、广播、动画等。

三、开幕

2001年1月14日，黄飞鸿纪念馆落成剪彩仪式隆重举行。广东省文化厅厅长曹淳亮，省文联党组副书记吕成忠，省旅游局副局长苏建和，中共佛山市委常委、宣传部部长刘海，副市长黄振辉、李玉光，黄飞鸿之孙黄源德，黄飞鸿夫人莫桂兰谊子、黄飞鸿健身学院院长李灿窝，林祖之子、林祖体育会负责人林镇辉，香港中国国术总会主席江沛伟，新加坡冈州会馆主席欧阳德昌，中国台湾戚冠军国术馆馆长、著名演员戚冠军，香港著名作家、黄飞鸿再传弟子马云，粤剧表演艺术家、首位粤剧黄飞鸿扮演者罗品超，香港著名导演、武打演员刘家良，香港著名演员林蛟，香港著名电影导演徐克，关德兴之子关汉泉，香港资深电台播音名家、第一个在电台播讲黄飞鸿故事的播音员钟伟明，香港著名武术家叶准、梁挺，中国当代十大武术教练之一陈昌棉，广东省武术协会副主席兼秘书长董德强，佛山文化界名人吴元标、任流以及黄飞鸿纪念馆总顾问余慕云，顾问陈柏生、蔡继光、曾光展等亲临祝贺，参观了纪念馆并观看了广州、香港、台湾和佛山等地武术界人士的武术表演。

附：

在佛山黄飞鸿纪念馆落成剪彩仪式上的讲话
（佛山市文化局局长胡正士）

各位领导、各位来宾、朋友们：

你们好！

筹备近一年的黄飞鸿纪念馆今日隆重落成。我谨代表佛山黄飞鸿纪念馆筹备委员会，向前来参加纪念馆落成剪彩仪式的领导以及省、港、台湾等地武术界、影艺界嘉宾表示热烈的欢迎和衷心的感谢。黄飞鸿是佛山市著名武术家，一八四七年七月九日（农历）[①]生于佛山，其童年、少年均在佛山度过。他曾在著名爱国将领刘永福军中任拳术教官和军医官，参与抗日保台战争，又当过广东民团教练。他一生门徒众多，曾受过孙中山先生嘉奖的著名武术家林世荣就是他的弟子。黄飞鸿出身于佛山市井，扬名于神州大地，对南派武术崛起于中国武林产生了重要而深远的影响。

---

① 后发现黄飞鸿的儿子黄汉熙在报章中称黄飞鸿生于1856年8月10日。

从20世纪30年代开始，以黄飞鸿为题材的小说、粤剧、电影、广播、电视剧、漫画、动画在海内外艺坛上层出不穷，仅电影就多达一百部，列入吉尼斯世界纪录。半个多世纪以来，经过各种传媒的推介，黄飞鸿的形象已成为一个行侠仗义、锄强扶弱，体现了中国传统美德的传奇式英雄。

为了纪念黄飞鸿这位佛山杰出的武术家，宣扬他和围绕着他而创作形成的艺术形象所体现的中国传统美德，佛山市在去年初决定兴建黄飞鸿纪念馆。黄飞鸿纪念馆在展示作为历史人物黄飞鸿的同时，介绍了六十多年来各种以黄飞鸿为题材的文化产品，还表演黄飞鸿的武艺、狮艺，是佛山这个国家级历史文化名城又一新的文化景观。

黄飞鸿纪念馆的建设得到了香港、广州、佛山等地多个单位和人士大力支持，亦受到社会的普遍关注。它的建成，标志着佛山市在盘活历史文化资源、发展文博事业方面向前迈进了一大步，其产生的效应和影响是难以估量的。在这里我特别要指出，佛山黄飞鸿纪念馆的落成，是无数热爱黄飞鸿、尊敬黄飞鸿、承继倡扬黄飞鸿精神的各界人士的心血结晶，正是由于几代人的努力，黄飞鸿的武艺才得以延续发展，黄飞鸿的艺术形象才会在群众中深深扎根，黄飞鸿这一形象所闪现的中华民族特有的道德理想光芒才得以格外璀璨。在今天到会嘉宾中，有不少就是这个方面的佼佼者，而在馆内展览陈列的图片和资料中，我们就可以清晰看到他们的建树和贡献。我再一次代表佛山黄飞鸿纪念馆筹备委员会，对他们表示崇高的敬意和由衷的谢意。佛山之有黄飞鸿是佛山的幸运，是历史对佛山的关爱。对这份珍贵的文化宝藏，我们一定要共同珍惜之、爱护之、发展之。

我希望在海内外热心人士的支持下，佛山市文化工作者再接再厉，继续丰富和充实馆藏，采用多种形式特别是科技手段，提高陈列和展示水平，真正把佛山黄飞鸿纪念馆建设成特色鲜明、内涵丰富的一个"名城品牌"，在新世纪中，为更好地宣传推介黄飞鸿这一形象所承载的人文精神，推动全市"两个文明"建设作出新的贡献。

图3-3-5 黄飞鸿纪念馆演武场(邓光民摄)

图3-3-6 演武场后楼(邓光民摄)

黄飞鸿大事年表

1856年　农历七月初十，出生于广东佛山。

1862年　开始从父黄麒英习武。

1868年　随父在佛山、广州、顺德一带卖武，其间以四象阴阳棍战胜武师郑大雄，得"少年英雄"之名。

1869年　在佛山豆豉巷卖武时遇铁桥三高徒林福成，随林福成学艺近两年，学成"铁线拳"和"飞砣"等。

1872年　移居广州，当地铜、铁行工人集资为其设武馆于第七甫水脚，结束卖武生涯。

1874年　被广州三栏行（果、菜、鱼栏）聘为行中武术教练。

1876年　一洋人携如牛犊大的狼狗在香港设擂向华人邀斗，黄飞鸿不甘华人受辱，赴港击毙恶犬，自此扬名香江。

是年　香港水坑口大笪地小贩彭玉被恶棍打伤，黄飞鸿路见不平相助，后以一人抗击对方数十人寻衅。同年，另设馆于广州西关回澜桥附近教徒授艺兼医刀伤跌打，"三栏"教席由梁宽代替。

1878年　在佛山平政桥斗蟋蟀场为卢九叔任"护草"（现场保镖）时，严惩歹徒，在佛山名噪一时。

1879年　娶妻罗氏，婚后三月罗氏病卒。

1883年　被记名提督吴全美聘为军中技击教练，停办回澜桥处武馆。

1884年　父麒英染疾卒。月余后，吴全美去世，黄飞鸿失去军中技击教练职务，在广州仁安街设跌打医馆"宝芝林"。

1888年　黑旗军首领刘永福赏识黄飞鸿武艺高强、医术精通，聘其为军医官和福字军技击总教习，赠其"医艺精通"木匾。

1894年　随刘永福赴台湾抗击日本侵略军，驻守台南。

1895年　刘永福护台失利，黄飞鸿离台返粤，自此仅行医不授武。

1896年　续娶马氏为妻，生两女、两子（汉林、汉森）。马氏病卒后，再续娶岑氏为妻，生二子（汉枢、汉熙）。

1911年　应刘永福邀聘，任广东民团总教练。

1912年　鱼栏伙计冯学标（卖鱼灿）遭歹徒勒索被殴，黄飞鸿见义勇为严惩歹徒，"义救卖鱼灿"一事在羊城广为传颂。

1915年　纳莫桂兰为妾。

1918年　在广州十八甫福安街梁氏蟀猎场任守卫。

1919年　4月9日，在广州海珠戏院广州精武会成立大会上表演飞砣。

1924年　10月，广州革命政府镇压商团暴乱，西关一带房屋被毁，仁安街"宝芝林"受累被焚，资财尽毁，其长子黄汉林又告失业，黄飞鸿因而忧郁成疾。

1925年　4月18日（农历三月二十六日）病逝于广州城西方便医院。

主要参考文献

一、书籍

1. 林世荣：《林世荣工字伏虎拳书》，香港大南兴凹凸印刷有限公司，1936年。

2. 中国人民大学清史研究所、中国第一历史档案馆合编：《天地会》第1—7册，中国人民大学出版社，1980—1988年。

3. 黄鉴衡：《粤海武林春秋》，广东科技出版社，1982年。

4. 曾昭胜、黄鉴衡等编著：《广东武术史》，广东人民出版社，1989年。

5. 广东省文史研究馆、中山大学历史系编：《广东洪兵起义史料》，广东人民出版社，1992年。

6. 佛山市地方志编纂委员会编：《佛山市志》，广东人民出版社，1994年。

7. 唐豪：《少林拳术秘诀考证》，山西科学技术出版社，2008年。

8. 朱愚斋：《林世荣正传》，南风出版社，出版时间不详。

二、报刊及口述资料等

1. 朱愚斋：《粤派拳师黄飞鸿别传》，1933年。

2. 张士镳：《林世荣先生史略》，1933年。

3. 邝祺添口述，莫桂兰参订，冯直诠笔记：《黄飞鸿正传》，1946年10月。

4．朱愚斋：《黄飞鸿江湖别记》(别名《黄飞鸿行脚真录》，1956年香港《工商晚报》连载。

5．孙毅：《黄飞鸿之子黄汉熙口述黄飞鸿传奇》，香港《新晚报》1957年3月15日第4版。

6．黄汉熙讲述，华乔记录：《黄飞鸿师傅传》，《香港商报》1957年3月至11月20日。

7．中国人民政治协商会议广东省委员会文史资料研究委员会编：《广东文史资料》第1—80辑，内部资料，1961—1998年。

8．吕大吕：《武林名人黄飞鸿》，香港《大人》1970年第17期。

9．林润强：《虎妻——黄飞鸿之遗孀述黄飞鸿》，香港《真功夫》，1976年。

10．佛山市政协文史组、佛山市史志编集办公室编：《佛山文史资料》（选辑）第1—4辑，内部资料，1982年。

11．广东省武术挖掘整理组编：《广东拳械录》，内部资料，1985年。

12．中国人民政治协商会议广东省佛山市委员会文史资料工作组编：《佛山文史资料》第5—7辑，内部资料，1984—1987年。

13．中国人民政治协商会议广东省佛山市委员会文史资料工作组编、佛山市文化局编：《佛山文史资料》（选辑）第8辑，内部资料，1988年。

14．中国人民政治协商会议广东省佛山市委员会文史资料委员会编：《佛山文史资料》（选辑）第9辑，内部资料，1989年。

15．中国人民政治协商会议广东省佛山市委员会文教体卫委员会编：《佛山文史资料》第10—12辑，内部资料，1990—1993年。

16．中国人民政治协商会议广东省佛山市委员会文教体卫委员会、佛山市地方志编纂委员会办公室编：《佛山文史资料》第13—14辑，内部资料，1994—1995年。

17．广东省南海市政协文史和学习委员会编：《南海黄飞鸿传》，《南海文史资料》第13辑，内部资料，1998年。

18．佚名：《广东实事，技击奇闻——拳师秘传》，民国时期，时间不详。

19．林祖编：《林世荣特刊》，民国时期，时间不详。

20．念佛山人：《莫桂兰发扬黄飞鸿洪拳》，香港《新武侠》，《数英雄人物》专栏，时间不详。

后 记

　　我真正开始搜集有关黄飞鸿的文物史料，是从1999年筹备佛山黄飞鸿纪念馆开始的，而今，黄飞鸿纪念馆落成开放已经整整25年了，这25年来对我来说，有关黄飞鸿的文物史料搜集工作一直没有停止。我竭力编写成《黄飞鸿传》一书，就是为了让这些凝聚了无数人的心血，来之不易的资料能够让更多的人分享。尽管这本书不可避免会存在这样或那样的不足，但当我将这本约30万字的书写完后，还是有如释重负的感觉。

　　我能够写成这本书，要感谢的人非常多。首先要感谢的当属已故的胡正士局长和余慕云先生。在20世纪90年代，我力推抢救挖掘佛山武术文化遗产，如果不是胡正士局长第一个站出来支持，并由我主持黄飞鸿纪念馆筹建工作，我根本不可能有那么多时间和资金去开展这项工作。余慕云先生，作为香港文化名人，香港特区政府荣誉勋章、第二十四届香港电影金像奖专业精神奖获得者，自愿不收报酬，到佛山参与黄飞鸿纪念馆、粤剧博物馆筹建工作达5年之久。本书的多数资料，主要是由他提供，或在他的帮助下寻找到的。

　　在长达20多年的有关黄飞鸿文物资料的搜集过程中，还先后得到黄飞鸿之孙黄源德、林世荣的之侄林祖、著名导演刘家良、莫桂兰的谊子李灿窝、香港著名作家马云、香港中国国术总会主席江沛伟、著名武打演员赵志凌、林祖之子林镇成、广州洪拳名家黄达生等黄飞鸿传人的大力支持。

　　李灿窝、马云、林镇成、曾照明等黄飞鸿传人以及香港《新武侠》杂志编辑、采访主任吴振辉对本书的编写提出了很好的建议及帮助。此外，还要感谢曾一起筹建黄飞鸿纪念馆的佛山市博物馆朱培建、黄虹、李婉霞等同事。朱培建当年和我一起去香港搜集资料，拍摄了很多珍贵的照片。朱培建、黄虹等在收集、整理资料的过程中，做了大量工作，有很多建树。李婉霞在知道我编写本书后，提供了不少有价值的资料和图片。

《黄飞鸿传》能够面世，要特别感谢佛山市祖庙博物馆。黄飞鸿纪念馆坐落在佛山市祖庙博物馆内，黄飞鸿纪念馆落成开放以来，在佛山市祖庙博物馆管理下，已经成为佛山的著名旅游景点、网红打卡点。当佛山市祖庙博物馆馆长凌建得知《黄飞鸿传》完稿但未能刊印的情况后，主动提出要组织出版，并得到广东人民出版社的大力支持。

值此机会，谨对为这本书的编写提供过帮助的有关单位、各位朋友和同事表示衷心的感谢。

本书所写的内容均有依据，但因时间及能力所限，挂一漏万，错谬之处在所难免，敬请读者理解和包涵。

邓光民

2024年11月

賀鄧光民先生新書出版

踵武先師

一脈源流

乙巳年春黃飛鴻夫人莫桂蘭誼子李燦窩書